Comercio electrónico

Paraninfo

COMERCIO Y MARKETING

Comercio electrónico

Jose Fulgencio Martínez Valverde
Fernando Rojas Ruiz

Paraninfo

Comercio electrónico
© Jose Fulgencio Martínez Valverde y Fernando Rojas Ruiz

Gerente Editorial
María José López Raso

Equipo Técnico Editorial
Alicia Cerviño González
Paola Paz Otero

Editora de Adquisiciones
Carmen Lara Carmona

Producción
Nacho Cabal Ramos

Preimpresión
Reverté-Aguilar, SL

Diseño de cubierta
Ediciones Nobel

1.ª edición, 2016, 1.ª reimpresión

C/ Velázquez 31, 3.° Dcha. / 28001 Madrid, ESPAÑA
Teléfono: 902 995 240 / Fax: 914 456 218
clientes@paraninfo.es / www.paraninfo.es

ISBN: 978-84-283-3491-4

Depósito legal: D.L. M-18849-2016

(16206)

Impreso en España / *Printed in Spain*

Gráficas Summa (Llanera, Asturias)

Este libro está especialmente dedicado a nuestros padres, Carmen, Eufemia, Torcuato y Juan, que nos enseñaron la grandeza e importancia de la Educación como medio esencial para aportar nuestro granito de arena en la consecución, paso a paso, de un mundo mejor.

A Jaime y Fernando, por sus sonrisas inspiradoras, y, cómo no, a Belén y Patricia, nuestras parejas, compañeras y amigas, por su complicidad y apoyo en los momentos difíciles y, sobre todo, por su comprensión en todas aquellas horas que hemos dedicado a realizar este libro.

Un pedacito de él lleva vuestro nombre.

Tú para mí todavía no eres más que un niño igual a otros cien mil niños. Y no te necesito.

Tú tampoco me necesitas. No soy para ti más que un zorro entre otros cien mil zorros.

Pero si me domesticas, entonces tendremos necesidad el uno del otro. Tú serás para mí único en el mundo, yo seré para ti único en el mundo....

El Principito,
Antoine de Saint-Exupéry (1943)

Índice

Presentación XI

Unidad 1 1

El papel del marketing ante el nuevo contexto social y tecnológico

1.1. Un nuevo escenario requiere una redefinición del modelo de marketing 2
1.1.1. Aplicación de las nuevas tecnologías al ámbito del marketing 3
1.1.2. Aplicabilidad del marketing en internet 4
1.1.3. El comercio electrónico 7
1.2. El cliente *online* 8
1.3. El marketing digital 11
1.3.1. Políticas de e-marketing mix 11
1.3.2. El plan de marketing digital 16
1.4. Desafíos actuales del comercio electrónico 19
1.4.1. Confianza en los medios de pago electrónicos 20
1.4.2. Problemas de carácter logístico 21
1.4.3. Seguridad digital 22
Mapa conceptual 24
Actividades finales 25

Unidad 2 29

Elementos distintivos y aplicabilidad del marketing digital

2.1. Procesos de posicionamiento y marketing *online:* marketing en buscadores 30
2.1.1. Alta en buscadores y directorios especializados 30
2.1.2. Posicionamiento natural o SEO 33
2.1.3. Posicionamiento de pago o SEM 35
2.2. Procesos de publicidad y promoción *online* 36
2.2.1. Boletines a través de correo electrónico *(newsletters)* 37
2.2.2. Blogs corporativos 38
2.3. La gestión electrónica de la relación con los clientes 41
2.3.1. Marketing de afiliación 41
2.3.2. Marketing relacional. Gestión de la relación con los clientes (CRM) 44
2.3.3. *Cross marketing* 46
2.3.4. Marketing viral 48
2.3.5. Marketing *one-to-one* 50
2.3.6. Nuevas tendencias en la comunicación y relación digital con el cliente 51
2.4. Normativa aplicable en el ámbito de la comunicación y privacidad electrónica 54
2.4.1. Normas de aplicación general extendidas al entorno digital 54
2.4.2. Normas específicas para el entorno digital 56
Mapa conceptual 58
Actividades finales 59

Unidad 3 63

El comercio electrónico: realización de acciones de compraventa *online*

3.1. Internet como nuevo escenario comercial: negocios convencionales frente a negocios electrónicos 64
3.2. La tienda virtual. Creación o adaptación de un negocio al entorno digital 68
3.2.1. Concepción y diseño de una tienda virtual: gestión y almacenamiento 71
3.2.2. Tipologías de negocio electrónico 74
3.3. Operaciones comerciales esenciales en el ámbito del comercio electrónico 75
3.3.1. Logística y gestión *online* de pedidos 75
3.3.2. Medios de pago electrónico 77
3.3.3. Sistemas de seguridad en el desarrollo del comercio electrónico 80
3.3.4. Acciones de comercio electrónico dirigidas a la captación y fidelización de clientes 83
Mapa conceptual 86
Actividades finales 87

Unidad 4 91

Organización y programación de un sitio web

4.1. Cómo estructurar un sitio web corporativo 92
4.1.1. Planificación del sitio 93
4.1.2. Determinación del mercado objetivo 94

4.1.3. Análisis de la competencia 95
4.1.4. Generación del contenido del sitio 96
4.1.5. Definición del diseño visual 97
4.2. Lenguaje HTML 99
4.2.1. ¿Qué es HTML? 99
4.2.2. ¿Qué es una hoja de estilo? 99
4.2.3. Componentes de HTML 100
4.3. ¿Qué necesito para crear una página web? 102
4.3.1. Un navegador web 102
4.3.2. Un editor HTML 102
4.3.3. Un programa para la gestión de imágenes 103
4.3.4. Espacio en un servidor: alojamiento 103
4.4. Edición y diseño de mi primera página web 104
4.4.1. Título y mensaje de bienvenida: "¡Hola, mundo!" 105
4.4.2. Añadir texto a la página web 106
4.4.3. Crear una lista 106
4.4.4. Crear una tabla 107
4.4.5. Enlazar con otros sitios web 108
4.4.6. Trabajar con formularios 109
4.4.7. Añadir imágenes a la página web 110
4.4.8. Añadir sonido y vídeo a la página web 111
Mapa conceptual 112
Actividades finales 113

Unidad 5 117

Alojamiento y mantenimiento de un sitio web

5.1. Alojamiento en un servidor web 118
5.1.1. Nombre de dominio 118
5.1.2. Características de un servicio de alojamiento web 121
5.1.3. ¿Qué opciones de alojamiento existen? 121
5.2. Cómo publicar los contenidos en el servidor 124
5.2.1. Mediante el protocolo FTP 125
5.2.2. Mediante una interfaz web 127
5.3. Alta en buscadores 128
5.4. Aplicaciones y utilidades para la web 129
5.4.1. Programas de diseño gráfico 130
5.4.2. Utilidades para la conversión de ficheros de vídeo y sonido 134
5.4.3. Utilidades para la analítica web 135
5.4.4. Sistemas de gestión de contenido: sitios web que construyen otros sitios 135
5.5. Administración de la web comercial 138
5.5.1. Catálogo *online* 138
5.5.2. Flujos de caja y financiación de la tienda *online* 141
5.5.3. Conocer al usuario: mapas de calor y zonas calientes de una web 141
5.5.4. Zona de usuario y fidelización del cliente 143
5.5.5. El carrito de la compra 144
Mapa conceptual 146
Actividades finales 147

Unidad 6 151

Establecimiento de relaciones con otros usuarios de la red

6.1. Definición e implicaciones de la web 2.0 152
6.2. Sistemas para el establecimiento de comunicación mediante texto 153
6.2.1. Comunidades virtuales 154
6.2.2. Servicios de mensajería instantánea 158
6.3. Sistemas para el establecimiento de comunicación audiovisual 159
6.3.1. Telefonía a través de internet: la videoconferencia 159
6.3.2. Redes sociales 160
Mapa conceptual 166
Actividades finales 167

Unidad 7 171

La evolución de internet: web 2.0

7.1. ¿Qué es la web 2.0? 172
7.1.1. Origen 173
7.1.2. Características 173
7.1.3. Funcionalidades: opiniones y foros de usuarios 175
7.1.4. Reputación corporativa *online* 176
7.1.5. Objetivos 177
7.2. Marketing *online* en la web 2.0: *Social Media Marketing* (SMM) 177
7.2.1. Bitácoras o blogs 178
7.2.2. Páginas web colaborativas o wikis 179
7.2.3. Diseño publicitario: *banners* 179
7.2.4. Pequeños dispositivos electrónicos: *gadgets* 182
7.2.5. Aplicaciones modulares: *widgets* 182
7.2.6. Redifusión o sindicación de contenidos web 182
7.2.7. Redifusión de contenidos multimedia: *podcasting* 183

7.3. Sitios web integrados ... 186
7.3.1. Comparadores de precios y opiniones ... 186
7.3.2. Sitios web de subastas ... 192
7.3.3. Sitios web de compraventa entre particulares ... 193
7.4. Redes sociales en la web 2.0 ... 195
7.4.1. Redes sociales y comercio electrónico ... 196
7.4.2. Usuario productor y consumidor: *prosumidor* ... 196
7.4.3. Prescriptor de marca e influenciador ... 197
7.5. Seguridad informática en el comercio electrónico ... 197
7.5.1. Robo de datos ... 198
7.5.2. Suplantación de identidad ... 199
7.5.3. Virus informáticos ... 199
Mapa conceptual ... 201
Actividades finales ... 202

Bibliografía ... 205

Presentación

Este libro desarrolla los contenidos del módulo profesional de Comercio Electrónico del Ciclo Formativo de grado medio de Actividades Comerciales, perteneciente a la familia profesional de Comercio y Marketing.

En la actualidad, nadie puede poner en duda la extraordinaria influencia que internet, las redes sociales y las nuevas tecnologías de la información en su conjunto ejercen sobre nuestra vida, hasta tal punto que cada vez es más difícil encontrar una parcela de nuestra actividad diaria en la que todavía no se haya integrado, en mayor o menor medida, algún tipo de innovación o avance tecnológico en este sentido.

Este hecho supone una indudable mejora en la capacidad de los individuos para informarse, comunicarse y relacionarse entre sí, lo que permite el desarrollo de una sociedad cada vez más globalizada y cercana.

De hecho, la introducción de lo que se ha dado en llamar *web 2.0* ha supuesto una extraordinaria revolución en este sentido, pues ofrece a la población en general una tremenda accesibilidad a medios tecnológicos que posibilitan el desarrollo de una comunicación interactiva y plenamente bidireccional.

Es en este punto donde se pone de manifiesto la innegable necesidad de las empresas y organizaciones no solo de incorporarse a esta transición del mundo *offline* al mundo *online*, sino más bien de adoptar una posición de liderazgo mediante el establecimiento de estrategias proactivas que faciliten la creación de vínculos más permanentes, estrechos y cercanos con aquellas personas que componen su público objetivo.

Tomando como referencia las palabras utilizadas por Antoine de Saint-Exupéry en su obra *El Principito*, en la conversación entre este personaje y el zorro, que hemos querido citar al inicio de nuestro libro, si las organizaciones quieren garantizar su supervivencia en un entorno como el actual, deberán orientar todos sus esfuerzos hacia la consecución de una relación con sus clientes en la que ambas partes sean consideradas por la otra como únicas e irremplazables.

Conscientes de este aspecto, la principal finalidad que persigue este manual se basa en exponer los elementos esenciales sobre los que gravita el comercio electrónico como máximo exponente de la integración actual de las nuevas tecnologías de la información y la comunicación al ámbito empresarial, tanto en su vertiente más comercial como en todos aquellos aspectos relacionados con la aplicación de las distintas políticas de marketing en el entorno digital.

Además, a lo largo del libro se ofrece toda la información necesaria para llevar a cabo la concepción, el diseño y el desarrollo de un sitio web, así como cada uno de los pasos para proceder a su alojamiento en la red y su mantenimiento, con un enfoque plenamente didáctico y accesible.

Toda esta exposición de contenidos didácticos se desarrolla mediante un lenguaje claro y sencillo, acompañado de multitud de ejemplos, explicaciones prácticas y actividades, donde se incluyen, además, los últimos avances que las nuevas tecnologías de la información y la comunicación han incorporado en el ámbito del marketing y el comercio electrónico.

La obra se ha estructurado en siete unidades, que resumimos brevemente.

En la **Unidad 1** se ofrece una introducción a las características que definen el entorno actual, en el que desarrollan su actividad las distintas empresas y organizaciones, con una atención especial a la impresionante influencia del mundo digital, tanto en la definición de sus estrategias como en el conjunto de actuaciones que deben llevar a cabo para su consecución.

Así, se profundiza tanto en las distintas peculiaridades presentes en cada una de las políticas que componen el e-marketing mix como en los aspectos que definen al cliente *online* y en los desafíos a los que deberá enfrentarse el marketing digital para garantizar la plena satisfacción de los usuarios.

Tomando como referencia estos aspectos, la **Unidad 2** se centra en la exposición de los distintos elementos que integran y caracterizan al marketing digital, y profundiza en el nivel de aplicabilidad real de estos en este nuevo entorno 2.0.

En este sentido, se procede a analizar las posibilidades que ofrece actualmente el marketing en buscadores, especialmente en relación con los procesos de posicionamiento SEO y SEM o las distintas herramientas de publicidad y promoción *online*, así como las diferentes técnicas aplicables a la gestión electrónica de la relación con nuestros clientes.

Asimismo, hemos considerado necesario reservar un espacio en esta unidad para repasar la normativa vigente en el ámbito de la comunicación y la privacidad electrónica, con objeto de dar a conocer los límites legales que existen en el diseño y la aplicación de estrategias de marketing *online*.

La **Unidad 3** se centra específicamente en todos los aspectos relativos al comercio electrónico, y refleja los pasos necesarios para la creación o la adaptación de un negocio al entorno digital; profundiza posteriormente en las operaciones esenciales que se deben desarrollar para el éxito de nuestra presencia comercial *online*.

La **Unidad 4** detalla, en primer lugar, cuáles son las partes de un sitio web y cómo organizarlas. Para la creación de sitios web, se define el lenguaje de programación de páginas web HTML y se muestra la forma de diseñar páginas sencillas a partir de dicho lenguaje. Finalmente, se describe el modo de agregar hipervínculos y contenidos multimedia en las páginas web.

En la **Unidad 5** se continúa con la gestión de un sitio web y la descripción de las opciones de alojamiento y mantenimiento. En efecto, además de alojar una página en un servidor web, es necesario completar el proceso de alta en los buscadores y diseñar la estrategia de posicionamiento.

Posteriormente, se describen varias herramientas útiles en el proceso de diseño y administración de un sitio web tales como programas de diseño gráfico, utilidades para la conversión de ficheros multimedia, herramientas para el análisis del mercado, sistemas de gestión de vídeo y sonido y sistemas de gestión de contenido o CMS.

Finalmente, se analizan las particularidades que debe integrar un sitio web para el comercio electrónico.

Una vez expuestos estos conceptos, la **Unidad 6** se centra en los medios disponibles para el establecimiento de relaciones con otros usuarios en la red como elemento esencial para la creación de un entorno interactivo y bidireccional con nuestros clientes.

Por último, la **Unidad 7** describe el concepto de la web 2.0, sus funcionalidades y sus objetivos, así como la forma en que deben diseñarse las estrategias de marketing en este nuevo escenario y las herramientas de que se dispone.

La característica diferencial de la web 2.0 es la participación colaborativa de los usuarios, que modifica definitivamente la visión que el usuario tiene de internet y su forma de utilizarla. Por ello, el comercio electrónico también ha tenido que cambiar su dirección y actualmente se habla igualmente de *marketing 2.0* para adaptarse a este nuevo escenario.

1 El papel del marketing ante el nuevo contexto social y tecnológico

En la actualidad, sería prácticamente imposible tratar de explicar la sociedad en la que vivimos sin tomar en consideración la extraordinaria influencia que están teniendo las tecnologías de la información y la comunicación sobre, prácticamente, todos los ámbitos de nuestra vida.

En este sentido, y como no podía ser de otra manera, el desarrollo estratégico y operativo del marketing se encuentra enormemente influido y condicionado, por tanto, por la configuración de un nuevo contexto que presenta diferencias sustanciales con el entorno tradicional, pero que, de la misma forma, ha hecho posible la aparición de múltiples oportunidades comerciales para el crecimiento y expansión de las organizaciones a nivel global.

Objetivos

- Exponer los elementos que configuran el escenario actual de relación entre las organizaciones y sus clientes, a través de las nuevas tecnologías de la información y la comunicación.
- Delimitar las peculiaridades que presentan cada una de las políticas que componen el e-marketing mix.
- Determinar las características generales y específicas que definen el proceso de diseño e implementación de un plan de marketing digital.
- Concretar los aspectos que definen al cliente *online*.
- Reflejar los desafíos a los que debe enfrentarse el marketing digital y, más concretamente, el comercio electrónico en la actualidad, atendiendo especialmente a la confianza en los medios de pago electrónicos, los problemas logísticos y la seguridad digital.

Contenidos

1.1. Un nuevo escenario requiere una redefinición del modelo de *marketing*

1.2. El cliente *online*

1.3. El marketing digital

1.4. Desafíos actuales del comercio electrónico

1.1. Un nuevo escenario requiere una redefinición del modelo de marketing

A nivel general, el marco de actuación actual del marketing está viéndose fuertemente afectado por la influencia de los efectos de la globalización, asociada a una tendencia a la desregulación de los mercados y la asimilación de los continuos avances tecnológicos.

Estos cambios están desembocando en un replanteamiento de las filosofías, conceptos y herramientas aplicadas al marketing, en el que se identifican las siguientes tendencias (Kotler, 2000: 30-31):

- **Marketing de relaciones:** el marketing está pasando de centrarse en la consecución de transacciones a tener como objetivo la creación de relaciones a largo plazo con aquellos clientes, y en aquellos canales, que la organización considera rentables.
- **Valor del cliente:** se está pasando de buscar el beneficio en cada venta a la búsqueda de beneficio a lo largo de toda la vida del cliente, ofreciendo mejores condiciones a cambio de fidelización.
- **Cuota de cliente:** más que orientar las acciones de marketing al crecimiento de la cuota de mercado, en la actualidad se observa un mayor interés hacia la cuota de cliente, es decir, conseguir una mayor proporción dentro del conjunto de compras totales de cada cliente. Para ello, se observa una tendencia dentro de las organizaciones hacia la ampliación de la gama de productos y servicios ofertados.
- **Marketing dirigido a públicos objetivo:** se percibe una evolución de las empresas y organizaciones hacia el posicionamiento en mercados bien definidos previamente, con objeto de obtener notoriedad entre las personas que los integran y formar parte de sus preferencias de consumo.
- **Individualización:** se está pasando de utilizar mecanismos estandarizados de venta a una creciente individualización y personalización del proceso de venta, mediante la adaptación de mensajes y ofertas. Del mismo modo, las personas que componen el mercado de actuación de la organización disponen de cauces para personalizar, a su vez, la concreción de sus necesidades y deseos, por ejemplo a través de internet.
- **Gestión de las bases de datos de clientes como herramienta estratégica:** los avances experimentados en la gestión de organizaciones, a partir de las nuevas tecnologías, permiten la creación de bases de datos que proporcionan información muy valiosa acerca de sus clientes, respecto a sus preferencias y características de compra, características demográficas o rentabilidad, a partir de las cuales orientar las decisiones y actuaciones futuras.
- **Comunicación integrada de marketing:** la comunicación con las personas que componen nuestro público objetivo está dejando de depender exclusivamente de herramientas tradicionales como la publicidad o el personal comercial, al disponer de instrumentos que permiten la concreción de una imagen integrada y coherente de marca a los clientes desde todos los ámbitos de la organización.
- **Cada persona que integra la organización pasa a ser un agente buscador de intercambios:** consecuencia de la tendencia anterior, el marketing no solamente es responsabilidad del personal de ventas, atención al cliente y del propio departamento de marketing, sino que toda la estructura de la empresa debe tener una orientación hacia el cliente.
- **Canales como socios:** los distintos intermediarios que conforman el canal de distribución o comercialización de la organización están dejando de ser considerados clientes y pasando a ser tratados como socios que comparten el objetivo común de ofrecer un mayor valor a los consumidores y consumidoras finales.
- **Modelización de la toma de decisiones:** las organizaciones están dejando de tomar decisiones de forma intuitiva, a partir de una información reducida en manos del personal directivo, y se está potenciando la aplicación de modelos de decisión sobre el mercado de actuación.

Pero si existe un elemento de cambio que está influyendo sobremanera en el desarrollo estratégico y operativo del marketing actual, como se ha podido intuir en algunas de las tendencias comentadas, este es el paulatino e irrefrenable proceso de integración de las nuevas tecnologías en el seno del tejido empresarial, las organizaciones y los hogares.

Así, en este apartado es preciso que pongamos de manifiesto el protagonismo esencial que están desempeñando las nuevas tecnologías de la información y la comunicación en el espectacular crecimiento del marketing en todos los ámbitos, como elemento facilitador del contacto y establecimiento de relaciones de intercambio a todos los niveles entre las empresas y organizaciones y su público objetivo.

Del mismo modo, se dedicará una mención especial a las posibilidades que ofrece internet al marketing, como complemento o incluso en sustitución de los medios convencionales, tanto por su marcadísima influencia en el desarrollo del marketing actual como por las perspectivas de desarrollo que este canal tendrá en los próximos años, fruto de la revolución del contexto en el que las empresas y organizaciones desarrollan su actividad.

Figura 1.1. Las nuevas tecnologías de la información y la comunicación han pasado a ser un elemento indispensable en nuestra vida diaria.

Actividad propuesta 1.1

Definición del contexto actual

Identifica y enumera brevemente todos aquellos aspectos de tu vida diaria en los que están presentes, en mayor o menor medida, las nuevas tecnologías de la información y la comunicación.

Con base en ello, responde a las siguientes cuestiones:

- ¿Cómo valorarías su nivel de influencia sobre tu vida?
- ¿Serías capaz de definir algún aspecto en el que las nuevas tecnologías no estén presentes?

1.1.1. Aplicación de las nuevas tecnologías al ámbito del marketing

Las nuevas tecnologías de la información y la comunicación, entre las que ocupan un papel muy destacado internet o el creciente desarrollo de los dispositivos móviles, están proporcionando a las empresas y organizaciones la posibilidad de establecer nuevas herramientas de marketing para llegar y atender de forma eficiente al consumidor, hasta el punto de que en la actualidad cada vez es más complicado encontrar una organización que no tenga presencia en la red, aunque sea de forma testimonial.

Estas nuevas tecnologías están dando lugar a una gran revolución respecto a los mecanismos disponibles para la creación de valor, por parte de las empresas y organizaciones, hacia sus clientes y las posibilidades de relación con ellos, cambiando además la percepción y comportamiento de los consumidores y consumidoras hacia aspectos como la información de marca, el precio, la rapidez en la entrega, la comodidad en el proceso de venta, los servicios adicionales o la capacidad de adaptación de las empresas a sus demandas y necesidades.

Por ello, la manera en que se desarrolla el proceso de comercialización y se realizan los negocios en la era digital hace necesaria la concreción de un nuevo modelo estratégico y operativo de marketing.

El avance del *e-business,* o negocio electrónico, conlleva la implantación y utilización de plataformas electrónicas, tales como *intranets, extranets o internet,* para la puesta en práctica de las operaciones tecnológicas propias del proceso de comercialización.

Argot técnico

Es conveniente tomar conciencia acerca del lenguaje propio de la era digital y de aquellos conceptos asociados a la aplicación de las nuevas tecnologías en el ámbito de la organización.

En este sentido, es necesario diferenciar entre los siguientes conceptos:

- **Intranet:** redes internas existentes dentro de las organizaciones y empresas, que facilitan la comunicación y conexión entre todas las áreas y las personas que desarrollan su trabajo en ellas.
- **Extranet:** redes de comunicación que conectan a una compañía con sus proveedores, distribuidores y otros socios externos.
- **Internet:** sistema de comunicación que permite la conexión de millones de redes informáticas de cualquier lugar del mundo, que relacionan a usuarios de todo tipo, facilitando su interacción y la existencia y transmisión de una cantidad de información colosal.

En este sentido, es una práctica totalmente habitual hoy en día que las empresas y organizaciones dispongan de *sitios web* para informar y promocionar sus productos y servicios, o simplemente como medio de comunicación y relación con su público objetivo.

Del mismo modo, numerosas entidades han desarrollado su propia *intranet* para que todas las personas que forman parte de su plantilla puedan comunicarse y acceder a información corporativa centralizada de distinta índole (circulares, avisos, procedimientos, formación, etc.).

En última instancia, las empresas pueden expandir esta conexión hacia sus proveedores y distribuidores a través de la creación de *extranets,* con objeto de facilitar el intercambio de información, así como la gestión de pedidos, transacciones y pagos.

Además del *e-business,* las nuevas tecnologías han fomentado el crecimiento del *comercio electrónico,* que se realiza básicamente a través de internet, en el que se incluye:

- **Marketing *online:*** aglutina el conjunto de herramientas para dar a conocer y vender productos y servicios a través de internet.
- **Compraventa electrónica:** relacionada con la adquisición de bienes, servicios o información a través de proveedores *online.*

Este nuevo escenario no implica una ruptura total con la forma en que las empresas y organizaciones se han comportado en el pasado, sino más bien una necesidad de incorporar todos aquellos instrumentos que permitan la optimización del proceso para ambas partes mediante la aplicación de las nuevas tecnologías.

Figura 1. El desarrollo tecnológico ha hecho posible que el comercio electrónico se convierta en un medio de comercialización de gran interés para las organizaciones.

1.1.2. Aplicabilidad del marketing en internet

La aparición de internet, y su posterior eclosión masiva e incorporación a la vida diaria tanto de las organizaciones como de los hogares, ha posibilitado la aparición de una nueva tipología de comercio, el comercio electrónico, en el que la presencia física de las empresas deja de ser indispensable y está siendo complementada e incluso sustituida por la presencia en la red.

A partir de lo anterior, podríamos plantearnos algunas preguntas: ¿cómo podemos utilizar internet para el establecimiento de una estrategia de marketing *online*? ¿Cuáles son los instrumentos más adecuados para su puesta en marcha?

En respuesta a estas preguntas, las organizaciones disponen de cuatro mecanismos principales para el aprovechamiento de internet como herramienta de marketing (Armstrong y Kotler, 2011: 347-352):

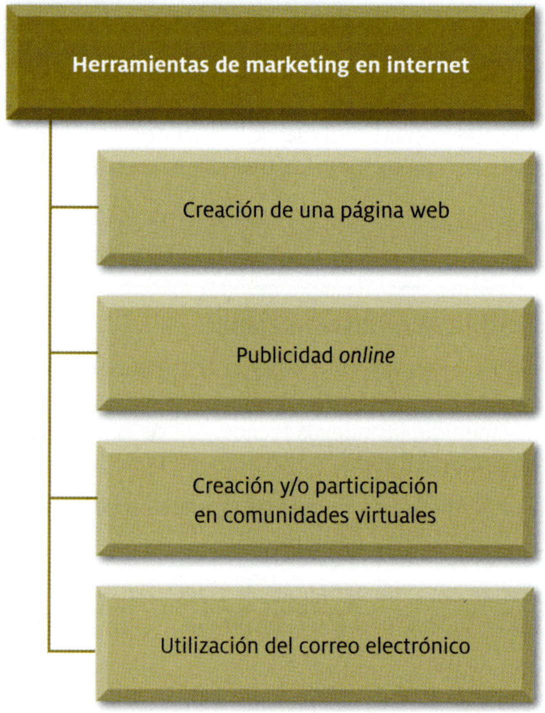

Figura 1.3. Mecanismos asociados al aprovechamiento de internet como herramienta de marketing. *Fuente:* adaptado de Armstrong y Kotler (2011: 347-352).

- **Creación de una página web:** el diseño de una web atractiva suele ser el primer paso del marketing *online* para muchas empresas, con el fin de que esta sea visitada por parte de su público objetivo.

En este sentido, es fundamental, además, lograr dirigir una cantidad de tráfico significativa hacia nuestra página web, es decir, conseguir que el mayor número de personas integrantes de nuestro público objetivo la visiten de forma continuada y se muestren interesadas por sus contenidos.

Para conseguir estos objetivos es necesaria la renovación y actualización constante de los contenidos, y que, además, el entorno web sea atractivo para los usuarios. Por ello, deberemos prestar atención a:

— La estructura, organización y el diseño de la página web.

— El contenido (textos, imágenes, elementos audiovisuales, etc.).

— Personalización y adaptación a las distintas tipologías de visitantes.

— Consideración de cauces de comunicación entre los usuarios, y de los usuarios con la organización, creando un entorno de transmisión bidireccional.

— Conectividad con otras posibles webs relacionadas de la organización.

— Facilitación del proceso de venta a través de comercio electrónico, en caso de que se considere pertinente.

Por otro lado, podemos diferenciar dos tipologías de páginas web como herramienta para el desarrollo de marketing *online:*

— **Páginas web corporativas:** diseñadas para contribuir a la fidelización de los clientes y como complemento a otros canales de comercialización. El objetivo de estas páginas web se basa, principalmente, en la difusión de toda aquella información que la entidad considere de utilidad.

  No suelen estar enfocadas a la venta de forma directa de los productos o servicios de la organización, sino más bien al conocimiento de esta, la mejora de su notoriedad y a la puesta a disposición de los usuarios de un espacio en el que resolver sus consultas y dudas.

— **Páginas web de marketing:** diseñadas como elemento de atracción de los consumidores potenciales para el desarrollo de la venta directa o su participación en acciones de marketing dirigidas a otra finalidad (consejos de compra, elementos promocionales, catálogo de productos y servicios, etc.).

Figura 1.4. La creación de espacios web de carácter corporativo y comercial supone un excelente recurso para la transmisión de la imagen y atributos de las empresas.

- **Publicidad *online:*** existe infinidad de formatos de publicidad *online*, que incorporan animaciones, vídeo, sonido e interactividad, con el fin de atraer la atención de los usuarios. No obstante, podemos destacar los siguientes formatos:

  — ***Banners:*** son los más habituales actualmente en la red y consisten en anuncios que se insertan en páginas web ajenas a la empresa y que permiten acceder a la web del anunciante a través de un vínculo o *link*.

  — ***Interstitials:*** son anuncios que aparecen en la transición entre una web y otra, principalmente mientras el usuario espera que se cargue la nueva pantalla.

  — ***Pop ups:*** son anuncios que emergen de forma repentina mientras se está visitando una página web.

Además, existen otras posibilidades de publicitarse a través de internet mediante la adopción de estrategias de marketing como las siguientes:

— **Patrocinios de contenido:** consisten en asociar nuestra marca a la inserción de contenidos especiales en sitios web ajenos a la organización, como pueden ser noticias, información temática, entradas en blogs independientes, etc.

— ***Microsites:*** áreas de una web que han sido pagadas por un anunciante.

— **Alianzas y programas de afiliación:** se basan en el establecimiento de acuerdos entre distintas organizaciones que colaboran anunciándose mutuamente.

Figura 1.5. La publicidad *online* dispone de infinidad de formatos, cada vez más creativos, para atraer la atención de los usuarios de internet.

— **Marketing viral:** estrategia de comunicación que se fundamenta en la recomendación, es decir, en la creación de un mensaje o elemento audiovisual que despierte el interés de los usuarios de tal forma que decidan compartirlo y difundirlo entre su entorno, contribuyendo de forma directa y gratuita a su propagación.

- **Creación y/o participación en comunidades virtuales:** se denomina comunidad virtual a los espacios de encuentro entre aquellas personas que comparten una iniciativa o interés común hacia una determinada temática, ya sea de carácter comercial, social o profesional, en los cuales intercambian opiniones e información sobre cuestiones de interés común.

Figura 1.6. Las comunidades virtuales y las redes sociales son medios excelentes para conocer las características que definen a nuestro público objetivo.

Estas comunidades pueden llegar a generar un fuerte sentido de pertenencia entre quienes las visitan, por lo que resultan muy atractivas para aquellas organizaciones relacionadas de forma directa con la temática de la comunidad.

Del mismo modo, se está experimentando un creciente interés de las organizaciones en cuanto a su presencia en las redes sociales con mayor difusión e importancia (Facebook, Twitter, LinkedIn, Google+, Instagram, Snapchat, Youtube, etc.) como medio de comunicación e interacción con sus consumidores y, en la medida de lo posible, como canal de comercialización de sus productos y servicios.

Nota técnica

En los últimos años ha adquirido un papel muy relevante el *social media marketing*, que se basa en el análisis de las redes sociales y comunidades virtuales para la obtención de información de interés a través de la segmentación que permiten dichas comunidades, la optimización de la imagen de marca o la mejora de la reputación de la empresa.

Las distintas herramientas del *social media marketing* ofrecen un nuevo escenario para la consolidación de relaciones entre la organización y su público objetivo.

El *social media marketing* tiende a eliminar, en cierta medida, las diferencias tradicionales en cuanto a la capacidad de acercamiento a la información por parte de las empresas en función de su tamaño, por lo que podríamos hablar en la actualidad de cierta tendencia hacia la "democratización del acceso a la información".

- **Utilización del correo electrónico:** este medio, tradicionalmente utilizado para la comunicación de carácter personal, ha adquirido recientemente gran relevancia como herramienta de marketing *online*.

  No obstante, es preciso poner de manifiesto una serie de recomendaciones para su utilización, dada la creciente saturación que se está experimentando, para evitar la consideración de nuestro mensaje como *spam:*

  - Utilizar el correo electrónico con una finalidad marcadamente profesional, es decir, para el desarrollo de un contacto directo y fluido con nuestros clientes, así como para el envío de información útil mediante *newsletters,* sobre las que profundizaremos más adelante.
  - Llevar a cabo una selección previa de destinatarios del correo electrónico, procurando que únicamente sea recibido por aquellas personas que realmente desean recibir dicha información y de los que se puede esperar una reacción o respuesta positiva.
  - Diseñar mensajes de correo electrónico enriquecidos para despertar el interés y atención por parte de la persona destinataria, es decir, con mayor grado de personalización y que incorporen elementos audiovisuales o interactivos.

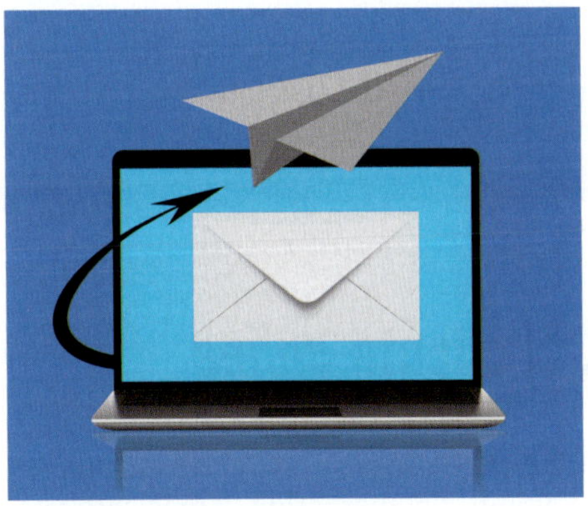

Figura 1.7. La proliferación de correo basura o *spam* ha puesto de relieve la necesidad de redefinir la utilidad del correo electrónico como herramienta de marketing *online*.

Argot técnico

Se denomina ***spam*** o **correo basura** a los mensajes, habitualmente de tipo publicitario, no solicitados, no deseados o de remitente no conocido o anónimo, que son enviados de forma masiva y que, en ocasiones, saturan los buzones de correo electrónico.

Actividad propuesta 1.2

Correos basura o *spam*

¿Sueles recibir en tu cuenta de correo personal correos basura o *spam*? ¿A qué crees que se debe esta práctica comercial?

¿Qué diferencias se pueden establecer entre la publicidad a través de correo electrónico y los correos basura o *spam*?

1.1.3. El comercio electrónico

Más allá de todas estas aplicaciones y oportunidades que ofrece el entorno digital para el desarrollo estratégico y operativo del marketing por parte de las distintas organizaciones que componen el tejido empresarial y asociativo, debemos prestar atención especial e individualizada al comercio electrónico, ya que supone la extrapolación del escenario tradicional de interacción comercial entre la empresa y su público objetivo hacia un nuevo entorno digital y no presencial concebido para complementarlo o, en algunos casos, sustituirlo.

El comercio electrónico, frente al resto de aplicaciones comentadas en el apartado anterior, es precisamente la aplicación del marketing en internet sobre la que confluirán los esfuerzos realizados por la empresa en el resto de las áreas, ya que es la única actuación que permite el retorno de la inversión realizada para fomentar nuestra visibilidad en la red, a través de la creación de un sitio web, el desarrollo de publicidad *online,* la puesta en marcha de campañas de *email marketing* o la creación y participación en comunidades web y redes sociales.

Así, bajo los conceptos **venta *online*** o **comercio electrónico** se incluyen todos aquellos sistemas de transacción comercial o de negocios que se llevan a cabo electrónicamente a través de las redes disponibles en internet y que utilizan como modos de intercambio el dinero electrónico.

Por tanto, se puede afirmar que el comercio electrónico engloba un amplio abanico de actividades que tienen como elemento común el desarrollo del ciclo completo de la transacción comercial de forma virtual (Gómez Suárez, 1998: 16).

En el ámbito específico de la distribución comercial, la comercialización de productos a través de internet posee unas características distintivas respecto a otros formatos, ya que la presentación de la oferta de productos o servicios se lleva a cabo mediante representaciones gráficas, posibilitando además al cliente potencial que efectúe la compra de forma autónoma, sin la asistencia o colaboración de una entidad minorista.

Este aspecto adquiere una importancia fundamental dentro de las relaciones de poder del canal de distribución, ya que ofrece la posibilidad a la empresa fabricante para la comercialización de sus productos o servicios mediante un contacto directo con su público objetivo, sin la interacción de intermediarios, lo que supone un considerable ahorro en costes de distribución que se verá reflejado en el precio de venta.

Del mismo modo, el desarrollo de la venta *online* está incidiendo en el cambio desde un modelo de comunicación eminentemente unidireccional hacia un modelo de comunicación interactiva, en la que se crea un flujo de comunicación bidireccional entre la organización y el consumidor.

En consecuencia, las principales ventajas que ofrece la venta *online* respecto a las técnicas tradicionales de distribución y comercialización son las siguientes (Gómez Suárez, 1998: 19):

- **Capacidad de enfoque:** a través de internet, las organizaciones gozan de mayores posibilidades de acceder a su público objetivo y, de forma simultánea, adaptar su oferta a las características individuales de cada una de las personas que lo conforman.
- **Capacidad de seguimiento y medición:** la utilización de internet facilita también la capacidad de las empresas para llevar a cabo un proceso de aprendizaje sobre la forma en que sus consumidores actuales y potenciales interactúan en este medio, mediante el desarrollo de tecnologías de huella electrónica, denominadas *cookies,* que permiten la obtención de información sobre aspectos como desde dónde acceden a una página web, el tiempo que pasan en ella, qué búsquedas realizan, etc., lo que permite el desarrollo de decisiones estratégicas adaptadas.
- **Disponibilidad y flexibilidad:** una de las principales ventajas que ofrece la venta *online* es su disponibilidad, ya que se trata de un establecimiento comercial virtual que se encuentra abierto 24 horas al día durante todos los días del año, que además permite una actualización automática permanente.
- **Interactividad:** la venta *online* ofrece la posibilidad de que el usuario obtenga más información sobre el producto o servicio, e incluso, en algunos casos, posibilita la prueba gratuita de este durante un tiempo limitado, como en el caso de la comercialización de distintas aplicaciones informáticas.

No obstante, la existencia de este canal como instrumento de comercialización deberá ir acompañada de la disposición de una infraestructura logística acorde a él, dada la necesidad de que el producto llegue al consumidor en las condiciones y plazo acordados.

Además, el comercio electrónico se caracteriza por su elevada transparencia en materia de precios, ya que cualquier usuario puede realizar una comparativa del precio fijado por distintos oferentes de forma casi instantánea.

Este aspecto está teniendo unas fuertes implicaciones estratégicas en la redefinición del proceso de comercialización, ya que el objetivo principal está derivando hacia la consecución de una mayor diferenciación del producto respecto a los ofrecidos por la competencia, para dificultar el establecimiento de dicha comparación directa.

Actividad propuesta 1.3

Comercio electrónico

¿Has realizado alguna vez la compra de algún producto o servicio a través de comercio electrónico?

- En caso de que tu respuesta sea positiva, ¿qué valoración tienes de esta alternativa al comercio tradicional? Justifica tu respuesta.
- En caso de que tu respuesta haya sido negativa, ¿por qué no te has decidido a adquirir algún producto o servicio a través de este sistema?

1.2. El cliente *online*

Como es lógico, la incorporación de las nuevas tecnologías en el ámbito del marketing, y más concretamente en todos los aspectos relacionados con el proceso de comercialización de los productos y servicios elaborados por la organización, ha dado lugar a la aparición de una nueva tipología de cliente, que podemos denominar, desde un punto de vista global, como cliente *online.*

A la hora de definir las características que representan a este relativamente novedoso cliente *online,* y que permiten su diferenciación del cliente tradicional, debemos ser conscientes de la existencia de una serie de tipologías o perfiles, atendiendo al comportamiento comercial que lleva a cabo a través de internet.

En este sentido, en la actualidad podemos encontrar los siguientes perfiles de clientes *online*, ordenados en función de su nivel de representatividad (Moro Vallina y Rodés Bach, 2014: 127-129):

- **Clientes *online* poco receptivos:** se caracterizan por su ausencia de interés inicial hacia la recepción de información comercial procedente de correos electrónicos promocionales, publicidad *online*, redes sociales o blogs corporativos, lo que implica, de forma análoga, una actitud poco activa en lo referente a su participación en comunidades virtuales y, en definitiva, a expresar su opinión y valoración sobre los productos y servicios existentes en el mercado.

  Este perfil está asociado a aquellas personas que, a pesar de disponer de una conexión a internet, ya sea en el ámbito personal o profesional, suelen considerar internet como un medio de comunicación inseguro y poco fiable, lo que las lleva a navegar con suma prudencia y a no compartir información de carácter confidencial o que consideren que forma parte de su ámbito personal.

- **Clientes *online* con fines personales o lúdicos:** son aquellas personas que utilizan internet como un medio de comunicación con su entorno familiar y sus amistades, así como para su interacción con otros usuarios en el desarrollo de actividades lúdicas interactivas.

  Si bien se trata de un perfil de usuario enfocado, casi exclusivamente, hacia sus propios intereses, muestra cierta predisposición hacia la consideración de internet como un medio de gran utilidad para el mantenimiento y generación de relaciones sociales, lo que los hace más receptivos al desarrollo de acciones de marketing *online* específicas.

- **Clientes *online* con fines profesionales:** son aquellas personas que consideran internet como una herramienta eminentemente laboral, es decir, como un instrumento para el desarrollo de sus negocios y la gestión de su red de contactos profesionales.

  En consecuencia, se trata de un perfil que muestra un enorme interés hacia toda aquella información relacionada con su puesto de trabajo, tanto en portales especializados como todo aquello referente a actualización de sus conocimientos y mejora de su cualificación profesional.

- **Clientes *online* consumidores de información:** este grupo está formado por aquellos usuarios y usuarias que consideran internet como una fuente de información prioritaria pero que, sin embargo, no aportan nuevos contenidos para otros internautas, por lo que no generan información ni es posible, *a priori*, conocer su percepción sobre la información consumida.

  Esta tipología de clientes *online* se asocia, principalmente, a aquellas personas que acceden a internet para complementar la información de la que disponen a través de canales tradicionales, evaluar las distintas alternativas existentes en el mercado y establecer su decisión de compra, que posteriormente materializarán a través de puntos de venta *offline*. Este sería el caso de una persona que emplea internet para obtener información sobre diferentes destinos turísticos, informarse sobre el precio de los vuelos y consultar la oferta de hoteles, pero que posteriormente se traslada a una agencia de viajes para contratar un paquete turístico para sus vacaciones.

Figura 1.8. El cliente *online* es el eje central sobre el que gravitarán todas las acciones estratégicas de marketing desarrolladas por la empresa en el ámbito digital.

- **Clientes *online* activos no generadores de información:** se caracterizan por su elevada presencia y participación en la red a través de comentarios, opiniones y experiencias de compra, aunque, en un sentido estricto, no generan información ni contenidos propios.

  Las personas que se ajustan a este perfil de clientes *online* suele tener una presencia en redes sociales bastante notable y habitual, constituyendo un colectivo de consumidores muy actualizado, informado y, en consecuencia, exigente, ya que tiene enorme facilidad para contrastar de forma exhaustiva la información comercial ofrecida por las distintas empresas que componen el mercado.

- **Clientes *online* generadores de información:** este perfil de internautas muestra un comportamiento respecto a internet inverso al anterior, ya que se caracteriza por una actividad considerable en lo que se refiere a la generación y difusión de contenidos propios a través de internet, en cualquiera de los distintos formatos existentes.

Este colectivo es muy propenso a compartir sus experiencias y muestra enorme predisposición a interactuar con otros usuarios a través de las redes sociales y a agruparse formando comunidades virtuales, e incluso también fuera de la red, por lo que se constituye como un perfil de gran importancia a nivel de marketing en cuanto a la generación de opinión entre el resto de internautas.

- **Clientes *online* desde una perspectiva de marketing:** este grupo de clientes está formado por todos aquellos usuarios y usuarias de internet que consideran la red como un medio habitual para la cobertura de sus necesidades de información, de comunicación y de consumo.

  En consecuencia, muestran una sensibilidad considerable a las distintas acciones de marketing desarrolladas a través de internet, ya que son consumidores habituales de productos y servicios a través de internet y tienen una extraordinaria presencia y actividad en las redes sociales.

Actividad propuesta 1.4

Cliente *online*

¿Qué tipología o tipologías de cliente *online* consideras que son las que más se ajustan a tu participación en internet, las redes sociales y el comercio electrónico?

Como se puede intuir, los perfiles de cliente *online* expuestos anteriormente no pueden considerarse realmente como excluyentes entre sí, ya que expresan distintos comportamientos que pueden ser desarrollados por una misma persona en función de la tipología de producto o servicio que pretende adquirir y del nivel de implantación de las nuevas tecnologías de la información y comunicación en el seno del sector de actividad asociado a dichos bienes, aunque existe una marcada evolución hacia el crecimiento de aquellas actitudes más activas en la red.

Pero, más allá de las características que definen a las diferentes tipologías de clientes *online* existentes en la actualidad, la verdadera fuerza de internet como elemento de enorme potencial para la creación de un nuevo escenario comercial para las distintas organizaciones se pone de manifiesto a través del concepto de **marketing 2.0.**

Argot técnico

Para entender el significado de la **web 2.0,** también conocida como web social, deberemos tomar en consideración que, en sus inicios, internet se limitaba a la exposición estática de contenidos sobre los que no cabía posibilidad de interactuación por parte de los usuarios.

A partir de la concepción 2.0, y gracias a los avances en el ámbito de las telecomunicaciones y el espectacular desarrollo posterior de los instrumentos *social media,* internet se ha convertido en un entorno digital de enorme potencial para la comunicación bidireccional entre usuarios, que se diferencia de la web 1.0 en los siguientes aspectos:

- Capacidad y autonomía de cada usuario para el desarrollo de sus propios contenidos, sin que esto suponga una restricción en el acceso a los contenidos generados por otros usuarios.
- Multiplicación exponencial en el volumen de contenidos y sitios web presentes en la red.
- Configuración en la que la ordenación de los contenidos es esencial para fomentar y facilitar la navegabilidad de los usuarios.
- Desarrollo espectacular de las herramientas para la interactuación y colaboración en línea entre usuarios, dirigidas a posibilitar la retroalimentación de la información.

El **marketing 2.0** implica, en sí mismo, la transformación del cliente usuario de internet, que, gracias a las posibilidades que ofrece la red, tiene la capacidad de convertir su papel pasivo como receptor de las acciones de marketing desarrolladas por las organizaciones en un protagonismo espectacular como actor imprescindible dentro del planteamiento estratégico de marketing de las distintas entidades. Esto ocurre por su capacidad para la generación de opiniones que trascienden, y en numerosas ocasiones sobrepasan, en términos de visibilidad y de credibilidad, los esfuerzos realizados por la empresa tanto en el ámbito del marketing tradicional como en el marketing *online.*

Hoy en día es imposible concebir el marketing únicamente desde la perspectiva clásica del cliente *offline,* en la que la capacidad de decisión de nuestro público objetivo solamente estaría condicionada a su nivel de atención y asimilación sobre nuestras acciones de marketing, que podríamos considerar tradicionales o convencionales, y su consiguiente decisión de adquirir o no nuestro producto o servicio, dado que ahora nos encontramos ante un medio como internet, que permite el desarrollo de una comunicación bidireccional, interactiva y permanente, ya no solo con nuestra entidad, sino también con el resto de consumidores que conforman nuestro mercado de referencia.

En el ámbito académico y profesional del marketing, esta nueva figura de consumidor, que posee mayor capacidad en el proceso de comercialización y en nuestra imagen y posicionamiento en el mercado, al convertirse tanto en receptor como en productor de información, recibe el nombre de *prosumidor.*

Argot técnico

El término **prosumidor**, derivado de la contracción de "productor" y "consumidor", supone la transformación experimentada en un gran número de clientes *online*, que están pasando de ser meros consumidores de información a participar activamente en la generación de información comercial sobre nuestra marca y, en consecuencia, a convertirse en parte esencial del proceso de toma de decisiones estratégicas de marketing.

1.3. El marketing digital

Como se ha puesto de manifiesto a lo largo de esta unidad didáctica, el nuevo escenario ante el que nos encontramos actualmente, gracias al avance vertiginoso de las nuevas tecnologías de la información y la comunicación, ha motivado la necesidad de replantear los principios clásicos del marketing para conseguir su readaptación a este nuevo tablero de juego, en el que la presencia física deja de ser imprescindible para el desarrollo del proceso de comercialización de nuestros productos o servicios, pero la comunicación, la presencia y la visibilidad de nuestra marca en nuestro mercado de referencia ha adquirido, si cabe, más importancia que nunca.

Este razonamiento es el que ha dado lugar a la aparición de una nueva disciplina del marketing, como es el **marketing digital,** basada en el diseño de las estrategias de comercialización clásicas (producto, precio, distribución y comunicación) para su aplicación específica en los medios *online* o digitales.

Por tanto, el marketing digital se basa en la reconfiguración y adaptación de las técnicas que habitualmente se desarrollaban en un entorno *offline* para garantizar su utilidad en el nuevo escenario ante el que nos encontramos hoy en día, el mundo *online*.

Figura 1.9. El marketing digital supone la adaptación de las políticas de marketing clásicas a un nuevo escenario comercial.

Es por ello por lo que, en este apartado, vamos a intentar resumir los aspectos más relevantes que definen la consideración de las políticas clásicas del marketing en un entorno digital, ofreciendo un repaso de lo que se ha dado en denominar como **políticas de e-marketing mix.**

Asimismo, una vez que se hayan establecido los elementos que definen a cada una de estas políticas, pasaremos a establecer los parámetros que guiarán la integración de todas ellas en la planificación estratégica de la empresa, a través del **plan de marketing digital.**

1.3.1. Políticas de e-marketing mix

Cada organización lleva a cabo su planteamiento estratégico de marketing a partir de una serie de herramientas o políticas que se materializan en su marketing mix y permiten la generación de valor en la comercialización de sus productos o servicios.

A modo de repaso, es conveniente recordar que el **marketing mix**, o mix de marketing, se puede definir como la combinación de las diferentes funciones, recursos e instrumentos de los que dispone la organización para alcanzar los objetivos comerciales o sociales establecidos.

En este sentido, el modelo de marketing mix más extendido es el desarrollado por McCarthy, conocido comúnmente como el **modelo de las cuatro pes,** ya que establece que las decisiones de marketing de una organización se estructuran con base en las cuatro políticas siguientes:

- Producto *(product)*.
- Precio *(price)*.
- Distribución *(place)*.
- Comunicación *(promotion)*.

A pesar de que cada entidad establecerá de forma autónoma las características e intensidad con las que lleva a cabo cada una de las políticas que componen su mix de marketing, es posible establecer una serie de aspectos generales que nos servirán para considerar las diferencias existentes entre las políticas tradicionales de marketing y aquellas políticas que componen en la actualidad el e-marketing mix.

En consecuencia, las peculiaridades más significativas que presenta cada una de las variables del marketing mix en su aplicación en un entorno digital son, a grandes rasgos, las que se resumen a continuación (González López, 2002: 288-301).

Producto

La configuración de las características y atributos a partir de los cuales llevar a cabo el diseño y fabricación de un producto, así como los servicios asociados a su comercialización y venta con el fin de satisfacer las necesidades de los consumidores, constituyen un elemento fundamental de la estrategia de marketing, ya que dicha elección condicionará el resto de decisiones comerciales de la organización.

A partir de esta premisa, el primer elemento que deberemos considerar a la hora de definir la política de producto en el ámbito del marketing digital estará asociado, como no podría ser de otra manera, al potencial del que goza cada bien o servicio para su comercialización en un entorno digital.

En este sentido, encontraremos una clara diferenciación entre aquellos productos que no precisan de un contacto físico para conocer sus propiedades y ser adquiridos por el consumidor, como es el caso de los servicios, los libros o las aplicaciones informáticas, y aquellos otros que, en mayor o menor medida, condicionan su comercialización al contacto previo y supervisión del consumidor acerca de sus propiedades fundamentales, como sería el caso de las prendas textiles o los alimentos frescos.

Argot técnico

En el ámbito profesional del marketing se suele establecer una diferencia en cuanto a la necesidad del contacto del cliente con el producto, con base en dos categorías básicas:

- ***Low touch:*** son aquellos productos que no precisan de su análisis previo para garantizar sus propiedades fundamentales.
- ***High touch:*** son aquellos productos que, por la variabilidad de sus capacidades, precisan ser analizados para establecer su calidad intrínseca.

Este condicionante explica que, *a priori*, el entorno digital goce de mayor adecuación para la comercialización de aquellos productos que se encuadran dentro de alguna de las siguientes categorías:

- **Productos basados en la información:** entre ellos se encuentran aquellos que incluyen servicios complementarios, como los relacionados con entidades financieras, el sector de los seguros, la prensa e información general, las agencias de viajes o la hostelería.
- **Productos informáticos:** esta categoría de productos encuentra en internet su hábitat natural, lo que hace que su presencia en la red sea, prácticamente, imprescindible para su comercialización.

  Además, productos como las aplicaciones informáticas poseen la ventaja añadida de permitir su distribución directa a través de la red, ya que pueden llegar al consumidor de forma virtual, sin requerir una distribución física tradicional.
- **Productos asociados a marcas o estándares reconocibles:** son aquellos productos que se apoyan sobre la notoriedad y calidad percibida de su marca, lo que les permite que sean fácilmente identificables por su público objetivo.
- **Productos de uso habitual:** que los consumidores consumen habitualmente y cuya comercialización a través de internet no presenta problemas logísticos, como es el caso de la prensa diaria.
- **Productos de baja implicación para el cliente:** son aquellos productos que no requieren de una inversión considerable por parte del cliente y que además permiten la comparación de precios entre artículos similares de distintos proveedores con facilidad, como el caso de las flores, los libros o los discos.

De hecho, la comercialización de estos productos a través de internet está posibilitando la creación de un mercado más transparente, en el que el cliente tiene la última palabra en cuanto a la formalización de su decisión de compra entre infinidad de alternativas.

- **Productos asociados tradicionalmente a la venta a distancia:** internet se ha convertido en un medio mucho más cómodo, eficaz y eficiente para la venta de una gran cantidad de productos que, desde hace bastante tiempo, se comercializaban a través de catálogo o vía telefónica, como es el caso de las agencias de viajes o los seguros.

A pesar de que esta diferenciación entre categorías de productos está siendo superada paulatinamente con la introducción de diversas estrategias de comercialización, cada vez más creativas e innovadoras, debemos tomar conciencia de este aspecto a la hora de definir con éxito la política de producto de nuestros bienes y servicios.

Actividad resuelta 1.1

E-marketing mix: comercialización de productos en un entorno digital

Atendiendo a la diferenciación establecida anteriormente entre aquellos productos que presentan mayor potencial de comercialización a través de internet *(low touch)*, frente a aquellos otros que ofrecen mayores limitaciones *(high touch)*, enumera ejemplos asociados a cada una de estas categorías.

Solución:

Si bien, como se ha comentado, la introducción de nuevas estrategias creativas e innovadoras está posibilitando la eliminación de barreras y limitaciones para la comercialización de todo tipo de productos en el entorno digital, podemos enumerar los siguientes ejemplos de cada una de las categorías contempladas anteriormente:

- **Productos *low touch:***
  - Servicios en general.
  - Libros.
  - Aplicaciones informáticas.
  - Etc.
- **Productos *high touch:***
  - Alimentos frescos.
  - Prendas de vestir.
  - Etc.

Figura 1.10. Las flores son un ejemplo perfecto de un producto con enorme potencial para ser comercializado a través de la red.

Precio

El segundo instrumento o política del marketing en el proceso de comercialización de un producto o servicio vendrá determinado por el establecimiento de la contrapartida económica, que deberá ser asumida por el consumidor para su adquisición, con base en una relación calidad-precio definida.

En el ámbito de la variable precio, las nuevas tecnologías de la información y la comunicación presentan una serie de características de gran atractivo para la fijación del precio final de los distintos productos y servicios a través de la red, entre las que podemos destacar las siguientes:

- **Posibilidad del establecimiento de precios potencialmente más competitivos:** la venta de productos y servicios a través de internet permite una reducción considerable de sus costes de comercialización, lo que, al repercutirse sobre la fijación de su precio final, implica el establecimiento de un precio netamente más competitivo que el que vendría determinado por su venta a través de los canales tradicionales.

  Este aspecto es uno de los principales determinantes del espectacular crecimiento del comercio electrónico en los últimos años.

- **Capacidad de ajuste inmediato del precio a los objetivos de la organización y los requerimientos del mercado:** los propios instrumentos asociados al diseño e implementación de una tienda *online* permiten la actualización automática, y en tiempo real, del catálogo de productos y servicios de una organización, lo que facilita el lanzamiento de ofertas y promociones, así como su constante adaptación a los aspectos cambiantes del mercado.

Figura 1.11. El desarrollo de un medio de comercialización alternativo al tradicional ofrece la oportunidad a los clientes de disfrutar de precios más competitivos.

- **Adaptación de las políticas de precio a los objetivos de la organización:** más allá de las peculiaridades ofrecidas en los puntos anteriores, la incorporación comercial de una entidad al ámbito digital supone la entrada de dicha organización en un nuevo tablero de juego, en el que las barreras físicas y geográficas se difuminan y alcanza todo su potencial el concepto de globalización.

  En este sentido, si lo consideran oportuno, las empresas deberán establecer los mecanismos necesarios para mantener o eliminar las diferencias existentes entre el precio establecido en cada país-mercado, conforme a su planteamiento estratégico de comercialización en un entorno global.

  Asimismo, como se ha comentado anteriormente, internet facilita a los consumidores la comparación de precios entre los distintos proveedores de un producto o servicio, ofreciendo un mercado mucho más transparente, lo que otorga un valor aún mayor a la política de precio desarrollada por una organización.

- **Posibilidad de establecer nuevos mecanismos para la fijación del precio:** el comercio electrónico permite total libertad para el diseño e implementación de mecanismos para la fijación de precios, lo que facilita el establecimiento de estrategias de gran creatividad para la atracción del cliente, como la subasta o, incluso, la subasta inversa.

Actividad propuesta 1.5

E-marketing mix: precios *online* frente a precios en el mercado convencional

Analiza el precio de distintos productos en un punto de venta convencional y en diferentes portales de comercio electrónico. ¿Existen diferencias significativas entre un precio y otro? Justifica tu respuesta.

Distribución

Las decisiones estratégicas asociadas a la política de distribución, en relación a la determinación sobre la forma y lugar en los que la cartera de productos o servicios de la empresa estarán a disposición de su público objetivo, guardan una estrecha relación con los instrumentos y políticas de marketing comentados anteriormente.

En este sentido, la política de distribución definida por una organización adquiere papel fundamental dentro del proceso de comercialización, ya que de las decisiones que se tomen en este sentido dependerá que todas las acciones comerciales desarrolladas por la empresa alcancen la eficacia deseada.

En el ámbito de la distribución comercial, el desarrollo del comercio electrónico a través de internet ha supuesto la aparición de un nuevo modo de realizar la distribución de los productos y servicios, así como la aparición de un nuevo contexto caracterizado por los siguientes aspectos:

- **Mayor capacidad de las empresas para la reducción del número de intermediarios que conforman su canal de distribución:** este hecho favorece un considerable acortamiento del canal, contribuyendo a un ahorro ostensible de los costes de comercialización.
- **Adaptación plena de algunos productos a las peculiaridades propias del comercio electrónico:** como hemos comentado en el apartado correspondiente a la política de producto, se pueden identificar distintas categorías de productos para los que internet constituye un medio perfecto para su distribución, como es el caso de las aplicaciones informáticas, las publicaciones, las creaciones musicales o los libros.

Recuerda que

La impresionante adaptación de un producto como los libros al comercio electrónico ha sido de tal calibre que ha originado la creación de un nuevo formato, como es el libro electrónico.

- **Democratización de los mercados:** el comercio electrónico supone una interesantísima oportunidad para que las empresas fabricantes puedan acceder a una mayor gama de proveedores con unos recursos limitados, reduciendo el poder que algunas grandes empresas ejercían sobre los canales de distribución tradicionales.

- **Optimización de las relaciones internas en el seno del canal de distribución:** internet ha supuesto una mejora radical de la transmisión de información entre una empresa fabricante y los intermediarios que componen su canal de distribución, favoreciendo la consolidación de relaciones más provechosas y duraderas.
- **Tendencia acentuada hacia la globalización de los mercados:** el comercio electrónico no entiende de fronteras geográficas, dada la enorme facilidad para la formalización de una compra a través de la red, independientemente de la ubicación física de la empresa fabricante.

Figura 1.12 El comercio electrónico está siendo un factor determinante para la consecución definitiva de un mercado global, libre de barreras geográficas.

No obstante, para que este proceso pueda ser aprovechado al máximo por las organizaciones, estas deberán establecer los mecanismos necesarios para favorecer la distribución de sus productos y servicios a nivel internacional, superando las barreras que puedan aparecer en el ámbito fiscal o de aduanas, con su consiguiente repercusión sobre los costes de comercialización.

Nota técnica

Debido a la importancia que, para el desarrollo práctico del comercio electrónico, tiene el conocimiento específico de los aspectos fundamentales que caracterizan la **creación o adaptación de un negocio al entorno digital** a través de una *tienda online*, esto se desarrollará en profundidad en Apartado 3.2 de este libro.

Comunicación

El último instrumento del marketing mix que complementa a los anteriores en la definición más adecuada de las decisiones estratégicas relativas al proceso de comercialización de la organización será la **política de comunicación.**

No basta con ofrecer al mercado un producto de calidad a un precio atractivo y que esté a disposición de los consumidores mediante el canal de distribución más adecuado. Además será fundamental que nuestro público objetivo conozca nuestro producto y los elementos que lo hacen diferente a los ofertados por nuestra competencia.

Para alcanzar el éxito en el proceso de comunicación de la organización será preciso desarrollar una adecuada estrategia de comunicación, definida como el *conjunto de esfuerzos de promoción a través de acciones de marketing que la empresa u organización proyecta hacia su público objetivo.*

La concepción de la comunicación *online* se basa en la consideración de dos fenómenos fundamentales para su desarrollo (Kotler, 2000: 737):

- **Digitalización:** consiste en la transformación de texto, datos, imágenes o archivos multimedia en códigos interpretables a través de distintos lenguajes informáticos, que además tienen la capacidad de poder ser distribuidos con una altísima velocidad.
- **Conectividad:** estriba en el desarrollo de las redes necesarias para la transmisión óptima de la información digitalizada, permitiendo la conexión entre el emisor y sus distintos receptores potenciales.

En el caso específico de internet, como red que permite la comunicación entre la organización y su público objetivo, las **posibilidades** que ofrece en el ámbito de la transmisión de información son innumerables:

- Capacidad de acceder a información objetiva sobre las distintas marcas, las organizaciones que las comercializan, el precio de los distintos productos o servicios existentes en el mercado, etc.
- Capacidad de establecer una comunicación fluida desde el consumidor final hacia la empresa fabricante, como medio para la solicitud de información o publicidad.
- Capacidad de mejorar el conocimiento acerca de las necesidades, gustos y preferencias del mercado, lo que constituye una información crucial para conseguir la adaptación de la oferta a estos aspectos.

Un denominador común del nuevo contexto en el que nos encontramos radica, en consecuencia, en un aumento del poder del consumidor final, democratizando, en cierto modo, el proceso de comercialización de productos y servicios, al poder decidir la información que estrictamente necesitan, las ofertas que consideran más interesantes, etc.

Por tanto, internet ha supuesto una redefinición espectacular de la comunicación comercial, ya que se trata del primer medio en la historia que permite la interacción universal entre las empresas y su público objetivo, facilitando, a niveles impensables hasta su aparición, la transmisión de información, la comunicación directa entre ambas partes o la realización de transacciones comerciales de una forma directa y sin intermediarios.

De hecho, ningún otro medio puede siquiera acercarse a las posibilidades que presenta internet como instrumento de comunicación bidireccional e interactiva entre una entidad y su mercado de referencia, con la ventaja añadida de permitir la utilización de formatos multimedia, cada vez más innovadores y creativos.

Figura 1.13. La política de comunicación ha experimentado una redefinición absoluta con la aparición de la web 2.0.

Por tanto, internet supone la integración en un solo medio de las ventajas asociadas a la publicidad, como son su reducido coste y capacidad de atracción, y la fuerza de ventas, por su interactividad, cercanía y bidireccionalidad.

Estos elementos, como hemos reflejado a lo largo de esta unidad didáctica, convierten al cliente en un agente activo dentro del proceso de comercialización, otorgándole la capacidad de generar información accesible para otros clientes actuales y potenciales.

Nota técnica

Debido a la importancia que, para el desarrollo práctico del comercio electrónico, tiene la concepción y puesta en práctica de los distintos **instrumentos de comunicación *online*,** este aspecto se desarrollará en profundidad en la Unidad 2 de este libro.

1.3.2. El plan de marketing digital

Como ha quedado meridianamente claro a lo largo de esta unidad didáctica, la presencia, aunque sea de forma testimonial, de las organizaciones en la red ha dejado de ser una opción y se ha convertido en una necesidad para su supervivencia comercial.

En este contexto, el diseño de un plan de marketing *online* supone la aplicación de los principios tradicionales del marketing con la finalidad de establecer las mejores vías para la integración de las nuevas tecnologías de la información y la comunicación en la actividad comercial de una organización.

Figura 1.14. Las posibilidades que ofrece internet en el proceso de comercialización justifican su necesidad de consideración dentro de la planificación de marketing de las organizaciones.

Esto implica la integración de nuevas formas de interacción con sus públicos objetivos, nuevas fuentes de información o nuevos canales de distribución y comunicación sobre las actividades *offline* existentes.

Recuerda que

El **plan de marketing *online*** debe considerarse como ***una parte más*** de la planificación de marketing de la organización, para su desarrollo en un entorno de mercado eminentemente digital.

La metodología más extendida actualmente para el desarrollo de un plan de marketing *online* se denomina **"Método de plan de marketing web 4 S"**, y se sustenta en los siguientes pasos:

1. **Alcance *(scope)*:** consiste en la determinación de las principales variables estratégicas sobre las que se apoyará nuestra presencia en la red, a partir de la evaluación de los siguientes aspectos:
   - Análisis de la situación actual de la organización.
   - Análisis de nuestro mercado objetivo, así como de la presencia de competidores en él.
   - Concreción de los objetivos y estrategias que orientarán nuestra presencia en internet. En el ámbito *online*, los objetivos a partir de los cuales se desarrollarán las estrategias y acciones de marketing se pueden agrupar en cinco categorías (Docavo Malvezzi, 2010: 9):
     - **Vender:** se trata de aquellos objetivos basados en el empleo de internet como herramienta eminentemente comercial, orientada al incremento de las ventas, tanto a través de mecanismos de venta directa como para la generación de contactos que permitan la formalización posterior de la operación fuera del entorno digital.
     - **Servir:** son aquellos objetivos asociados a la consideración de internet como un medio para la prestación de servicios preventa y posventa a nuestro público objetivo.
     - **Hablar:** incluye aquellos objetivos orientados a la utilización de internet como herramienta para el establecimiento y mejora de nuestra relación con el cliente, mediante el desarrollo de mecanismos que faciliten el diálogo, su participación y, en definitiva, mayor conocimiento de sus necesidades, deseos e inquietudes.
     - **Ahorrar:** agrupa aquellos objetivos que promueven la consideración de internet como una herramienta útil para la reducción de los costes de servicio al cliente, gracias a la automatización de diversos procesos operativos.
     - **Impactar:** son aquellos objetivos que conciben internet como un medio con un enorme potencial para la construcción y extensión de la presencia de marca tanto en el entorno virtual como en el tradicional.
2. **Sitio *(site)*:** el siguiente paso radicará en la determinación de los diferentes aspectos operacionales que caractericen nuestro sitio web, en cuanto a:
   - Estructura.
   - Contenido.
   - Diseño.
   - Navegabilidad.
   - Posicionamiento.
3. **Sistema *(system)*:** a partir de las consideraciones establecidas en los dos puntos anteriores, se deberá materializar todo ello a través de la concreción de aquellos factores técnicos que harán posible nuestra presencia en la red, prestando especial atención a los que se recogen a continuación:
   - *Hardware.*
   - *Software.*
   - Gestión de contenidos.
   - Mantenimiento del sistema.
   - Sistema de pagos relativos a gestión de dominios, soporte técnico, etc.
4. **Sinergia / integración *(synergy)*:** el último paso que debe desarrollarse consistirá en la definición de los puntos de integración entre los procesos *offline* y *online* de nuestra organización, para aprovechar la aparición de sinergias.

   A través de este proceso se deberán tomar las decisiones estratégicas más adecuadas para la potenciación o modificación de diferentes operaciones de marketing tradicionales, para garantizar un nivel de servicio adecuado a nuestro mercado meta, conforme a los objetivos de marketing contemplados.

En definitiva, desde una perspectiva práctica, el diseño de un plan de marketing digital por parte de una organización debe comprender, esencialmente, el desarrollo de las siguientes acciones estratégicas de marketing, sobre las que profundizaremos en las siguientes unidades didácticas de este libro (Moro Vallina y Rodés Bach, 2014: 125):

- **Diseño de una web corporativa:** el primer paso que se realizará por una entidad en el desarrollo de su plan de marketing digital deberá estar dirigido a establecer su presencia en la red a través de una web corporativa.

  Será en este espacio donde la organización podrá difundir y dar cabida a sus contenidos institucionales, así como a todos aquellos recursos orientados al desarrollo de una parte o la totalidad de su proceso de comercialización a través de internet.

  Por tanto, el diseño del espacio web de una organización comprenderá aspectos como la definición de un dominio propio, los distintos medios corporativos para garantizar la interactuación con su público objetivo a través del correo electrónico o las redes sociales, y, en caso de que se considere pertinente, la creación de una tienda virtual.

- **Posicionamiento en buscadores:** una vez que hayamos establecido nuestra presencia en internet, el siguiente paso estará orientado a garantizar el mayor grado de visibilidad posible entre nuestro mercado de referencia, a través de la puesta en marcha de todas aquellas actuaciones que contribuyan a la consecución de un posicionamiento de calidad en relación a las consultas realizadas por aquellas personas que conforman nuestro público objetivo en los principales motores de búsqueda de internet, como Google o Bing.

  Para hacernos una idea de la importancia de este aspecto en el éxito de nuestra planificación estratégica de marketing digital, deberemos ser conscientes de que de nada sirve realizar un enorme esfuerzo en el diseño y construcción de un sitio web atractivo, interactivo y de calidad si este es totalmente desconocido para nuestro público objetivo, al no aparecer en una posición privilegiada en las sucesivas búsquedas que realizan en la red.

Recuerda que

En un entorno comercial tan globalizado y tecnológico como el actual, se podría afirmar, sin temor a equivocarnos, que *"si no apareces en los buscadores no existes"*.

- **Dinamización y presencia en redes sociales:** hoy en día, nuestra presencia en la red con fines comerciales no puede estar restringida al desarrollo de una web corporativa, ya que es cada vez más esencial contar con nuestro propio espacio en redes sociales como Facebook, Twitter, LinkedIn o Google+, así como en aquellas otras con un marcado carácter visual, como Instagram o Pinterest.

  Nuestra presencia en las redes sociales constituye un elemento estratégico de primer orden para garantizar nuestra visibilidad y posicionamiento en un entorno de marketing 2.0, ya que supone un punto de encuentro empresa-público objetivo en el que centralizar todo el proceso de interacción con nuestros clientes actuales y potenciales, garantizando así la transmisión de información actualizada sin la distorsión que podría producirse por la presencia de intermediarios y, en sentido inverso, facilitando a nuestro mercado de referencia un canal a través del cual contactar directamente con nuestra entidad para la aportación de sugerencias o la realización de consultas o reclamaciones.

- **Publicidad digital:** el desarrollo de campañas de publicidad en la red ha experimentado un extraordinario crecimiento en los últimos años, ya que se está dejando atrás el "intrusismo" que caracterizaba a las acciones publicitarias *online* para pasar a otros formatos mucho más atractivos y sutiles.

  De hecho, en la actualidad se está observando una evolución hacia aquellas herramientas publicitarias que favorecen el encuentro con el cliente de una forma más pasiva, es decir, desarrollando aquellas acciones que otorguen al cliente el protagonismo en la búsqueda de información comercial sobre una entidad en concreto.

Argot técnico

Se puede definir el **marketing de atracción**, o *inbound marketing*, como un conjunto de técnicas no intrusivas que nos permiten conseguir captar clientes desde la aportación de valor, es decir, mediante la combinación de varias acciones de marketing digital como el *SEO*, el *marketing de contenidos*, la *presencia y visibilidad en redes sociales*, la *generación de leads* y la *analítica web*.

El principal elemento diferencial entre el marketing de atracción y el marketing tradicional estriba en que, en el caso del *inbound marketing*, debe ser el usuario quien se sienta atraído por los productos, y es entonces cuando se establece el contacto, siempre con la iniciativa del cliente.

- **Control y medición de resultados del plan de marketing digital:** la propia concepción tecnológica del entorno virtual que nos ofrece internet y las redes sociales permite, y de hecho favorece, el desarrollo e implementación de multitud de herramientas para el análisis y medición de los resultados de nuestras acciones de marketing en la red, contribuyendo así a la creación de un entorno proclive a establecer aquellas medidas que permitan corregir las desviaciones identificadas respecto a nuestros objetivos comerciales.

Nota técnica

En la actualidad, la herramienta con mayor difusión y éxito para la medición, control y evaluación de resultados en relación a nuestra presencia y visibilidad en internet es **Google Analytics,** ya que permite conocer información detallada y de primera mano sobre multitud de parámetros, como los que se recogen a continuación:

- Número de interacciones con nuestra página web.
- Número de visitas.
- Procedencia del tráfico que ha accedido a nuestra web.
- Secciones o *microsites* de nuestra página web que presentan mayor interés para nuestro público objetivo.

Fuente: https://www.google.com/intl/es/analytics/.

A modo de resumen, las principales ventajas que supone la aplicación de esta metodología en el diseño de planes de marketing *online* son las siguientes:

- Posibilita la identificación de la totalidad de aspectos estratégicos críticos para garantizar una presencia óptima de nuestra organización en la red, considerando tanto los aspectos operativos como los tecnológicos.
- Esta metodología ofrece un sistema que permite integrar los aspectos estratégicos y operativos, de tal forma que el plan de marketing *online* resultante gozará de un nivel de flexibilidad suficiente para permitir gran adaptabilidad a los posibles cambios que se produzcan en el entorno.

Actividad propuesta 1.6

Plan de marketing digital

A través de una búsqueda en internet, profundiza brevemente en la información que nos proporciona la herramienta Google Analytics.

1.4. Desafíos actuales del comercio electrónico

A pesar del extraordinario potencial que supone la introducción de las nuevas tecnologías de la información y la comunicación en el ámbito del marketing digital, y muy especialmente en el comercio electrónico, debemos ser conscientes de la existencia de una serie de desafíos o barreras que, todavía hoy, están condicionando un desarrollo aún mayor de los procesos de comercialización y venta *online* por parte de las distintas organizaciones que componen cada uno de los mercados.

No se puede obviar la existencia de sectores de actividad que, por su propia configuración, muestran menor propensión hacia la integración de su negocio, de forma parcial o total, en los canales de comercialización *online*, como podría ser el caso de aquellos pequeños comercios de ámbito local cuya estructura y capacidad limita su expansión en el entorno digital y los hace más proclives al desarrollo de estrategias de marketing relacionadas con un público objetivo de proximidad en un entorno netamente físico.

Pero más allá de estos condicionantes, asociados estrictamente a la envergadura y política comercial de un negocio específico, es posible identificar la existencia de una serie de factores estructurales que siguen limitando el desarrollo del comercio electrónico en los ámbitos nacional e internacional, y cuya resolución sigue suponiendo un reto para la eclosión definitiva y universal de este canal, hasta el punto de llegar a convertir el proceso de venta tradicional en un canal físico complementario.

Así, los desafíos a los que se enfrenta en la actualidad el comercio electrónico, sobre los que profundizaremos en las siguientes páginas y sobre los que volveremos a debatir con más detalle en otras unidades didácticas de este libro, son los que se recogen a continuación:

- La necesaria confianza de los consumidores y organizaciones en los medios de pago digitales.
- La resolución de aquellos problemas de carácter logístico que limitan la distribución eficiente de los productos adquiridos por el cliente.
- Todos aquellos aspectos relacionados con la indispensable existencia de un entorno de seguridad digital, libre de la interacción perniciosa de terceras personas ajenas al desarrollo de las operaciones comerciales en cuestión.

1.4.1. Confianza en los medios de pago electrónicos

A la hora de establecer y clarificar las deficiencias que actualmente presenta el comercio electrónico en relación al nivel de confianza existente respecto a los medios de pago electrónicos, y sin ánimo de detenernos en exceso en este aspecto, es preciso poner de manifiesto que todavía existe una considerable desconfianza de los consumidores hacia el hecho de tener que ofrecer información de carácter personal y confidencial a través de la red, principalmente motivado por el desconocimiento de gran parte de la población hacia los protocolos existentes en materia de encriptación y autentificación de las transacciones realizadas en internet.

Un antiguo proverbio afirma que "provoca más ruido un árbol al caer que todo un bosque creciendo", y eso es lo que ocurre con el comercio electrónico y su presencia en los medios de comunicación de carácter general, lo que afecta sobremanera a la necesaria relación de confianza y tranquilidad que debe existir a la hora de desembolsar la cantidad económica correspondiente al precio de un producto o servicio que no podremos disfrutar hasta que nos sea entregado pasado un plazo determinado.

Cada día se llevan a cabo en todo el mundo millones de operaciones de venta, distribución y entrega de productos adquiridos a través del comercio electrónico, aunque, desgraciadamente, parece que el crecimiento incesante de este nuevo escenario comercial solamente se refleja en los medios de comunicación cuando se detecta la existencia de un fraude o cualquier otra práctica delictiva, como es la suplantación de personalidad o el pago con medios electrónicos de dudosa procedencia.

Figura 1.15. Los medios de pago electrónicos han facilitado de una forma espectacular el desarrollo del comercio electrónico.

En este sentido, se puede afirmar con total rotundidad que la utilización de medios de pago electrónico a través de internet constituye precisamente una de las prácticas con mayores niveles de seguridad a nivel comercial, gracias al establecimiento de protocolos de seguridad en el desarrollo del comercio electrónico sobre los que hablaremos con mayor detenimiento en la Unidad 3 de este libro.

Nota técnica

Dada la importancia estratégica de contar con unos **sistemas de pago seguros para el desarrollo de transacciones comerciales a través de internet,** se ha definido multitud de sistemas y protocolos de seguridad (SSL, SET o 3D Secure), sobre los que profundizaremos en el Apartado 3.3.3 de este libro.

Pero, además de todo lo expuesto anteriormente, todas aquellas empresas y organizaciones que decidan implantar un canal de comercialización de sus productos o servicios a través de medios digitales, no solo deberán establecer los protocolos más adecuados para garantizar la seguridad digital dentro de su tienda *online,* sino que este entorno de protección deberá además ser perceptible con claridad para sus clientes

1.4.2. Problemas de carácter logístico

Como se ha dejado entrever en el apartado anterior, el proceso de comercialización a través de un medio como el comercio electrónico supone la necesidad de contar con unos canales de distribución altamente eficaces y eficientes, para garantizar la entrega del producto adquirido por el consumidor en las condiciones acordadas en cuanto a estado del producto y plazo, y sin que esto suponga un sobrecoste considerable dentro de la transacción, que repercutiría negativamente en un incremento del precio con objeto de mantener el margen comercial de la venta y que, por consiguiente, afectaría a la competitividad de este canal frente a la comercialización de productos o servicios a través de los canales físicos tradicionales.

De hecho, este aspecto constituye un punto estratégico fundamental para que el comercio electrónico pueda competir en igualdad de condiciones con el comercio tradicional, ya que la comodidad de recibir todo aquello que compremos en nuestra propia casa no puede, en modo alguno, afectar a la calidad de la entrega en términos económicos, temporales o de cualquier otra índole, ya que, en caso contrario, no supondrá la percepción de una ventaja comercial para nuestros clientes actuales o potenciales.

Por ello, todas aquellas entidades que estén sopesando la posibilidad de establecer un canal de comercialización a través de comercio electrónico se deben enfrentar al reto de establecer unos procedimientos que garanticen la entrega al cliente del producto adquirido en el plazo y condiciones acordadas, para lo cual deberá integrar en su proceso de producción, comercialización y distribución los siguientes mecanismos comerciales:

- **Adaptación de las características del producto a la necesidad de distribución a través de pedidos, habitualmente individuales:** hay que ser conscientes de que cada producto debe encontrar unas condiciones específicas para garantizar su máxima funcionalidad, las cuales suelen ser salvaguardadas por las entidades dedicadas al transporte entre los centros de producción y almacenamiento o a la distribución de grandes pedidos. El problema estriba cuando, a través del comercio electrónico, se pretende mantener estas condiciones, pero aplicadas a envíos de pequeño tamaño.

  Por ello, las empresas tendrán que proceder a delimitar de forma exhaustiva las mejores condiciones para el transporte y distribución individual de sus productos e incorporar estos procedimientos en sus procesos productivos.

- **Ajuste de la capacidad productiva a un previsible aumento de la demanda:** si nos estamos planteando poner una tienda *online* en funcionamiento para la comercialización de nuestros productos o servicios, deberemos ser conscientes de que nuestro radio de actuación se verá incrementado considerablemente, al romper las barreras físicas que limitan la comercialización de nuestros productos en puntos de venta tradicionales.

  Por tanto, deberemos tener presente este aspecto en la planificación de todas aquellas actuaciones asociadas al proceso de producción de nuestros productos o servicios, o en su caso a la capacidad de reposición si nos dedicamos a la distribución y venta de productos terminados, con el fin de evitar el riesgo de desabastecimiento.

Figura 1.16. El ajuste de la capacidad productiva de la organización al aumento de la demanda que supondrá nuestra incorporación comercial al entorno digital constituye un elemento esencial para su éxito.

- **Adecuación de la política de almacenamiento de la organización a un mercado de mayor tamaño:** al igual que en el punto anterior, la incorporación de un canal *online* de comercialización implicará, a buen seguro, la necesidad de contar con unas instalaciones en las que albergar mayor cantidad de productos terminados, para poder abastecer a nuestros clientes en los plazos acordados.

- **Redefinición de los canales de distribución:** a pesar de que contemos con unos canales de distribución, propios o mediante acuerdos con intermediarios, plenamente eficaces y que ofrezcan un servicio acorde a nuestros requerimientos actuales, deberemos evaluar su capacidad de adecuación a una nueva forma de venta, con sus propias características y necesidades específicas.

  Supongamos que nuestros productos se distribuyen actualmente en grandes partidas a los centros de compras de nuestros clientes, a través de medios de transporte de gran tonelaje. En el caso de que nos estemos planteando la venta *online* a particulares de nuestros productos, este canal de distribución será totalmente ineficiente para nuestros propósitos, y habría que rediseñar nuestra capacidad de distribución o establecer acuerdos comerciales con entidades dedicadas al ámbito de la paquetería o mensajería.

Recuerda que

Paradójicamente, el crecimiento del comercio electrónico está fomentando la **reconversión de un sector como el postal y de mensajería,** que precisamente se había visto fuertemente afectado por el vertiginoso crecimiento de las nuevas tecnologías de la información y la comunicación, y la aparición de instrumentos de comunicación como el correo electrónico.

De hecho, actualmente se podría afirmar que nos encontramos ante una "segunda juventud" de los servicios postales y de mensajería urgente, tanto en el ámbito nacional como en el internacional.

- **Consideración de la incorporación de servicios añadidos en la cadena de distribución:** como veremos a lo largo de este libro, optar por el aprovechamiento del comercio electrónico, como medio para la comercialización de nuestros productos y servicios, no se limita al diseño e implementación de una tienda *online,* a la realización de acciones de comunicación a todos los niveles y a garantizar la capacidad de abastecimiento de nuestros productos, sino que además deberemos incorporar servicios añadidos que no eran necesarios en los canales de venta tradicionales y son fundamentales para contar con la confianza de nuestros clientes, como el establecimiento de sistemas de seguimiento del pedido.

Argot técnico

Los **sistemas de seguimiento de pedidos** o *Purchase Order Tracking,* también conocidos como POT o simplemente *tracking,* consisten en paquetes de *software* diseñados para el rastreo telemático del momento del envío en el que se encuentra el pedido realizado por el cliente.

Para el seguimiento informático de un pedido será necesario el establecimiento de un procedimiento que codifique y registre cada pedido, con el fin de que vaya siendo actualizado cada vez que el pedido supera una etapa del proceso de distribución.

1.4.3. Seguridad digital

El último reto estratégico al que deben enfrentarse las organizaciones que desean derivar al menos una parte de su tráfico comercial hacia el comercio electrónico estriba en la necesidad de contar con un entorno que permita el desarrollo de sus actividades comerciales conforme a unos adecuados estándares de seguridad digital.

En este sentido, debemos ser conscientes de que, desde la **perspectiva de las organizaciones,** el diseño e implementación de una plataforma para el desarrollo de la actividad comercial a través de internet supone la integración de modelos avanzados que permitan el acceso a las aplicaciones corporativas, cuyo contenido es esencial para la supervivencia de la entidad en su mercado de actuación, por lo que la protección de esta información ante injerencias no deseadas de competidores y otros agentes externos constituye un aspecto básico para mantener sus ventajas competitivas (González López, 2002: 192).

A partir de esta premisa, en el ámbito de las posibles contingencias que puedan afectar a la protección de los datos confidenciales con los que cuenta una empresa y que, de un modo u otro, están presentes en la red, es preciso realizar una diferenciación entre dos conceptos clave (Puentes Calvo, 2008: 86-88):

- **Integridad de los datos:** se refiere al estado en el que se encuentran los datos, atendiendo a los posibles riesgos de corrupción o pérdida; es decir, si consideramos que la integridad de nuestros datos corporativos es pobre estaremos reconociendo que pueden ser incorrectos o encontrarse incompletos.

  La atención hacia el nivel de integridad de los datos presentes en la red viene determinada por el reconocimiento de que los dispositivos de almacenamiento o comunicación con los que cuenta la empresa no son perfectos y, por tanto, están sujetos a posibles manipulaciones no autorizadas.

- **Seguridad:** está relacionada con las propiedades semánticas de los datos respecto a la autoridad que debe ser considerada como propietaria o generadora de ellos, es decir, el respeto de la autoría de los datos atendiendo al emisor, el receptor, el contenido y el momento temporal en el que fueron elaborados.

Asimismo, desde la **perspectiva del cliente,** el riesgo de que perciba internet como un medio inseguro para el desarrollo de transacciones comerciales, tanto en lo que se refiere a la confidencialidad de sus datos personales como en cuanto a la confianza respecto a la privacidad de los medios de pago electrónicos, comentada anteriormente, constituye actualmente el principal obstáculo para el crecimiento generalizado del comercio electrónico.

Por ello, es esencial que todas aquellas personas que acceden a nuestra web corporativa o a nuestra tienda *online*, en caso de disponer de ella, perciban la existencia de un entorno seguro en el que la agilidad de navegación no se haya conseguido en detrimento del establecimiento de todos aquellos protocolos que garanticen su privacidad, sobre los que profundizaremos más adelante.

Figura 1.17. El establecimiento de medidas que garanticen la seguridad digital supone un desafío de primer orden para garantizar un crecimiento aún mayor del marketing digital y el comercio electrónico.

Mapa conceptual

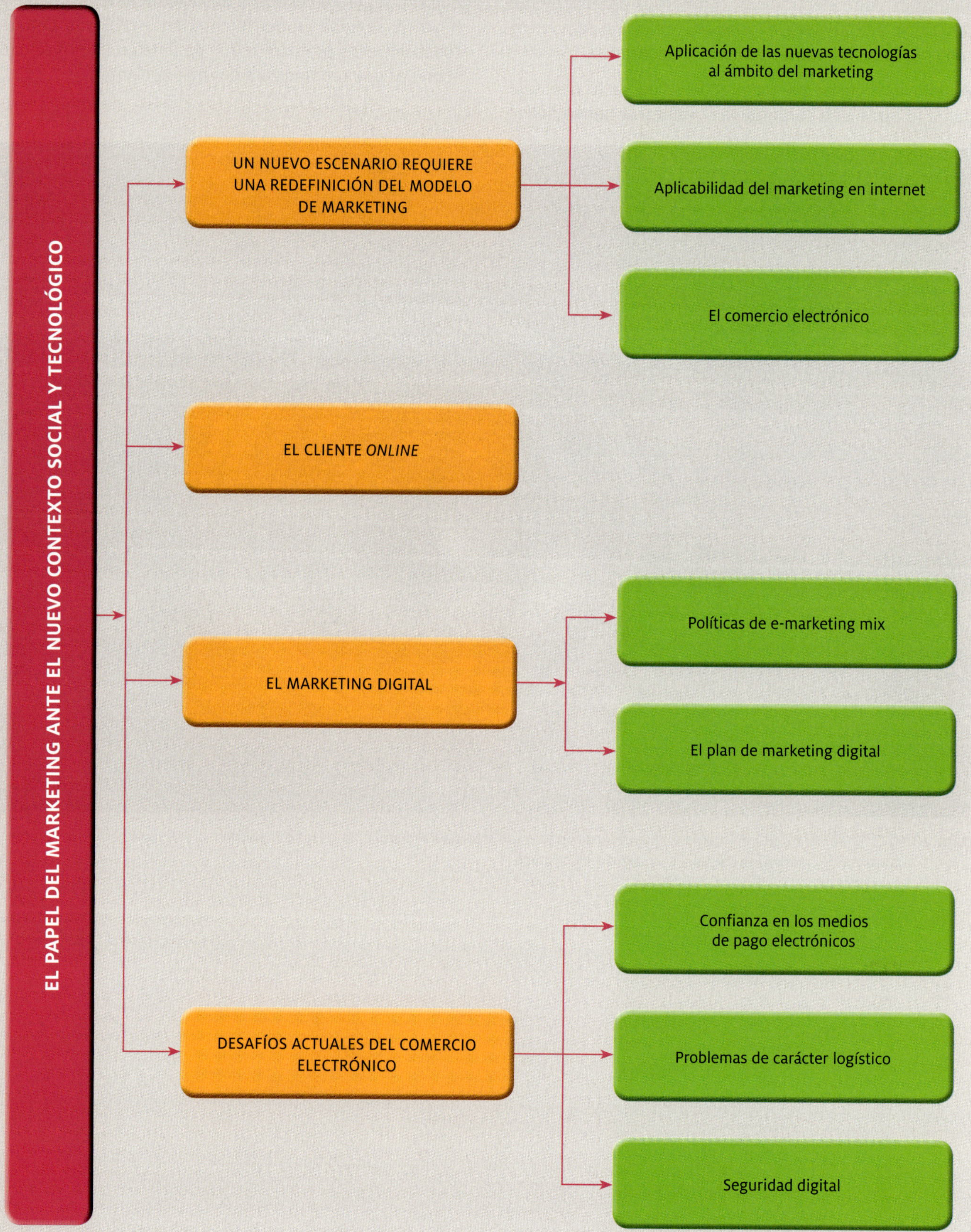

Actividades finales

D ecomprobación

1.1. A la hora de tomar en consideración los cambios que están afectando hoy día al marco de actuación del marketing, se pueden identificar las siguientes tendencias. Marca la respuesta incorrecta:

a) Marketing de relaciones.

b) Estandarización del proceso de venta.

c) Comunicación integrada de marketing.

d) Modelización de la toma de decisiones.

1. 2 Las redes internas existentes dentro de las organizaciones, que facilitan las comunicación y conexión entre todas las áreas, reciben el nombre de:

a) Intranet.

b) Extranet.

c) Ethernet.

d) Internet.

1. .3 Actualmente existen infinidad de formatos de publicidad *online* con el fin de atraer la atención de los usuarios, entre los que podemos destacar los siguientes. Marca la respuesta incorrecta:

a) *Banners.*

b) *Pop ups.*

c) *Interstitials.*

d) *Microsites.*

1.4. Los espacios de encuentro entre aquellas personas que comparten una iniciativa o interés común hacia una determinada temática, ya sea de carácter comercial, social o profesional, se denominan:

a) Comunidades virtuales.

b) Intranet.

c) Foros.

d) Chats.

1. .5 Una persona que considera internet como una herramienta laboral puede ser considerada como un:

a) Cliente *online* poco receptivo.

b) Cliente *online* consumidor de información.

c) Cliente *online* con fines profesionales.

d) Todas las respuestas anteriores son correctas.

1.6. Aquella persona que se convierte tanto en receptora como en proveedora de información en el ámbito digital se denomina:

a) Consumidor.

b) Productor.

c) *Prosumidor.*

d) Cliente *online*.

1.7. El entorno digital goza de mayor adecuación para la comercialización de aquellos productos que se encuadran dentro de alguna de las siguientes categorías. Marca la respuesta incorrecta:

a) Productos basados en la información.

b) Productos de alta implicación para el cliente.

c) Productos de uso habitual.

d) Productos asociados tradicionalmente a la venta a distancia.

1.8. La concepción de la comunicación *online* se basa en la consideración de una serie de fenómenos fundamentales, entre los que podemos destacar:

a) La democratización de los mercados.

b) La digitalización.

c) La conectividad.

d) Las respuestas b y c son correctas.

1.9 . El conjunto de técnicas de marketing no intrusivas que nos permiten conseguir captar clientes desde la aportación de valor se denomina:

a) Marketing de atracción.

b) Publicidad digital.

c) Marketing de contenidos.

d) Posicionamiento SEO.

1.10. Entre los desafíos actuales a los que se tiene que enfrentar el comercio electrónico, podemos destacar:

a) La confianza en los medios de pago electrónicos.

b) La seguridad digital.

c) Los problemas de carácter logístico.

d) Todas las respuestas anteriores son correctas.

Actividades finales

D eaplicación

1.11. ¿Qué tendencias está experimentando el marketing actual por la influencia de los efectos de la globalización, la desregulación de los mercados y la asimilación de los continuos avances tecnológicos? Enumera aquellas que, en tu opinión, consideres más importantes y razona tu respuesta.

1.12 .En relación a la creación de una página web, ¿a qué aspectos deberemos prestar atención para lograr dirigir en tráfico hacia ella y que los usuarios se muestren interesados por sus contenidos?

1.13. Identifica las principales diferencias existentes entre una página web corporativa y una página web de marketing.

1.14. Además de los formatos tradicionales de publicidad *online*, ¿qué otras estrategias de marketing podemos desarrollar para publicitarnos a través de internet?

1.15. ¿En qué consiste el *social media marketing*?

1.16 .Describe brevemente las principales ventajas que ofrece el comercio electrónico en relación a las técnicas tradicionales de distribución y comercialización.

1.17. ¿En qué políticas de marketing se basa el marketing digital?

1.18. ¿Qué pasos debemos seguir a la hora de llevar a la práctica un plan de marketing web 4 S?

1.19 .¿Por qué es tan importante el posicionamiento en buscadores en relación al diseño e implementación de un plan de marketing digital?

1. 2 Profundiza brevemente en los principales desafíos a los que se enfrenta el comercio electrónico en la actualidad.

D eampliación

1. 2 **Actividad en grupo:** en clase, organizaos atendiendo al perfil de cliente *online* al que cada uno de vosotros considera que pertenece. A partir de esta división, realizad un análisis de la composición de cada uno de los grupos y sus características diferenciales y semejanzas.

1. 2 A partir del ejercicio anterior, ¿consideras posible estar encuadrado en diferentes perfiles si realizamos la clasificación atendiendo a distintas categorías de productos y servicios?

1.23. **Tema de debate:** la importancia del marketing digital y el comercio electrónico en el nuevo contexto social y tecnológico.

Actividades finales

Enlaces web

marketingdirecto.com *(Portal web especializado en el ámbito del marketing, la publicidad y los medios)*	www.marketingdirecto.com
PuroMarketing *(Portal web dedicado al marketing, la publicidad, negocios y social media en español)*	www.puromarketing.com
Kotler Marketing Group *(Corporación fundada por una de las principales eminencias en el ámbito del marketing)*	www.kotlermarketing.com
Marketing.es *(Portal web especializado en publicidad, comunicación y marketing en español)*	marketing.es
TICbeat *(Portal web especializado en noticias de tecnología y análisis para entusiastas y empresas)*	www.ticbeat.com
Más que Redes *(Portal web que, bajo un formato de blog, recoge las noticias de actualidad más destacadas en el ámbito de las redes sociales)*	www.masqueredes.es
Natural Marketing *(Portal web que, bajo un formato de blog, recoge artículos de expertos en el ámbito del marketing digital)*	naturalmarketing.es
Facebook *(Red social)*	es-es.facebook.com
Twitter *(Red social)*	twitter.com/?lang=es
LinkedIn *(Red social)*	es.linkedin.com
Google+ *(Red social)*	plus.google.com
Instagram *(Red social)*	www.instagram.com
Google *(Motor de búsqueda de internet)*	www.google.es
Bing *(Motor de búsqueda de internet)*	www.bing.com/?setlang=es
Google Analytics *(Herramienta online para la medición, control y evaluación de resultados sobre nuestra presencia y visibilidad en internet)*	www.google.com/intl/es/analytics

2 Elementos distintivos y aplicabilidad del marketing digital

Una vez que en la unidad didáctica anterior se han establecido los aspectos más relevantes sobre el nuevo contexto actual y tecnológico en el que actualmente nos encontramos, ahora queremos centrar nuestra atención en la definición de los elementos que caracterizan al marketing digital y, sobre todo, en cuál es su aplicabilidad real en este nuevo entorno 2.0.

Por ello, en las siguientes páginas comenzaremos estableciendo en qué consiste el marketing de buscadores, para continuar posteriormente con el repaso de cuáles son los principales procesos de publicidad y promoción *online* que podemos poner en práctica hoy en día o las técnicas que deben guiar la gestión electrónica de la relación con los clientes.

Objetivos

- Determinar los elementos que configuran actualmente el marketing de buscadores.
- Establecer las características que definen los procesos de posicionamiento y marketing *online*.
- Describir los procesos de publicidad y promoción *online* más pujantes en la actualidad.
- Diferenciar las principales estrategias para la gestión electrónica de las relaciones con los clientes, prestando especial atención al desarrollo de programas de fidelización y la definición de las herramientas que deben utilizarse.
- Ofrecer información sobre las nuevas tendencias que están adquiriendo notoriedad en la comunicación y relación digital con el cliente.
- Enumerar las principales normativas aplicables en nuestro ordenamiento jurídico en el ámbito de la comunicación y privacidad electrónica.

Contenidos

2.1. Procesos de posicionamiento y marketing *online:* marketing en buscadores

2.2. Procesos de publicidad y promoción *online*

2.3. La gestión electrónica de la relación con los clientes

2.4. Normativa aplicable en el ámbito de la comunicación y privacidad electrónica

2.1. Procesos de posicionamiento y marketing *online:* marketing en buscadores

El desarrollo y perfeccionamiento de las nuevas tecnologías de la información y comunicación han dado lugar a un entorno sumamente propicio, como vimos en la unidad didáctica anterior, para el desarrollo de estrategias de marketing digital u *online*.

Pero, como veremos en las siguientes páginas, dada la inabarcable envergadura alcanzada por los contenidos digitales disponibles en la red, es preciso, y casi indispensable, desarrollar aquellas actuaciones que contribuyan a que esa información corporativa o comercial que queremos hacer llegar a nuestro público objetivo no se pierda en el "inmenso océano" en el que se ha convertido internet.

Es aquí donde cobra sentido el concepto de marketing en buscadores, que desarrollaremos seguidamente pero que podemos anticipar que presenta una serie de diferencias sustanciales respecto al marketing tradicional, que se encuentran resumidas en la siguiente tabla:

Tabla 2.1. Diferencias existentes entre el marketing tradicional y el marketing en buscadores

Elemento de análisis	Marketing tradicional	Marketing en buscadores
Público objetivo	La responsabilidad de la empresa radica en identificar a su público objetivo e impactar sobre él.	La segmentación de nuestro público objetivo se puede realizar fácilmente a través de criterios tecnológicos. Además, es el público objetivo de una organización quien busca y encuentra información sobre ella
Diseño	El desarrollo creativo se basa en aspectos gráficos y textuales.	El desarrollo creativo se basa en la concreción de palabras clave, títulos y, sobre todo, contenidos.
Seguimiento	Seguimiento *a posteriori*, a través del contacto telefónico o mediante correo electrónico.	Seguimiento en tiempo real, mediante multitud de herramientas *online* definidas específicamente para ello.
Inversión estimada	Acordada entre ambas partes previamente al desarrollo de las actuaciones de marketing.	Condicionada al éxito de la campaña de marketing, ya que se basan en modelos de pago variable.

Fuente: adaptado de Liberos *et al.* (2011: 140).

2.1.1. Alta en buscadores y directorios especializados

Paradójicamente, si hace unos años el principal problema al que debían enfrentarse los usuarios de internet estaba asociado a la escasez y falta de disponibilidad de fuentes de información en la red, a día de hoy esta situación ha dado un vuelco, de tal forma que su dificultad estriba en saber cómo afrontar el vértigo producido por la ***sobreinformación*** existente en internet.

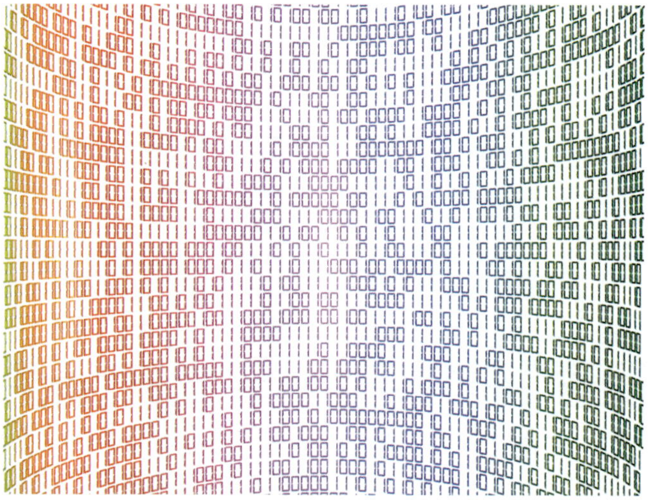

Figura 2.1. La sobreinformación implica el riesgo de ralentizar, e incluso distorsionar, el desarrollo óptimo de nuestros procesos de búsqueda de información.

Para resolver este problema, que podría dar al traste con la espectacular utilidad que tiene internet para la transmisión y difusión de información comercial o de cualquier otra índole, se ha desarrollado toda una serie de buscadores, que contribuyen a ordenar y categorizar el inabarcable volumen de información presente en la red y facilitar, por tanto, la navegabilidad de los usuarios.

Así, en este sentido, es preciso diferenciar entre dos tipologías bien distintas de buscadores, como son:

- Directorios especializados.
- Motores de búsqueda.

La estructura y funcionamiento de los **directorios especializados** radica en la organización de aquellas páginas incluidas en su base de datos debidamente ordenadas por categorías o, como su propio nombre indica, a partir de un directorio navegable organizado por temas, con la finalidad de facilitar la presencia en un único sitio web de todas aquellas páginas relacionadas con un tema específico.

El enriquecimiento y mantenimiento de los directorios especializados corre a cargo de personas expertas en este ámbito, que se responsabilizan de las tareas de visita y análisis de los distintos sitios web y su correspondiente clasificación en aquella o aquellas categorías que consideren más adecuadas a su temática central.

Recuerda que

Entre los **directorios web especializados** con mayor difusión y seguimiento en nuestro país podemos destacar *Yahoo!, Terra* o *Todoenlaces*.

Fuente: http://fontsinuse.com/uses/4713/yahoo-logo-2013.

Fuente: http://www.terra.com.

Fuente: http://www.todoenlaces.com.

A pesar de la utilidad de este tipo de buscadores para la navegabilidad en la red, en este libro nos centraremos principalmente en el funcionamiento y características de los motores de búsqueda.

Por el contrario, los **motores de búsqueda** se basan en sistemas de prospección y recolección de información a partir de *palabras clave*, que utilizan programas, denominados comúnmente como robots o arañas, para localizar recursos en internet y cargarlos en una base de datos que facilita enormemente el trabajo de investigación desarrollado por la persona usuaria.

Otro aspecto fundamental para garantizar la eficacia de estos motores consiste en la ordenación de los resultados de búsqueda atendiendo a criterios que estiman el nivel de utilidad de cada fuente de información.

Recuerda que

Para entender más fácilmente qué es un motor de búsqueda y cuál es su funcionamiento, hay que tener en cuenta que el más conocido y extendido a nivel mundial en la actualidad es **Google**.

Fuente: https://design.google.com/articles/evolving-the-google-identity.

Este motor de búsqueda analiza la práctica totalidad de páginas web, recopilando información para incluirla en sus índices. Este proceso se repite y actualiza periódicamente para introducir aquellos sitios web de nueva creación y eliminar aquellos considerados obsoletos.

Otro ejemplo de motor de búsqueda es **Bing,** perteneciente a la multinacional Microsoft.

Fuente: https://www.bing.com.

Además, a este inmenso volumen de información accesible a través de motores de búsqueda en tiempo real hay que añadir la capacidad que nos ofrecen distintas aplicaciones informáticas para el almacenamiento y recuperación de los datos, en las que profundizaremos más adelante.

Para subsanar el problema relativo a la inmensidad de fuentes que guardan mayor o menor relación con nuestros criterios de búsqueda, el principal valor que aportan los motores de búsqueda como Google se basa en el proceso que desarrollan para discriminar la información existente en cada página web con base en una serie de parámetros o algoritmos, a través de los cuales determinar hasta qué punto los datos que contiene cada una de estas páginas pueden ser útiles para nuestros propósitos.

El proceso realizado por los motores de búsqueda comienza con la localización de todos aquellos documentos web que se incorporan diariamente a la red, determinando en cada uno de ellos cuáles son los contenidos o palabras clave que presentan mayor relevancia, y que serán fundamentales para asociarlos a unos u otros criterios de búsqueda por parte de los usuarios.

Este proceso, esencial para la ordenación de toda la información existente en internet, recibe el nombre de indexación, ya que supone la incorporación de cada uno de estos documentos web a la base de datos o índice del motor de búsqueda.

De este modo, a través de la indexación no solo se lleva a cabo la inclusión de dicho documento entre los posibles resultados de una búsqueda, sino que además se estima o pondera su calidad atendiendo a la relevancia que puede tener respecto a un criterio de búsqueda específico.

Nota técnica

Este proceso de búsqueda, fundamental para el desarrollo de una indexación óptima de los documentos existentes en la red, se realiza a través de unos programas denominados arañas o *bots*.

La finalidad de las arañas es rastrear la web, identificando los nuevos documentos que se han incorporado mediante la existencia de enlaces en documentos ya existentes que apuntan hacia este contenido.

Por ello, en el ámbito profesional, uno de los métodos más habituales para contribuir a una indexación lo más óptima posible de los contenidos web radica en el establecimiento del mayor número de enlaces externos hacia este nuevo documento, facilitando así la labor del motor de búsqueda.

Así, el lugar que ocupe cada documento web en relación a los resultados ofrecidos para un determinado criterio de búsqueda o palabra clave vendrá determinado en función del nivel de relevancia que otorgue el motor de búsqueda a dicho contenido.

Recuerda que

Los motores de búsqueda prestan especial atención a la posible copia de documentos ya indexados, penalizando aquellas prácticas que pretenden alcanzar mayor relevancia mediante la copia de contenidos con una valoración positiva, descartando su inclusión.

La razón de esta penalización se basa en el hecho de que estos nuevos documentos no aportan valor alguno a la información disponible en internet.

Por ello, más allá de las posibles repercusiones asociadas a la vulneración de los derechos de autor, se deberá evitar la tentación de tomar contenidos ajenos y reflejarlos en nuestra web como propios por muy interesantes que puedan parecernos.

Este proceso se denomina posicionamiento, y es esencial para el desarrollo comercial de las distintas organizaciones en internet, ya que, según diversos estudios, más del 92 % de las páginas web a las que accedemos diariamente han venido determinadas por una búsqueda previa, principalmente en Google.

Por ello, dada la inmensa importancia del posicionamiento web en relación a la visibilidad de nuestra presencia en la red, en las próximas páginas profundizaremos en las características de este proceso, para lo cual diferenciaremos entre aquel posicionamiento realizado de forma natural, por los criterios de indexación del propio motor de búsqueda, y aquel otro posicionamiento relacionado con el desembolso de una cuantía económica, que nos garantizará una posición privilegiada, con independencia de la relevancia de nuestra información.

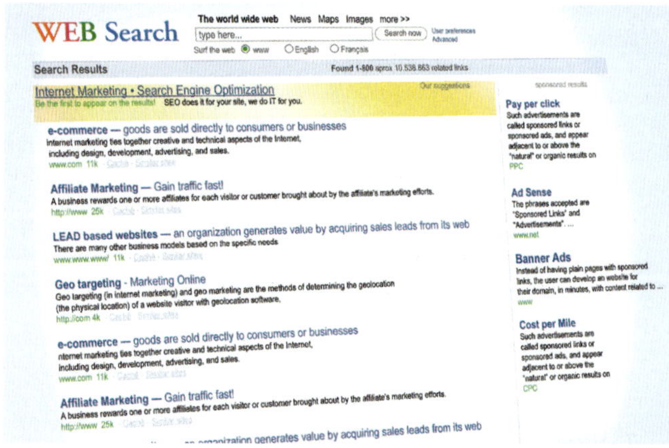

Figura 2.2. El posicionamiento se fundamenta en el establecimiento de un orden en relación a los resultados obtenidos en un motor de búsqueda.

A modo de introducción, y tomando como referencia la imagen anterior relativa a un motor de búsqueda estándar, los resultados ordenados a través de un posicionamiento de pago se ubican al principio de la página, con algún tipo de distintivo como el sombreado amarillo en este caso, mientras que los resultados ordenados a partir de un posicionamiento natural se situarán inmediatamente debajo, clasificados en atención a su nivel de relevancia para el motor de búsqueda.

Actividad propuesta 2.1

Marketing en buscadores

Visita las páginas web de los principales directorios especializados y motores de búsqueda, y resume brevemente las diferencias existentes entre ambas tipologías de buscadores.

2.1.2. Posicionamiento natural o SEO

La filosofía sobre la que se basa la importancia de obtener un buen posicionamiento en los motores de búsqueda gravita sobre el hecho de que, en nuestras búsquedas habituales, la mayoría de los usuarios de internet no suele pasar de la primera página de los resultados que nos ofrece un buscador, hasta el punto de que diversas investigaciones realizadas al respecto confirman que nos limitamos a analizar los diez primeros resultados de dicha lista, es decir, aproximadamente los que aparecen en nuestra pantalla inicialmente, y a realizar dos o tres movimientos con el *scroll* o rueda que lleva incorporada el ratón.

Por ello, la visibilidad de las distintas organizaciones presentes en internet y su consiguiente capacidad para exprimir al máximo su presencia en este entorno digital, más allá de la vistosidad de sus webs, estará condicionada a la calidad de su posicionamiento en los resultados ofrecidos por los distintos motores de búsqueda.

Es aquí donde cobra sentido el desarrollo, por parte de las distintas organizaciones, de una estrategia de posicionamiento natural, conocido popularmente como posicionamiento SEO, acrónimo de *Search Engine Optimization* u optimización en los motores de búsqueda.

Figura 2.3. El posicionamiento SEO es esencial para exprimir al máximo nuestra presencia en internet mediante el aumento de nuestra visibilidad, sin que suponga, *a priori*, ningún coste para la organización.

El desarrollo de una estrategia de posicionamiento SEO deberá contemplar la mejora de nuestra relevancia para los motores de búsqueda de internet con base en dos niveles de posicionamiento básicos, que pasamos a describir a continuación (Moro Vallina y Rodés Bach, 2014: 132-133):

1. **Acciones relacionadas con la mejora de nuestro posicionamiento a nivel interno:** se refiere a todas aquellas medidas que podemos llevar a cabo para contribuir a aumentar la relevancia de nuestro contenido web a partir de la propia estructura y diseño de este, entre las que es preciso resaltar las siguientes:

    - **Diseño y estructuración de la página web:** la verdadera utilidad de las funciones realizadas por los motores de búsqueda radica en el hecho de obviar aspectos técnicos de programación sobre el diseño de un sitio web y basarse en aquellos criterios de diseño y estructura que faciliten la lectura de esta por parte de los usuarios, es decir, valorando la calidad de un contenido con base en su accesibilidad, funcionalidad y facilidad de interpretación para aquellas personas que accederán a él.

      Por ello, es altamente recomendable que el documento web que pretendemos posicionar cuente con una estructura lógica para simplificar su comprensión y con un diseño atractivo, pero sin sobrecargar de complementos gráficos y elementos dinámicos, ya que estos últimos ralentizan y dificultan la labor de rastreo de los motores de búsqueda y, en consecuencia, pueden influir negativamente en su indexación y valoración.

    - **Selección e incorporación de las palabras clave:** en la cumplimentación de los contenidos que incorporaremos al documento web deberemos tomar en consideración aquellas palabras clave, o *keywords,* más relevantes respecto a su temática, con el fin de que se encuentren plenamente visibles en el diseño de los contenidos, pero siempre con un sentido lógico.

      La consideración de qué palabras deben ser consideradas clave para el desarrollo de un documento web deberá estimarse con base en dos aspectos fundamentales:

      — Los **objetivos de información** que pretende llevar a cabo la organización, tomando como referencia aquellos términos que queremos que se asocien directamente a nuestra propuesta de venta.

      — Aquellos **términos que son utilizados con mayor frecuencia** por los usuarios de internet en sus búsquedas. Por ello, a pesar de que los motores de búsqueda disponen de la capacidad de detectar el sentido semántico de un texto e indexarlo en búsquedas de conceptos sinónimos, es preferible huir de conceptos técnicos y redundantes.

Recuerda que

Otro aspecto altamente penalizado por los motores de búsqueda está asociado a la incorporación de palabras clave sin sentido alguno en los contenidos, únicamente con la finalidad de que se identifique una alta relación entre dichos términos y el contenido de la web.

Los algoritmos utilizados por los motores de búsqueda, y muy especialmente por Google, son capaces de detectar el sentido sintáctico del texto y concretar si se están llevando a cabo prácticas dirigidas a mejorar el posicionamiento interno de una forma ficticia, lo que puede desembocar en la exclusión de la página de los resultados ofrecidos.

- **Elección de un título o cabecera estrechamente relacionados con su temática y contenidos:** un criterio esencial que utilizan los motores de búsqueda de internet para clasificar un nuevo documento y evaluar su relevancia estará relacionado, como no podría ser de otra forma, con el título que le otorguemos.

  En la definición del título o encabezamiento se pondrá de manifiesto la importancia de implementar los aspectos reflejados en los puntos anteriores, ya que es fundamental que el título incluya las palabras que consideramos claves para nuestro posicionamiento y, de igual forma, que haga referencia a los contenidos sobre los que versará el resto del documento.

  Del mismo modo, es altamente recomendable que, en la medida de lo posible, las distintas partes en las que estructuraremos nuestro documento web incorporen, a su vez, un subtítulo específico para cada una de ellas, facilitando así la labor de rastreo realizada por los motores de búsqueda.

2. **Acciones relacionadas con la mejora de nuestro posicionamiento en el nivel externo:** en este ámbito se agruparán todas aquellas actuaciones orientadas a la optimización de nuestro posicionamiento en los resultados de búsqueda mediante la puesta en práctica de iniciativas realizadas externamente a nuestro sitio web, es decir, con independencia a los aspectos internos considerados anteriormente.

En este sentido, las medidas que fomentarán la mejora de la visibilidad y relevancia de nuestro contenido web a través de estrategias de posicionamiento SEO externo estarán relacionadas con el desarrollo de los siguientes aspectos:

- **Fomentar la interacción entre nuestro sitio web y las redes sociales:** a través de la mención o inserción de nuestros contenidos en dichas plataformas.

  En este sentido, lo ideal es que estas referencias se consigan gracias a la relevancia y calidad de nuestro contenido, aunque es una práctica bastante habitual, y consentida por los distintos motores de búsqueda, que las entidades cuenten con perfiles corporativos para la difusión de sus contenidos en las distintas redes sociales.

- **Intervenir en foros de reconocido prestigio:** se aporta información relacionada con nuestra web que verdaderamente sea útil para la retroalimentación de dicho foro.

  Por ello, la presencia de nuestra empresa en foros especializados y comunidades virtuales que los motores de búsqueda consideran relevantes es esencial para alcanzar un mejor posicionamiento natural.

- **Dar vida y movimiento a nuestra web:** a través de la aportación continua y periódica de contenidos (artículos, informes, documentos de trabajo, comentarios, etc.) que supongan incrementar el valor de internet en su conjunto.

  Dado que este es uno de los elementos a los que se le otorga un mayor peso en cuanto al posicionamiento natural de los contenidos web, es muy habitual que las empresas desarrollen sus propios espacios en su web corporativa para la inserción de información de calidad.

Nota técnica

Este aspecto será tratado con mayor detenimiento en esta unidad didáctica, en el apartado 2.2.2. Blogs corporativos.

- **Desarrollar el establecimiento de enlaces con páginas externas pero relacionadas con la temática de nuestro sitio web:** los motores de búsqueda incrementan su valoración sobre la relevancia de un contenido cuando este es citado en páginas asociadas a ámbitos similares y complementarios.

Por ello, la consecución de enlaces externos y citas en otros sitios web es uno de los aspectos que más deben cuidar y trabajar las organizaciones que deseen mejorar el posicionamiento SEO de sus contenidos web.

Actividad propuesta 2.2

Posicionamiento natural o SEO

A modo de resumen, realiza un listado de todas aquellas tareas que es preciso realizar para que nuestros contenidos web adquieran relevancia y, en consecuencia, mejoren su posicionamiento SEO.

2.1.3. Posicionamiento de pago o SEM

Con independencia de todos aquellos mecanismos que podemos llevar a cabo para fomentar el posicionamiento natural o posicionamiento SEO de nuestros sitios web, los buscadores reservan, como vimos en una ilustración anterior, los puestos preferentes de su primera página de resultados de búsqueda (en la zona superior y en la zona lateral derecha de la pantalla) para su comercialización hacia aquellas organizaciones que estén dispuestas a desembolsar una cantidad económica por ocupar una de estas posiciones.

Este posicionamiento de pago, conocido como SEM, acrónimo de *Search Engine Marketing* o marketing en motores de búsqueda, suele constituir una inversión de enorme rentabilidad si tenemos en cuenta el coste relativamente bajo de dichas inserciones respecto al crecimiento que suponen en el número de visitas a nuestra web de destino.

El desarrollo de una estrategia de posicionamiento SEM se establece, por tanto, a partir de la contratación de los **espacios patrocinados** de los que dispone un buscador, y cuyo coste estará supeditado al número de usuarios que accedan a nuestros contenidos a través de este enlace de pago.

Así, aquellas personas u organizaciones que estén interesadas en contar con un espacio patrocinado para mejorar su posicionamiento en el motor de búsqueda tendrán la posibilidad de conseguir una mejor posición, analizando previamente qué palabras clave son las más adecuadas en relación a su estrategia de posicionamiento en buscadores y el coste que esto les puede suponer.

Recuerda que

En la actualidad, la principal herramienta para el desarrollo de estrategias de posicionamiento SEM, así como para otras técnicas de publicidad *online* que veremos más adelante en esta unidad didáctica, como el marketing de afiliación, es **Google AdWords.**

Google AdWords

Fuente: https://www.google.es/adwords.

Actividad propuesta 2.3

Posicionamiento de pago o SEM

Profundiza en los servicios que ofrece Google AdWords visitando su web y resumiendo los aspectos que te parezcan más relevantes.

A pesar de tratarse de un posicionamiento que podríamos considerar artificial, la contratación y desarrollo de una estrategia de posicionamiento SEM supone, para la empresa contratante, la consecución de una serie de interesantes ventajas comerciales:

- **Elevada calidad de los resultados obtenidos:** al existir una relación directa entre los parámetros de la búsqueda realizada y los contenidos ofrecidos como resultados patrocinados, existe una probabilidad bastante elevada de impactar sobre nuestro público objetivo, muy superior a otras técnicas publicitarias en el entorno de internet y redes sociales.
- **Capacidad de llevar a cabo una segmentación de nuestro público objetivo:** además de facilitar los espacios para la consecución de nuestro posicionamiento de pago, este servicio incluye la posibilidad de discriminar nuestra inserción atendiendo a la zona geográfica de conexión, a la franja horaria en la que nuestra inserción estará presente en las búsquedas, el idioma o idiomas de búsqueda en los que aparecerá y, cómo no, las palabras clave en las que queremos estar presentes.

  Como es lógico, en función de estos criterios, el coste de inversión en una estrategia de posicionamiento SEM variará considerablemente.

- **Mayor flexibilidad relativa respecto al desarrollo de estrategias de posicionamiento natural:** mientras que el desarrollo de una estrategia de posicionamiento SEO supone el establecimiento de un proceso del que recogeremos sus frutos a medio y largo plazo, el desarrollo de una estrategia de posicionamiento SEM posibilita mayor rapidez de exposición, así como una adaptabilidad netamente superior, principalmente para aquellas organizaciones que, por su envergadura o limitación de recursos, no disponen de otras posibilidades para incrementar su visibilidad en buscadores.
- **Condicionamiento del coste de la inversión a los beneficios obtenidos:** el coste de la inversión en una estrategia de posicionamiento SEM se puede considerar muy reducido en relación a los beneficios que reportará a la organización.

  Además, en la contratación de este servicio es posible negociar aquel modelo de pago que más se ajuste a nuestros objetivos comerciales.

Actividad propuesta 2.4

Marketing en buscadores

Tanto en el posicionamiento SEO como en el posicionamiento SEM las palabras clave tienen especial relevancia.

Ahora bien, ¿cuáles son las principales diferencias existentes entre ambos tipos de posicionamiento en relación a la selección de las palabras clave?

2.2. Procesos de publicidad y promoción *online*

Como hemos venido reflejando a lo largo de este libro, la principal novedad que aportan los medios digitales en relación al desarrollo de la política de comunicación comercial está relacionada con la capacidad de personalización de los mensajes que ofrecemos a cada una de las personas o entidades que componen nuestro público objetivo, de una forma relativamente fácil, a través del empleo de aplicaciones y programas informáticos que nos ofrecen la posibilidad de adaptar nuestra propuesta de comunicación a las características personales y hábitos de consumo de cada cliente.

Este aspecto ha supuesto, por tanto, una redefinición de la concepción tradicional de la comunicación comercial, basada en el desarrollo de mensajes para su difusión en medios masivos habitualmente saturados de información publicitaria, lo que obligaba al diseño y elaboración de creatividades de gran impacto, para captar la atención de nuestro mercado de referencia.

Así, la comunicación comercial en el contexto del marketing *online* parte con la ventaja de contar con un acceso más nítido y directo a nuestros clientes potenciales y reales, por lo que nuestro mensaje puede enfocarse, de una forma menos intrusiva, hacia la transmisión de información de calidad sobre aquellos elementos que realmente les interesan, consiguiendo aumentar nuestra notoriedad de marca y simplificando, en cierta medida, la inclusión de nuestra oferta entre las alternativas a considerar en su proceso de decisión de compra.

Si bien en los siguientes apartados de esta unidad didáctica profundizaremos en multitud de mecanismos y técnicas dirigidas a captar la atención de nuestro público objetivo y reforzar nuestra relación con sus integrantes, a continuación vamos a centrarnos en dos herramientas de enorme utilidad para el desarrollo de una comunicación fluida que nos permita, como hemos comentado, ganar prestigio en la mente de nuestros clientes, ya que posibilitan la adquisición de una posición de expertos dentro del sector, al facilitar la transmisión de información orientada a los intereses de nuestros clientes pero sin una finalidad, al menos directa y visible, de incitar a la adquisición de nuestros productos o servicios, a través del desarrollo de estrategias basadas en el marketing de contenidos.

Argot técnico

Para Joe Pulizzi, uno de los máximos impulsores de este concepto y fundador del Content Marketing Institute, el marketing de contenidos se define como una técnica de marketing basada en la creación y distribución de contenido relevante y valioso para atraer, adquirir y llamar la atención de un público objetivo bien definido, con la finalidad de impulsarle a ser futuro cliente.

Por tanto, la principal finalidad que justifica el desarrollo de marketing de contenidos en relación a una marca o, más comúnmente, respecto a un producto o servicio determinado, radica en *la intención de que se genere conversación alrededor de dicho contenido,* captando así la atención de nuestro público objetivo y fomentando su compromiso y participación.

En este sentido, seguidamente nos vamos a detener en los aspectos fundamentales que definen específicamente dos herramientas de enorme potencial en el desarrollo del marketing *online:*

- *Newsletters* o boletines electrónicos a través de correo electrónico.
- Blogs corporativos.

2.2.1. Boletines a través de correo electrónico *(newsletters)*

Los **boletines electrónicos** o *newsletters* constituyen una de las herramientas con mayor antigüedad en el ámbito del marketing *online* para el desarrollo de una comunicación fluida entre la empresa y su público objetivo, que, dados los resultados tan positivos que ha ofrecido y sigue ofreciendo a las entidades que los desarrollan, se ha mantenido vigente hasta nuestros días, con una enorme fortaleza en lo que se refiere a su capacidad de despertar la atención de aquellas personas que los reciben.

Cuando hablamos de *newsletters* nos estamos refiriendo a aquellas publicaciones regulares o periódicas que las distintas empresas y organizaciones hacen llegar a través del correo electrónico a un público objetivo previamente captado.

Recuerda que

La **característica fundamental** que diferencia las *newsletters* de los *correos basura o spam* se basa en un aspecto sumamente importante: la conformidad del receptor del mensaje.

Los envíos de una ***newsletter* corporativa,** para que sean considerados como tales, deberán estar restringidos a aquellos usuarios que han decidido suscribirse libremente a este servicio, motivados por su interés hacia la temática de los contenidos que recibirán de forma periódica.

Por tanto, la entidad deberá llevar a cabo una campaña de difusión sobre la existencia de su *newsletter,* que permita realizar los trámites para formalizar la suscripción y contar con una base de datos con las cuentas de correo de sus suscriptores, lo que permite a su vez el desarrollo de estrategias de segmentación.

Habitualmente, los contenidos que se incluyen en una *newsletter* corporativa tendrán un elevado componente informativo, en relación a los productos y servicios de la organización, así como a noticias de actualidad y otros aspectos de interés relacionados con el sector en el que la entidad desarrolla sus actividades.

En consecuencia, se puede observar que el principal objetivo de una *newsletter* no es la venta, al menos la venta agresiva, sino que los suscriptores tomen conciencia de nuestros conocimientos, cualificación y experiencia respecto al mercado de actuación y, de esta forma, obtener un mejor posicionamiento en lo que se refiere a su elección cuando decidan materializar la adquisición de un producto o servicio relacionado con aquellos que comercializamos.

Figura 2.4. El diseño y desarrollo de una *newsletter* corporativa ofrece a las organizaciones una excelente oportunidad para establecer un contacto fluido y periódico con su público objetivo a través del correo electrónico.

En este sentido, es preciso realizar una serie de **recomendaciones** en lo que se refiere al **diseño, elaboración y envío de *newsletters* a nuestro público objetivo:**

- Es sumamente importante que cuidemos el diseño de nuestra *newsletter,* tanto en lo que se refiere a su estética como a su facilidad de lectura.
- Debemos ser plenamente conscientes de que una *newsletter* es un documento de carácter corporativo, que nos representa ante nuestro mercado, por lo que será esencial que se encuentre en consonancia con los atributos que pretendemos transmitir a nuestro público objetivo y, ante todo, cuidar su redacción y ortografía.
- No nos engañemos, la publicación y envío regular de una *newsletter* tiene una clara finalidad comercial, ya que están orientados a que nuestros clientes actuales y potenciales nos conozcan y sepan de nuestra capacidad para satisfacer sus necesidades. No obstante, no debemos confundir este aspecto con el envío periódico

de un catálogo de productos, basado en la utilización de estrategias agresivas de venta.

- En la medida en que nuestra *newsletter* adquiera notoriedad como medio de información creíble y, en cierto modo, objetiva, estaremos atrayendo la atención de nuestros suscriptores hacia nuestros productos y servicios en detrimento de los que ofrece nuestra competencia, que como es lógico no tendrá cabida en nuestros espacios de información, por lo que no hay necesidad de incitar de una forma directa a la compra.
- En consonancia con el punto anterior, el envío de *newsletters*, salvo en casos excepcionales, deberá estar asociado a una periodicidad semanal, quincenal o incluso mensual.

  Debemos recordar que, a la vista de los usuarios, la línea que separa *newsletters* y correos *spam* es muy fina, por lo que será preferible acumular los contenidos y enviar una *newsletter* de calidad a importunar a nuestros suscriptores con correos diarios en muchas ocasiones carentes de contenido interesante.

En relación con estos aspectos, no podemos olvidar que la continuidad de una persona que haya decidido suscribirse a nuestro servicio de *newsletter* está totalmente en su mano. Por tanto, deberemos intentar no actuar con torpeza y obligarla, de forma indirecta, a dar de baja su suscripción.

Recuerda que

Habitualmente solemos confundir los conceptos de ***newsletter*** y ***email marketing,*** dada la elevada relación existente entre ambos, pero hay que aclarar que se refieren a diferentes herramientas de comunicación *online.*

En cierto modo, se puede afirmar que el diseño y envío de *newsletter* es una técnica de *email marketing,* ya que utiliza el correo electrónico como medio de transmisión de nuestros contenidos.

Sin embargo, una *newsletter* está dirigida hacia una finalidad de información comercial desde una perspectiva general, mientras que dentro del concepto de *email marketing* se agrupa toda una serie de herramientas y técnicas de comunicación y promoción que tienen como elemento en común la utilización del correo electrónico como hilo transmisor.

Asimismo, hablaremos de ***mailing,*** y no de *newsletter,* cuando se lleve a cabo una campaña de comunicación a través de correo electrónico con una finalidad expresamente publicitaria y comercial.

A modo de resumen, las principales **ventajas** que nos ofrece el desarrollo de una *newsletter* corporativa están asociadas a los siguientes aspectos:

- Se trata de un canal de comunicación y promoción de nuestra empresa netamente económico frente a otras herramientas de marketing *online*.
- Al tener como objetivo el desarrollo de una "venta indirecta", goza de mayor credibilidad y atención por parte de los usuarios que la reciben.
- Ofrece una altísima fidelización de su audiencia, gracias a la utilización de una comunicación directa y personalizada, que aporta valor a sus suscriptores.

2.2.2. Blogs corporativos

Los blogs corporativos presentan ciertas similitudes con las *newsletters* en lo que se refiere a su finalidad de transmisión de información relacionada con una organización y el sector de actividad o entorno en el que desarrolla su actividad, sin exponer una intención comercial de forma explícita, aunque difieren totalmente en su estructura y en cuanto a los medios o canales de difusión utilizados.

Bajo el término "blog" nos estamos refiriendo a un sitio web en el que se recogen las reflexiones, comentarios y enlaces proporcionados por su autor para la transmisión de información sobre un tema concreto, presentada a través de un lenguaje informal y que se muestra al usuario habitualmente en un orden cronológico inverso, con objeto de aumentar la visibilidad de las últimas publicaciones respecto a las anteriores.

El creciente interés hacia los blogs como herramienta de comunicación ha venido determinado por el marcado descenso en la credibilidad de otros medios de comunicación tradicionales, como la prensa, la televisión o, en el ámbito más comercial, las campañas publicitarias, que han llevado a los usuarios a buscar información con mayor grado de independencia.

En este sentido, la función o finalidad perseguida a través de un blog condicionará la tipología que más se ajuste a ella, pudiendo estar asociada a las siguientes modalidades:

- **Blog de marca:** son aquellos blogs corporativos destinados al refuerzo, consolidación o transformación de la imagen de marca de la organización que lo desarrolla.

- **Blog de producto o servicio:** están relacionados con aquellos blogs que se diseñan para la realización de pruebas de productos, previas a su lanzamiento comercial, con el fin de conseguir una retroalimentación o *feedback* de sus lectores.
- **Blogs internos:** son aquellos blogs concebidos en el seno de las organizaciones para proceder al registro *online* de elementos relacionados con el funcionamiento interno de estas, tales como circulares y normativas, para la difusión de información sobre eventos corporativos o para la transmisión de archivos multimedia.
- **Blogs sectoriales:** consisten en blogs promovidos por una organización para el tratamiento de temáticas relacionadas con su sector de actividad, e intentan convertirse en un referente para su público objetivo. En este tipo de blogs las referencias a la organización responsable de estos suelen tener un carácter indirecto.

Actividad propuesta 2.5

Blogs corporativos

¿Eres seguidor de algún blog corporativo? En caso afirmativo, ¿a qué categoría pertenece?

Realiza una puesta en común en clase, exponiendo qué te ha motivado a seguir dicho blog.

En el diseño de nuestro blog deberemos considerar diversos aspectos que contribuirán a su visibilidad y capacidad de impacto, entre los que consideramos prioritarios los siguientes:

- Establecer con claridad la finalidad que perseguimos con el desarrollo de nuestro blog corporativo.
- Definir nuestro mercado y concretar a qué perfiles estará dirigida la información que ofreceremos en este espacio.
- Seleccionar el diseño y colores que más se ajustan a nuestra imagen de marca, al perfil objetivo y a lo que queremos transmitir.
- Establecer una dirección web o URL que contribuya a facilitar el acceso al blog, así como su posicionamiento más efectivo en motores de búsqueda.
- Seleccionar la plataforma en la que implementar nuestro blog y la plantilla que nos parece más atractiva en relación a nuestros objetivos.

Figura 2.5. A través del desarrollo de un blog corporativo las organizaciones disponen de un medio de enorme credibilidad para demostrar sus conocimientos y experiencia a su público objetivo.

Nota técnica

La plataforma con mayor difusión en la actualidad para el diseño, implementación y desarrollo de un blog corporativo es, sin duda, **WordPress**.

Fuente: https://wordpress.org/about/logos.

No obstante, existen otras plataformas alternativas con una gran aceptación en el ámbito del diseño de blogs, como son **Joomla!** o **Blogger.**

Fuente: https://www.joomla.org/component/content/article.html?id=259:logo-usage-and-brand-guide.
Fuente: https://www.blogger.com/start?hl=es.

Tal y como hemos reflejado en el caso de las *newsletters*, debemos tener claro que, en el nivel empresarial, es incluso preferible no disponer de un blog corporativo a ofrecer a nuestros clientes actuales y potenciales un espacio de dudosa calidad, en el que nuestras aportaciones sean esporádicas o con contenidos carentes de interés, ya que la imagen que proyecte nuestro blog será, en muchos casos, la imagen que nuestro público objetivo se haga de nuestra organización.

Por ello, a la hora de definir su **diseño y estructura,** será esencial desarrollar una estrategia de contenidos bien concebida, que permita atraer la atención de los usuarios hacia nuestro espacio. Para ello, deberemos concretar aspectos como los que se recogen a continuación:

- **Sobre qué temáticas vamos a profundizar:** como es lógico, deberemos seleccionar aquellos aspectos que más se ajusten a nuestra marca y a nuestro público objetivo.

  No obstante, es recomendable abarcar diferentes categorías temáticas, para evitar saturar al usuario del blog con un tema recurrente. Además, esto permitirá que podamos alcanzar a distintos perfiles de usuarios, aumentando nuestro tráfico y en consecuencia nuestra notoriedad en la red.

- **Valor de la información:** deberemos elaborar contenidos que realmente aporten valor a aquellas personas a las que queremos alcanzar, ya que solamente así se sentirán atraídas por nuestras publicaciones.

- **Tamaño de las publicaciones:** para que una entrada alcance notoriedad, tanto en el nivel de usuario como en lo que se refiere a su posicionamiento SEO, deberá oscilar entre 300 y 1000 palabras, aunque tampoco es conveniente que se extienda demasiado si eso supone desviarnos del objetivo central de información.

  Asimismo, el título de la publicación no deberá superar los 70 caracteres, para contribuir a que los motores de búsqueda lo identifiquen como tal.

- En este sentido, tanto en el caso del título como en el propio contenido del artículo, deberemos establecer **qué palabras consideraremos clave,** atendiendo a la temática elegida y a nuestro sector de actividad.

  En términos de SEO, es interesante que estas palabras clave o *keywords* se utilicen con asiduidad.

  Además, en caso de que sea posible, deberemos considerar la introducción de enlaces externos a otros apartados de nuestra web corporativa.

- En el caso de los blogs corporativos es esencial cuidar al máximo la **redacción de los contenidos**, ya que lo que pretendemos es "seducir" al cliente con nuestras palabras.

  Del mismo modo, será básico utilizar el lenguaje propio de nuestro sector de actividad y, de forma análoga, del perfil de cliente al que esté orientado dicho blog.

- **Acompañamiento de contenidos multimedia:** es altamente recomendable que dotemos de dinamismo a nuestras publicaciones mediante imágenes y vídeos relacionados, pero siempre cuidando al máximo la calidad de estos y su relación directa con el contenido.

- **Periodicidad de las publicaciones:** será preciso establecer una planificación temporal para la difusión de contenidos y, en la medida de lo posible, ser estrictos en su cumplimiento.

  Debemos ser conscientes de que aquellos usuarios que se sientan atraídos por la información que transmitimos dejarán de estarlo si observan que no existe formalidad en cuanto a la introducción de nuevos contenidos.

  Lo más habitual en el ámbito profesional es que la periodicidad de contenidos oscile entre una y cuatro publicaciones semanales, aunque este aspecto estará condicionado por las características específicas de cada organización y el sector en el que opera.

Figura 2.6. En la medida en que apliquemos las recomendaciones anteriores en el diseño de un blog corporativo estaremos contribuyendo muy positivamente a mejorar su capacidad de interés para los usuarios y, de forma análoga, a mejorar sus expectativas de posicionamiento natural.

Para finalizar, y a modo de resumen, las principales ventajas que ofrece la concreción y desarrollo de un blog corporativo para una organización se pueden resumir en los siguientes aspectos:

- Facilita el establecimiento de una relación fluida con nuestro público objetivo, para lo cual será preciso que las distintas entradas o *post* publicados en nuestro blog dispongan de un apartado específico para que aquellas personas que los lean puedan exponer sus opiniones, dudas o sugerencias.

- Es una herramienta excepcional para conseguir que nuestra organización alcance un posicionamiento en la mente del consumidor como "experta en su sector".
- Permite una interrelación inmejorable con nuestro perfil en las redes sociales, ya que supone la posibilidad de disponer de contenidos propios que se pueden viralizar a través de estas plataformas.
- Como hemos comentado en apartados anteriores, contribuye a mejorar el posicionamiento SEO de la web corporativa, ya que influye en la práctica totalidad de los criterios que consideran los motores de búsqueda, y en especial Google, para establecer la calidad de un sitio web, como son:
  - El establecimiento de una interacción entre nuestro sitio web y las redes sociales, desarrollado en el punto anterior.
  - El hecho de dotar de vida y movimiento a nuestro sitio web, mediante la publicación periódica de entradas en el blog corporativo.
  - La facilitación del establecimiento de enlaces externos hacia nuestras webs corporativas y *microsites*, ya que, en cierta medida y sin llegar al abuso o la práctica injustificada, se pueden incluir enlaces en los textos que redireccionen a otros apartados de nuestro espacio web, siempre que sea con el objetivo de ampliar información, como por ejemplo en el caso de noticias relacionadas.
- Gracias al efecto de todos los aspectos anteriores, incrementa notablemente el tráfico de usuarios hacia nuestra web corporativa.

2.3. La gestión electrónica de la relación con los clientes

El principal objetivo que debe guiar nuestra presencia y visibilidad en internet no es otro que ponernos en contacto con nuestro público objetivo y establecer los mecanismos para que pase a considerar nuestros productos o servicios como una alternativa interesante para la satisfacción de sus necesidades.

Por ello, una vez que hayamos alcanzado un posicionamiento adecuado a nuestros objetivos estratégicos de marketing, estaremos en disposición de llevar a cabo una estrategia dirigida a conseguir la fidelización de nuestro público objetivo, mediante el desarrollo de todas aquellas actuaciones que posibiliten el establecimiento de una relación fructífera y duradera con nuestros clientes actuales y potenciales.

En este sentido, los elementos sobre los que gravitará el desarrollo de nuestra estrategia de fidelización deben estar orientados a la consecución de los siguientes objetivos:

- Conseguir posicionar nuestra marca en la mente del consumidor, principalmente en relación a aquellos conceptos o atributos sobre los que pretendemos fundamentar nuestra estrategia comercial.
- Incrementar la experiencia del cliente en todas y cada una de las etapas del proceso de comercialización, a través del desarrollo de medidas desde el favorecimiento de las condiciones en que se produce nuestro primer contacto hasta la formalización del acto de compra y el desarrollo óptimo del servicio posventa, en caso de que sea conveniente.

A partir de estas dos premisas, el marketing digital nos ofrece todo un conjunto de técnicas dirigidas a la consecución de una estrategia de comunicación hacia nuestro público objetivo y de fidelización respecto a nuestros clientes, que se reflejan a continuación y sobre las que profundizaremos con mayor detenimiento en las siguientes páginas:

- Marketing de afiliación.
- Marketing relacional y gestión de la relación con los clientes.
- *Cross marketing*.
- Marketing viral.
- Marketing *one-to-one*.

2.3.1. Marketing de afiliación

El marketing de afiliación supone la aplicación directa de los principios de la comunicación comercial en el entorno digital, mediante la inserción de contenidos publicitarios en aquellos espacios contemplados para su exposición en una web.

La aparición de **internet** ha revolucionado el panorama publicitario, llegando a convertirse en el medio exclusivo en el que desarrollan sus campañas multitud de empresas comerciales y organizaciones sin ánimo de lucro, debido a las grandísimas posibilidades que ofrece en cuanto a su capacidad de individualización e interacción, por lo que puede ser considerado de forma simultánea como un medio masivo y un medio personal.

Figura 2.7. El desarrollo de internet y la generalización de su utilización han supuesto la aparición de un ámbito de actuación inmejorable para la comunicación comercial de las organizaciones.

En un sentido general, esta técnica de comunicación de marketing digital se basa en la contratación, por parte de aquella organización que pretende anunciarse en internet, de los servicios de una plataforma de afiliación, es decir, una entidad dedicada específicamente a la comercialización de aquellos espacios cedidos por los desarrolladores de páginas web para la inserción de publicidad en sus sitios web a cambio de una contraprestación económica.

A pesar de que puede parecer un procedimiento bastante rudimentario, las plataformas de afiliación disponen de información de gran valor acerca de las temáticas y contenidos que más se ajustan a cada espacio del que disponen, ya que la verdadera utilidad para los anunciantes estriba en que sus inserciones tengan la mayor visibilidad e impacto posible en aquellos sitios web con gran seguimiento de su público objetivo.

Además, dentro del servicio que ofrecen las plataformas de afiliación se incluye el seguimiento de la actividad publicitaria contratada, mediante la elaboración de ratios e informes que permitan medir la eficacia publicitaria de la campaña.

El coste de la inserción vendrá determinado habitualmente por el nivel de interacción del usuario respecto a la inserción publicitaria, y que se habrá pactado previamente entre las dos partes.

Argot técnico

Los **métodos de pago** más habituales asociados **al marketing de afiliación** en el ámbito profesional son los que se recogen a continuación:

- **Coste por mil impresiones (CPM):** es un precio asociado al número de veces que el anuncio es visible, fijando un precio por cada 1000 visualizaciones. No obstante, no implica que dichas impresiones tengan un efecto concreto sobre nuestros objetivos comerciales, más allá del aumento de nuestra notoriedad de marca.
- **Coste por clic (CPC):** es la más habitual, y se basa en el pago por cada usuario que decide hacer clic sobre una impresión para obtener más información, siendo redirigido a nuestra web corporativa o a una web diseñada específicamente para dicha campaña, denominada ***landing page.***
- **Coste por acción (CPA):** es una variante de la fórmula anterior que va un paso más allá, ya que el pago estará condicionado al desarrollo concreto de una acción. En este sentido podemos diferenciar, a su vez, entre los siguientes métodos de pago:
  - *Coste por lead (CPL):* cuando la acción que determina el pago de la inserción está asociada a la cumplimentación de un formulario de registro que permita la inclusión del usuario en nuestra base de datos.
  - *Coste por venta (CPV):* cuando se concreta que el pago de la inserción estará condicionado a la formalización final de una venta.

Lógicamente, el precio establecido para cada uno de estos modelos de pago no es similar, ya que, a medida que aumente la dificultad para su cobro, el precio se incrementará ostensiblemente.

A la hora de delimitar los soportes o formas publicitarias susceptibles de ser utilizadas en internet, es preciso poner de manifiesto que este medio está expuesto a una evolución e innovación constante en cuanto a los formatos existentes, si bien podemos destacar, a día de hoy, los siguientes:

- ***Email*** **o correo electrónico:** se basa en el diseño y envío de información corporativa, o específica, de un producto o servicio, a una lista de contactos previamente elaborada y depurada.

- ***Website* o página web:** radica en un espacio en la red, diseñado con una finalidad marcadamente publicitaria, en el que se ofrece información corporativa de una organización, así como de los productos y servicios que comercializa.
- ***Banner:*** es el primer formato publicitario que se desarrolló en internet y continúa siendo el más utilizado. Consiste en un faldón publicitario de pequeño tamaño en el que se ofrece un limitado volumen de información, con el fin de atraer la atención de los internautas para conseguir que visiten la *website* de la organización.
- **Botón:** consiste en un espacio publicitario estático, parecido al *banner* pero de menores dimensiones.
- ***Interstitial:*** es una página web con contenido publicitario que se intercala mientras se produce la descarga de la página web solicitada, por lo que su duración suele rondar los 5 o 10 segundos. No ofrece la posibilidad de interrumpir su visualización, así que supone una cierta intromisión en la navegación por internet.
- **Rascacielos o *skyscraper:*** consiste en un espacio publicitario de formato vertical y posición fija, que suele estar ubicado en el lado derecho de la pantalla para facilitar su visualización.

Figura 2.8. En la actualidad, disponemos de infinidad de posibilidades para el diseño de una publicidad *online* cada vez más atractiva, específicamente dirigida a conseguir atraer la atención de los usuarios de internet.

- ***Pop up / pop under* o *ventana emergente*:** son espacios publicitarios que aparecen en la pantalla, encima de la página solicitada, mediante un formato de segunda ventana. A diferencia de los *interstitials* sí permiten la posibilidad de cerrar o interrumpir su visualización.
- ***Layers:*** se trata de figuras animadas que aparecen y recorren la pantalla a semejanza de un *pop up*. Además, presentan un *link* o enlace directo con la *website* de la entidad anunciante.
- ***Roadblock:*** consiste en obligar a la persona usuaria de internet a que visite de forma involuntaria una página no solicitada, como paso previo para acceder a los contenidos deseados. Se constituye como la tercera forma intrusiva de publicidad en internet, junto a los *interstitials* y las ventanas emergentes.

En definitiva, las ventajas que presenta el marketing de afiliación como medio para el desarrollo de campañas de publicidad *online* pueden resumirse en los siguientes aspectos:

- Permite la obtención de los resultados de la campaña de una forma inmediata.
- Su diseño e implantación supone un reducido coste para la organización anunciante.
- Goza de una flexibilidad temporal plena, ya que posibilita el acceso a sus contenidos 24 horas al día, los 365 días del año.
- Presenta gran capacidad de selectividad y segmentación del mercado de actuación.
- El propio medio publicitario, asociado a la tecnología multimedia, permite el diseño de formatos de una elevada calidad.
- Una de las principales ventajas de este medio estriba en su interactividad, ya que posibilita el enlace directo con la web corporativa o *microsite* de la entidad anunciadora.

Por el contrario, también es preciso identificar aquellos elementos que limitan su validez y utilidad como medio publicitario:

- Presenta un alcance reducido y selectivo, ya que, aunque esto está cambiando paulatinamente, y como vimos en la unidad didáctica anterior, internet no se puede considerar todavía un medio publicitario generalista útil para la comercialización de cualquier producto, ya que todavía está restringido a ciertos perfiles de población y a ciertas tipologías de productos o servicios.

- A pesar de que cada vez se están desarrollando formatos más cuidadosos y creativos, se corre el riesgo de que la inserción publicitaria sea considerada como un elemento de intromisión de las empresas anunciantes en la vida privada de las personas.

Actividad propuesta 2.6

Marketing de afiliación

¿Qué valoración te merece el desarrollo de campañas de marketing de afiliación, teniendo en cuenta la existencia de otras técnicas complementarias (o alternativas)? Justifica tu respuesta.

2.3.2. Marketing relacional. Gestión de la relación con los clientes (CRM)

El **marketing relacional** se puede definir como el conjunto de actuaciones e iniciativas desarrolladas por una organización hacia sus diferentes públicos o hacia un determinado público o segmento de estos, dirigidas a conseguir su satisfacción en el tiempo, mediante la oferta de servicios y productos ajustados a sus necesidades y expectativas, incluida la creación de canales de relación estables de intercambio de comunicación y valor añadido, con el objeto de garantizar un clima de confianza, aceptación y aportación de ventajas competitivas que impida la fuga hacia otros competidores (Reinares y Ponzoa, 2004).

A partir de esta definición, el grado de esfuerzo manifestado por una organización en el desarrollo de acciones de marketing relacional con aquellas personas o entidades que forman parte de su público objetivo, para el mantenimiento de una relación satisfactoria a largo plazo, se puede clasificar en cinco niveles de inversión (Kotler, 2000: 56):

1. **Básico:** la relación entre la entidad oferente y el cliente se produce únicamente durante el proceso de venta, sin que exista un contacto posterior.
2. **Reactivo:** a lo largo del proceso de venta la empresa ofrece al cliente la posibilidad de ponerse en contacto con ella posteriormente, en caso de que tuviera alguna queja o sugerencia.
3. **Estadístico:** posteriormente al acto de venta, la organización se pone en contacto con el cliente con objeto de realizar una comprobación acerca de si el producto o servicio adquirido ha satisfecho sus expectativas, solicitando sugerencias de mejora o cualquier información acerca de aquellos problemas que hayan podido surgir.
4. **Proactivo:** el personal de la organización se pone en contacto con sus clientes de forma periódica, con objeto de presentarles nuevas mejoras e informarles sobre posibles formas de conseguir mayor rendimiento de las características del producto o servicio.
5. **Socio:** la entidad establece una relación permanente con el cliente para la identificación de vías mutuas de mejora de la productividad en lo referente a sus relaciones.

El nivel de inversión en el mantenimiento de relaciones entre la organización y sus clientes vendrá determinado en gran medida por el tamaño del mercado y el margen comercial resultante de la venta.

Así, aquellas organizaciones que comercializan sus productos o servicios en mercados masivos con un margen reducido tenderán a mantener su relación en el nivel básico o reactivo, mientras que aquellas que compiten en mercados reducidos y con un elevado margen se inclinarán a practicar un marketing de relaciones en el nivel de socio.

En la medida en que las características del mercado y el margen se encuentren en un punto intermedio entre estos dos extremos, las organizaciones se posicionarán en los otros niveles de marketing relacional.

Figura 2.9. Las nuevas tecnologías están facilitando el desarrollo de acciones de marketing relacional.

Es preciso destacar que la implantación de las nuevas tecnologías de la información y la comunicación en las organizaciones está contribuyendo de forma considerable a facilitar el establecimiento de medidas de marketing relacional en las empresas y organizaciones, al reducir notablemente los costes asociados al mantenimiento de una relación fluida con sus clientes.

En este sentido, las posibilidades ofrecidas por las nuevas tecnologías al desarrollo del marketing relacional van más allá de la mejora de la capacidad para obtener datos útiles para los objetivos de información planteados por la organización de forma esporádica sobre nuestra cartera de clientes, posibilitando la puesta en práctica de mecanismos que permitan un flujo continuo de información con gran valor estratégico.

Un elemento fundamental en este ámbito estriba en la realización de acciones dirigidas a la obtención de datos en relación a nuestros clientes actuales, cuyo análisis permita la generación de información útil de negocio para el desarrollo de estrategias personalizadas de fidelización a partir de la información obtenida.

Si se toma en consideración que el marketing relacional, a diferencia del marketing tradicional, no está orientado a la consecución de una venta inmediata sino al establecimiento de relaciones con nuestro público objetivo a medio y largo plazo, es fundamental contar con los instrumentos necesarios para el desarrollo de una comunicación fluida y que, en un entorno digital como el actual, se está materializando en el diseño e implementación de sistemas dirigidos a la gestión de la relación con el cliente o CRM *(Customer Relationship Management).*

En este sentido, es preciso aclarar que bajo el término CRM no se pretende definir un conjunto de técnicas relacionadas con la gestión del cliente, sino más bien una filosofía de actuación hacia la satisfacción del cliente, que debe ser asimilada por todos los actores implicados en la estructura funcional de la organización y que, por tanto, gravitará sobre tres elementos básicos (Moro Vallina y Rodés Bach, 2014: 137):

- **Recursos humanos:** como se ha comentado, el éxito de una filosofía CRM en la organización estará supeditada a la implicación total de todas aquellas personas que componen la entidad hacia una cultura básica de servicio al cliente.
- **Procesos:** una vez que se haya alcanzado la necesaria implicación de nuestros recursos humanos, se deberán configurar todos aquellos procedimientos específicos que garanticen la transformación y adaptación de la estructura funcional de la organización para garantizar su reorientación plena hacia la satisfacción del cliente.
- **Tecnología:** a partir de la consecución de los dos elementos anteriores, la organización estará en disposición de implementar aquellos instrumentos tecnológicos que contribuyan a recoger y procesar eficazmente la información procedente de nuestros clientes, con el fin de disponer de recursos suficientes para incrementar nuestra capacidad de respuesta, e incluso anticiparnos a las necesidades y expectativas de nuestro público objetivo.

Como principales ejemplos de este tipo de tecnologías, podemos encontrar, en la actualidad, las siguientes (Esteban Talaya, 2008: 285-286):

- **Bases de datos relacionales:** facilitan la agrupación y desarrollo de registros de información completa procedente de diferentes fuentes, mediante la utilización de códigos comunes, como el Código de Identificación Fiscal (CIF) o el Documento Nacional de Identidad (DNI).

  Dentro de estas herramientas se están desarrollando, en los últimos años, lo que se denominan bases de datos multidimensionales, las cuales permiten una accesibilidad más rápida y ágil a la información requerida, a través de la generación de informes mediante la realización de preguntas específicas al sistema *(query & reporting).*
- ***Data warehouse:*** se trata de sistemas de almacenamiento de datos que permiten a las organizaciones el mantenimiento de registros muy detallados de información sobre su relación con los clientes, para su tratamiento analítico en el desarrollo de procesos de toma de decisiones.
- **OLAP *(Online Analytical Processing):*** son aplicaciones avanzadas de visualización de datos a través de procesos analíticos en línea dirigidos a facilitar la elaboración de informes y tablas dinámicas.
- ***Data mining:*** son aplicaciones informáticas concebidas para el análisis de los datos procedentes del *data warehouse,* que permiten la identificación de patrones de comportamiento en los individuos que forman parte de la cartera de clientes, mediante la construcción de modelos de predicción.

  La principal utilidad de estas aplicaciones estriba en su capacidad para el análisis de modelos predictivos complejos que incluyan el comportamiento de un número elevado de variables interrelacionadas a partir de grandes conjuntos de datos en entornos no lineales.

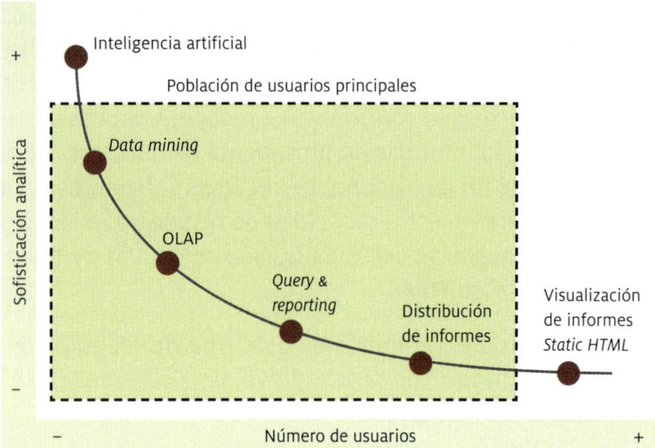

Figura 2.10. Instrumentos operativos de información. *Fuente:* Esteban Talaya (2008: 286).

El elemento fundamental para llevar a cabo una adecuada relación de clientes dependerá de la capacidad de la organización para obtener, registrar y analizar grandes cantidades de información.

Así, para la implantación efectiva de estas soluciones de gestión de la relación con los clientes o CRM *(Customer Relationship Management)* es imprescindible que la organización ponga en práctica una estrategia global que le permita su reorientación total hacia el mercado, estableciendo los medios adecuados y el rediseño de las actividades funcionales que contribuya a la detección y satisfacción continua de las necesidades del cliente.

En este sentido, se pueden identificar los siguientes **factores clave de éxito en la implantación de soluciones CRM** (Esteban Talaya, 2008: 288):

- **Compatibilizar la tecnología con la estrategia de la organización:** es fundamental que se produzca la integración funcional entre las unidades de marketing y de sistemas para garantizar el máximo aprovechamiento de los datos en el proceso de satisfacción de las necesidades de información de las distintas áreas de negocio.
- **Plantear el desarrollo de soluciones CRM con una perspectiva a largo plazo pero estableciendo mecanismos para la obtención de resultados a corto plazo:** la implantación de sistemas CRM deberá realizarse a partir de la definición de los objetivos estratégicos de la organización, como herramienta para poder contribuir a evaluar su nivel de consecución y control de forma periódica.
- **Contar con la colaboración y participación de los usuarios, tanto internos como externos:** para la asunción de las herramientas implementadas y la cooperación en la incorporación de los datos necesarios para su funcionamiento.
- **Garantizar la integración de los datos internos que optimicen la calidad de la información resultante de los sistemas operacionales:** los datos internos de la organización constituyen una fuente de generación de información esencial para el desarrollo con éxito de soluciones CRM.
- **Adaptar el rendimiento tecnológico a los objetivos específicos de la organización:** para asegurarse de que las aplicaciones estén dirigidas a la finalidad para la que fueron desarrolladas se deberán llevar a cabo las pruebas pertinentes con la totalidad de los datos obtenidos.

Para finalizar, y a modo de resumen, a continuación se muestra una infografía realizada por HakS que condensa perfectamente la filosofía de un Sistema CRM.

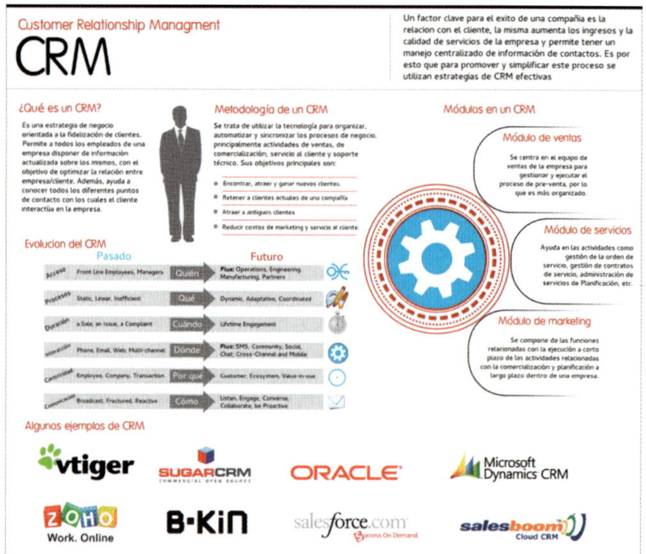

Figura 2.11. Infografía sobre el funcionamiento de herramientas CRM. *Fuente:* http://haztodo.com/que-significa-crm/.

2.3.3. Cross marketing

El ***cross marketing,*** o **marketing cruzado,** supone la aplicación del concepto de venta cruzada al planteamiento estratégico del marketing digital.

En resumen, los sistemas CRM sintetizan a la perfección la filosofía del marketing relacional, en cuanto a la búsqueda de una relación duradera y fructífera con el cliente.

Argot técnico

Se denomina **venta cruzada** a la estrategia comercial que consiste en el ofrecimiento de productos y servicios adicionales o complementarios a aquellos adquiridos o que pretende adquirir el cliente (Martínez Valverde, 2015[1]: 111).

La finalidad principal de *cross marketing* radica en el establecimiento de alianzas *online* entre distintas organizaciones, que se dedican a la comercialización de productos o servicios complementarios en cuanto a la satisfacción de las necesidades de nuestros clientes, para la realización de acciones conjuntas de marketing digital, sacando el máximo partido a los medios y posibilidades que nos ofrecen actualmente las nuevas tecnologías de la información y la comunicación.

En este sentido, el *cross marketing* busca exprimir al máximo los canales que nos ofrece internet para ofrecer una oferta conjunta de productos y servicios y, de este modo, adquirir una mayor notoriedad como proveedor de nuestros clientes e incrementar considerablemente nuestra presencia en el mercado y, en definitiva, nuestras ventas.

Figura 2.12. El objetivo que se persigue a través del *cross marketing* estriba en el desarrollo de acciones conjuntas de marketing con otras organizaciones, con el fin de fomentar el incremento de la venta cruzada.

La clave del éxito del *cross marketing* se encuentra en conseguir la mayor concentración posible de clientes potenciales y reales en torno a una plataforma creada de forma conjunta, en la que tengan la capacidad de satisfacer todas sus necesidades con mayor facilidad, obteniendo un volumen de venta cruzada que sería prácticamente imposible de alcanzar mediante una actuación eminentemente aislada.

Por tanto, esta estrategia de marketing se sustenta en el aprovechamiento de sinergias asociadas a la facilitación del acceso a los clientes actuales de la empresa con la que decidimos colaborar, al tratarse de un perfil de usuarios que guarda una elevada interconexión con el producto o servicio que ofrecemos. Además, este aspecto supone la oportunidad de reducir considerablemente los costes operativos asociados a la comercialización de nuestra oferta.

Argot técnico

Según la Real Academia Española de la Lengua, el término **"sinergia"** se refiere a la *acción de dos o más causas cuyo efecto es superior a la suma de los efectos individuales.*

En consecuencia, en el ámbito empresarial y de marketing, la existencia de sinergias implica la capacidad de la combinación de dos o más actuaciones realizadas por la organización, o mediante la colaboración entre dos o más organizaciones, para producir un efecto conjunto superior a la suma de sus efectos aisladamente considerados.

El efecto de la sinergia se suele simbolizar visualmente con la expresión matemática "2 + 2 = 5" (Martínez Valverde, 2015[1]: 88).

Del mismo modo, desde la perspectiva del cliente, el desarrollo de acciones de *cross marketing* facilita la búsqueda en internet de productos y servicios asociados a sus necesidades, gustos y preferencias.

Recuerda que

Aunque la aplicación del *cross marketing* al marketing digital pueda hacer pensar que este planteamiento estratégico es relativamente novedoso, se basa en una de las técnicas de venta más ancestrales y clásicas del marketing tradicional en los establecimientos de venta *offline* o físicos.

De hecho, si acudimos a cualquier tienda convencional podremos observar que los productos complementarios se encuentran situados relativamente cerca, para favorecer el desarrollo de una *venta cruzada* (lácteos junto a galletas o productos para el desayuno, los aperitivos salados junto a las patatas fritas, etc.).

2.3.4. Marketing viral

El marketing viral se basa en una estrategia de comunicación dirigida a que sean los propios usuarios de internet o redes sociales los que transmitan los mensajes publicitarios o corporativos emitidos por una organización entre su círculo de contactos, es decir, entre aquellas personas con las que se encuentra interconectada, fomentando así una propagación más ágil de nuestro mensaje y notoriedad de marca, ya que se realiza de una forma consciente y voluntaria.

El marketing viral se basa en el desarrollo de todas aquellas técnicas de marketing que contribuyan a conseguir mayor difusión y cobertura mediática de nuestros mensajes y campañas de comunicación y publicidad en un entorno digital, y específicamente en redes sociales, foros y blogs, con la finalidad de conseguir un aumento de nuestro reconocimiento y notoriedad de marca, generando así un entorno favorable para el desarrollo de opiniones y comentarios en torno a ella, a partir de los cuales obtener información de gran valor para el desarrollo óptimo de nuestro proceso de comercialización.

Argot técnico

El marketing viral basa su filosofía en la propensión o necesidad del ser humano de hacer a su entorno familiar, personal o profesional partícipe de aquella información que considera interesante.

Si bien el concepto viral hace referencia a la rápida capacidad de propagación de la que gozan los virus para expandirse por nuestro organismo, se puede asemejar a la perfección con el concepto "boca a boca", muy extendido en el ámbito del marketing tradicional *offline*.

En este sentido, el desarrollo de campañas de marketing viral se apoya en diversos elementos propios del entorno digital, entre los que podemos destacar los siguientes:

- ***Buzz marketing:*** se trata de una técnica específica del marketing viral que busca la generación de conversación sobre una marca o productos concretos entre los usuarios de una plataforma *online*, fomentando por tanto el desarrollo de un "zumbido" sobre un tema de nuestro interés.

  El desarrollo de acciones de *buzz marketing* estriba en invitar a la prueba de nuestro producto por parte de un grupo reducido de clientes potenciales, seleccionados cuidadosamente por su credibilidad y repercusión, para que se conviertan en elemento transmisor de dicha información al resto de usuarios, con los que están en contacto habitualmente a través de internet y las redes sociales, convirtiéndose así en agentes activos para la prescripción o recomendación de nuestros productos.

- **Comunidades virtuales:** se basan en la creación de *fanpages* o grupos sociales cuyos integrantes tienen en común sus intereses, aficiones y tendencias, por lo que son muy propensos a compartir en este espacio toda aquella información que consideren relevante para el resto de personas que conforman el grupo.

  La presencia de estas comunidades en la red tiene un enorme interés para aquellas empresas y organizaciones que comercializan productos o servicios relacionados con la temática de estas, ya que permite conocer la opinión experta de nuestro público objetivo y anticiparnos a posibles cambios en sus tendencias de consumo.

  No obstante, es conveniente que, si decidimos entrar en estas comunidades, tomemos un papel de mero observador pasivo, para evitar que sus integrantes consideren esta práctica como una intromisión.

Argot técnico

Se conocen bajo el término **marketing encubierto** aquellas acciones que se basan en intentar difundir opiniones positivas de nuestra propia empresa en internet, foros, blogs y las redes sociales, simulando que se trata de una opinión independiente y objetiva.

El marketing encubierto no es recomendable, ya que implica el riesgo de que el resto de usuarios sean conscientes de estas prácticas, lo que podría afectar muy negativamente a nuestra imagen corporativa.

- **Invitaciones o llamadas a la acción a través de las redes sociales:** se caracterizan por la difusión de contenidos que una persona considera interesantes entre sus contactos, mediante las herramientas de que dispone para ello en las redes sociales, como las opciones de "me gusta" o "compartir" que se encuentran presentes en Facebook, la opción de "recomendar" en LinkedIn o, quizás por encima de estas, la acción de retuitear en la red social Twitter.

En definitiva, el establecimiento de estrategias y campañas de marketing viral supone, para la organización que la lleva a cabo, la consecución de una serie de **ventajas o**

beneficios, entre los que podemos destacar los siguientes (Liberos *et al.*, 2011: 191):

- Existe la práctica seguridad respecto a esos beneficios en una campaña de marketing viral, ya que la inversión económica asociada a su desarrollo y expansión es prácticamente nula.
- Posibilita un aumento considerable de la notoriedad de nuestra marca, ya que el mensaje publicitario se extiende con suma facilidad y rapidez.
- El crecimiento en la difusión del mensaje publicitario tiene carácter exponencial o piramidal, ya que, previsiblemente, cada usuario al que haya llegado el mensaje y lo considere interesante lo hará llegar a gran parte de sus contactos.

  Además, será el propio usuario el que realice la labor de selección de aquellas personas de su entorno a las que pueda interesarles más dicho contenido, por lo que, de forma involuntaria, estará desarrollando una estrategia de segmentación en su contexto.
- Del mismo modo, al tratarse de una recomendación realizada por una persona de su entorno, nuestro mensaje tendrá mayor capacidad de atención, impacto y aceptación sobre aquellos usuarios que lo reciban.

Figura 2.13. El marketing viral se basa en el desarrollo de todas aquellas actuaciones que permitan incrementar nuestra presencia y visibilidad en la web 2.0, desarrollando así nuestra notoriedad e imagen de marca.

No obstante, en una sociedad como la actual, donde el volumen de información y la capacidad de comunicación de la que dispone nuestro público objetivo son, ciertamente, inabarcables, también es preciso tener presentes los riesgos asociados a la viralización de contenidos, que exponemos a continuación:

- A pesar de que existen diversas técnicas para fomentar la propagación viral de un mensaje publicitario, en este ámbito no existen las fórmulas magistrales, ya que no es posible la anticipación de la organización respecto a aquellos contenidos que serán virales o no, lo que limita la capacidad de actuación de la empresa al lanzamiento de mensajes para observar su difusión en el mercado.
- En consonancia con el punto anterior, la entidad no dispone del control exhaustivo sobre la difusión que tendrá nuestro mensaje publicitario, ni de las razones y aspectos inherentes a la finalidad de su viralización. Por tanto, el diseño y consecución de un mensaje viral no tendrá por qué estar relacionado con un incremento de nuestras ventas o crecimiento en el mercado.

  De hecho, la viralización se puede considerar un arma de doble filo, por lo que es más que recomendable que las distintas entidades realicen un seguimiento lo más detallado posible de las opiniones que se publican sobre ella en la red, para identificar cuanto antes la aparición de informaciones negativas y poder establecer las medidas necesarias para reducir al máximo la viralización de dichos contenidos.

Argot técnico

Este riesgo de que la enorme capacidad de transmisión y difusión de información en la red se vuelva en contra de nosotros, a través de la fácil propagación de mensajes negativos sobre nuestra entidad, es lo que ha dado lugar al concepto de **reputación *online*.**

En este sentido, las organizaciones deben llevar a cabo un seguimiento continuo de su reputación en la web 2.0, para identificar aquellos mensajes que puedan dañar su imagen y establecer actuaciones de **ORM** *(Online Reputation Management)*, es decir, orientadas a fomentar una predisposición positiva de los usuarios hacia nuestra marca, reduciendo la visibilidad y credibilidad de aquellos contenidos negativos publicados en la red.

2.3.5. Marketing *one-to-one*

El **marketing *one-to-one*** constituye, sin duda una de las estrategias de fidelización más interesantes en el ámbito de la aplicación de las nuevas tecnologías de la información y la comunicación a la gestión electrónica de las relaciones con nuestros clientes actuales y potenciales, ya que persigue la transmisión de un mensaje comercial de carácter global, pero personalizado a las características que definen los distintos segmentos sobre los que queremos actuar e, incluso, a cada uno de los integrantes de dichos segmentos mediante la creación, a su vez, de microsegmentos.

Argot técnico

El **marketing *one-to-one*** también es conocido, en el ámbito empresarial, como marketing personalizado o micromarketing.

A pesar de que la puesta en práctica de una estrategia *one-to-one* implica una dificultad considerable, ya que requiere contar con herramientas informáticas de gran potencia que detecten patrones de consumo y comportamiento en la información disponible sobre nuestro mercado de referencia, el razonamiento sobre el que se apoya es bien sencillo: configurar un sistema que permita la adaptación y personalización de nuestra comunicación con cada cliente con un esfuerzo en costes económicos, temporales y de cualquier otra índole similar a la difusión de un mensaje estándar no diferenciado.

La **finalidad** de esta estrategia de fidelización gravita sobre la idea de que el cliente perciba que conocemos sus expectativas y preferencias, y que, en consecuencia, estamos preparados para satisfacer plenamente, y de una forma integral, todas sus necesidades, tanto a través de la cartera de productos o servicios que comercializamos como en lo que se refiere a los servicios complementarios de atención al cliente y servicio posventa, si fuese necesario.

Recuerda que

La aplicación de las estrategias de fidelización propias del **marketing *one-to-one*** a la relación con nuestros clientes finales tiene su origen en el marketing industrial, es decir, en el marketing entre empresas, donde existe el diseño de propuestas de venta únicas, personalizadas y totalmente adaptadas al cliente como práctica habitual.

A grandes rasgos, la implementación de acciones de marketing *one-to-one* dentro de una organización se basa en el desarrollo de un **proceso de atracción y fidelización del cliente en el nivel individual,** a través de las siguientes **etapas:**

- **Identificar,** de la forma más exhaustiva posible, a todas aquellas personas o entidades que forman parte de nuestro mercado de referencia, tanto nuestros clientes actuales como aquellos que podríamos considerar como clientes potenciales de nuestros productos o servicios.
- **Diferenciar** a cada uno de los integrantes de nuestro público objetivo, a través de la incorporación de toda la información de la que dispongamos, para garantizar que en el proceso de segmentación no se produzcan errores.
- **Interactuar** con nuestros clientes a través del establecimiento de un diálogo lo más fluido con ellos, para lo cual serán de gran utilidad las distintas herramientas que pone a nuestra disposición la web 2.0, tales como nuestra web corporativa o nuestro perfil en las redes sociales.
- Desarrollo efectivo de una **relación personalizada** con cada integrante de nuestro público objetivo, orientado a mejorar nuestro conocimiento sobre sus necesidades específicas, así como de sus preferencias en cuanto al modo de satisfacerlas.

A pesar de que este proceso puede parecer, a simple vista, un reto inalcanzable por su envergadura, las distintas herramientas y aplicaciones tecnológicas con las que contamos actualmente han facilitado enormemente su consecución con éxito.

Figura 2.14. El marketing *one-to-one* está orientado específicamente a personalizar el desarrollo de nuestra relación con el cliente, con el fin de que perciba nuestro interés hacia él.

Entre los **ejemplos de marketing *one-to-one*** más relevantes que podemos encontrar actualmente en internet y las redes sociales, podríamos destacar los siguientes:

- La generación de **recomendaciones personalizadas** que nos ofrecen portales de compras como Amazon, la Casa del Libro o eBay, en los que la propia plataforma realiza un seguimiento pormenorizado de aquellos productos que consultamos, para ofrecernos en sucesivas visitas productos y servicios similares o complementarios.
- ***Facebook Ads:*** la red social Facebook ofrece a las entidades que deciden anunciarse en su plataforma la posibilidad de que su mensaje publicitario pueda llegar a distintos perfiles de usuarios, con base en su edad, su género o sus intereses personales y profesionales.

  A través de la utilización de diversas herramientas compatibles con la interfaz de Facebook, las empresas anunciantes tienen la posibilidad de condicionar la aparición de sus inserciones publicitarias a la interacción del usuario con diversas páginas específicas afines a sus intereses.
- ***Remarketing:*** esta técnica de marketing *one-to-one* consiste en la inserción del mismo anuncio en las distintas páginas que visitamos a lo largo de nuestra navegación por internet; llega a dar la impresión de que esta inserción publicitaria nos persigue, independientemente de los portales que visitemos.

  El *remarketing* se basa en la obtención de información de aquellas búsquedas que hemos realizado sobre un determinado producto o servicio y que finalmente no han desembocado en la formalización de una compra, como podría ser el caso de la consulta de un vuelo o el análisis del precio que una determinada prenda tiene en la tienda *online* de una empresa textil.

  La justificación de este fenómeno estriba en la información que recoge Google AdSense, es decir, la red de contenidos publicitarios *online* de Google.

Actividad propuesta 2.7

Marketing *one-to-one*

Profundiza en los servicios que ofrece Google AdSense visitando su web y resumiendo los aspectos que te parezcan más relevantes.

Con base en estos principios y atendiendo a las aportaciones realizadas por Don Peppers, máximo impulsor del marketing *one-to-one* en el ámbito global, las **ventajas** inherentes a su aplicación en un entorno digital estarán asociadas a:

- **Mayor conocimiento de la organización acerca de los intereses y necesidades de nuestros clientes**, lo que permite mayor ajuste de nuestra oferta, así como gran ahorro de recursos.
- Un **incremento considerable en la fidelización de nuestros clientes** y, en consecuencia, de la rentabilidad obtenida en nuestro proceso de comercialización de productos y servicios.
- **Mayor capacidad para la reducción de nuestros costes de producción y almacenamiento,** ya que se puede, e incluso se debe, ajustar nuestra producción a nuestros conocimientos sobre la demanda del mercado y su previsible evolución.
- Una **reducción drástica de los costes de comercialización**, dado que es mucho menos costoso mantener a los clientes actuales que acceder a nuevos clientes.
- Al contar con la satisfacción y fidelidad del cliente hacia nuestra marca, **se hace innecesaria la realización de acciones promocionales o descuentos**, que influirían negativamente en el margen comercial y podrían afectar negativamente a la percepción del mercado sobre nuestra cartera de productos o servicios.

2.3.6. Nuevas tendencias en la comunicación y relación digital con el cliente

Si algo define al entorno digital, más allá de todos los aspectos reflejados a lo largo de este libro, es su espectacular dinamismo, ya que se trata de un escenario que se encuentra en constante movimiento en lo que se refiere a la introducción de innovaciones tecnológicas, comerciales o de cualquier otra índole, dirigidas a optimizar las posibilidades de comunicación e interacción de los usuarios y, de forma análoga, a facilitar el desarrollo de transacciones comerciales cada día más cómodas y seguras.

Por ello, una vez que hemos desarrollado en esta unidad didáctica un repaso de la situación actual del marketing digital y el comercio electrónico, vamos a finalizar este apartado ofreciendo una serie de pinceladas respecto a las tendencias más pujantes en cuanto a su futuro a corto plazo, ya que, dada la capacidad de renovación constante existente en el sector, es imposible aventurar cuál será su evolución a medio y largo plazo.

Así, si pretendemos seleccionar aquellos ámbitos en los que se percibe mayor carácter innovador en lo referente a la comunicación y relación digital con el cliente, es preciso destacar los que se recogen a continuación (Moro Vallina y Rodés Bach, 2014: 140-142).

Aplicabilidad del *mobile marketing*

Los dispositivos móviles han experimentado un crecimiento tecnológico espectacular en los últimos cinco años, convirtiéndose en pequeños ordenadores de bolsillo, hasta el punto de que actualmente no es concebible diseñar o implementar cualquier actuación de marketing o comercio electrónico sin contar con su visibilidad, operatividad y compatibilidad para este tipo de dispositivos.

Numerosas personas expertas en este ámbito no han dudado en afirmar que este fenómeno representa una clara tendencia progresiva hacia el trasvase del protagonismo en el ámbito digital desde los ordenadores personales a los dispositivos móviles.

En este sentido, se está desarrollando todo un mundo de nuevas aplicaciones específicas para dispositivos móviles o *apps,* orientadas a adaptar los servicios ya existentes en la red a esta tecnología y, en una proporción incluso superior, a desarrollar nuevos servicios exclusivos que nos hagan la vida más fácil y atractiva.

Argot técnico

Una ***app*** consiste en una aplicación informática o *software* diseñado para su instalación en un dispositivo móvil, en cualquiera de sus formatos, dirigidos a facilitar un determinado acceso a un servicio, simplificar la gestión de una tarea, visualizar contenidos específicos, jugar individualmente o en red, etc.

Del mismo modo, es preciso destacar la potencialidad del *mobile marketing* en cuanto a la aplicabilidad de los dispositivos móviles para el desarrollo de campañas publicitarias (Martínez Valverde, 2015 [2]: 224).

Las principales causas que han motivado la consideración de este medio con fines publicitarios se basan en su capacidad de acceso personalizado al público objetivo, la inmediatez del mensaje y su coste reducido, si bien se debe asumir elevado riesgo de rechazo debido a que conlleva cierta invasión de la intimidad.

Estas características convierten a la publicidad a través de telefonía móvil en una herramienta de gran eficacia para el desarrollo de estrategias de fidelización de clientes, a través de mensajes personalizados, que incluyan la posibilidad de dar de baja el servicio.

Figura 2.15. La consideración de los dispositivos móviles como medio publicitario está experimentando un crecimiento exponencial en los últimos años.

Dentro de la telefonía móvil podemos encontrar los siguientes soportes o formatos:

- **SMS *(Short Message Service):*** se trata de un servicio de mensajes que se envía y recepciona a través del centro de mensajes del teléfono móvil, lo que permite que el mensaje se mantenga en espera si el móvil se encuentra apagado o fuera de cobertura en ese momento.
- **MMS *(Multimedia Message Service):*** consiste en la incorporación al servicio anterior de elementos de audio y vídeo, transformando los mensajes estándar en mensajes multimedia.
- **Publicidad WAP (*Wireless Application Protocol* o protocolo de aplicaciones inalámbricas):** se basa en el acceso a contenidos publicitarios vía móvil, a través de su posibilidad de conexión a internet.

Además, se está observando una tendencia a la utilización conjunta del medio televisivo y los SMS, con fines publicitarios, por parte de los operadores de televisión privada. La potencialidad de esta unión se basa en la capacidad de interacción entre el programa en emisión y cada una de las personas que conforman su audiencia.

Las ventajas de los dispositivos móviles como medio publicitario pueden resumirse en las siguientes:

- Es posible conseguir una elevada tasa de penetración a través de este medio.
- El coste de las inserciones en bastante reducido.
- Capacidad de inmediatez e información instantánea de las personas usuarias.
- Presenta gran potencialidad de personificación del mensaje publicitario.
- La telefonía móvil goza de alta flexibilidad temporal, aunque es fundamental que se respete la intimidad de las personas receptoras de este servicio.

Por el contrario, los inconvenientes de los dispositivos móviles como medio publicitario son:

- Como se ha puesto de manifiesto en la última ventaja de este medio, se corre el riesgo de su utilización sea percibida como intrusismo, fruto de la recepción de mensajes no deseados.
- Presenta cierta limitación en el diseño del mensaje, ya que está condicionada a mensajes breves y simples.

Televisión en internet

Internet se está convirtiendo en un sistema más para la visualización de la televisión, uniéndose así a los sistemas tradicionales (terrestre, por cable o vía satélite). Esta integración supone la posibilidad de enriquecer el medio televisión a través de las capacidades propias del entorno digital, lo que implica la aparición de una serie de ventajas para sus usuarios:

- La televisión a través de internet goza de un alcance global, sin limitaciones geográficas asociadas a la ubicación de repetidores, por lo que facilita el acceso a canales de televisión de cualquier país y en cualquier lengua, independientemente de nuestra ubicación.
- En consonancia con el punto anterior, la televisión a través de internet elimina el factor de la inmediatez en la visualización de programas, ya que permite que sea el propio usuario el que decida el momento más adecuado para poder ver un espacio que ya haya sido emitido.
- Además, permite que los contenidos audiovisuales sean complementados y enriquecidos con información adicional, a través de comentarios, imágenes, resúmenes u opiniones de su emisor o de otros usuarios.
- Permite el registro y clasificación ordenada de los distintos contenidos emitidos, lo que facilita el acceso y visionado de estos.

Nota técnica

En la actualidad la práctica totalidad de canales de televisión cuenta con un espacio en internet para el desarrollo de su emisión.

Del mismo modo, han proliferado espectacularmente los canales de televisión exclusivos a través de la red, ya que hasta la fecha no requieren tener una licencia gubernamental, como sí ocurre con los canales TDT.

Este nuevo formato para la emisión de contenidos televisivos supone una gran oportunidad para el desarrollo de campañas de comunicación y promocionales a través de la televisión *online*, gracias a sus costes reducidos, enorme rentabilidad respecto a los formatos tradicionales y, sobre todo, en los aspectos relativos a la capacidad de medición de la eficacia publicitaria en tiempo real.

Desarrollo de los videoblogs

Bajo el término "videoblog" se agrupan todos aquellos contenidos difundidos a través de internet que siguen los criterios de un blog, pero con la particularidad de ser elaborados en un formato audiovisual.

Por tanto, cuando hablamos de videoblogs nos estamos refiriendo a una galería de vídeos publicados periódicamente por su autor, ya sea una persona o una entidad, en los que la imagen sustituye al texto, lo que favorece la noción de interactividad.

La principal ventaja de este formato de blog audiovisual estriba en su facilidad de visionado y comprensión frente a los blogs convencionales.

Argot técnico

En el ámbito de los videoblogs se está tendiendo a actualizar su definición, por lo que es probable que puedas ver, en algunos ámbitos, la utilización del término ***vlog***, sin que se trate de un error ortográfico.

Este fenómeno está dando lugar a la proliferación de videoblogs de enorme éxito referidos a las temáticas más variadas, como es el caso de los tutoriales para la preparación de platos gastronómicos o relativos a consejos de maquillaje.

De hecho, los videoblogs se han convertido, en la actualidad, en los contenidos con mayor potencial de viralidad tanto en internet como en las redes sociales.

Recuerda que

En el desarrollo y difusión de los videoblogs, la existencia de plataformas para la visualización de contenidos audiovisuales como **YouTube**, **Vimeo** o **Dailymotion** está teniendo un protagonismo fundamental.

Fuente: https://www.youtube.com/yt/brand/es/downloads.html.

Fuente: https://vimeo.com/about/brand_guidelines.

Fuente: www.dailymotion.com/es.

2.4. Normativa aplicable en el ámbito de la comunicación y privacidad electrónica

La proliferación de actuaciones comerciales y de marketing en un escenario de nueva creación, como es el entorno digital, ha hecho necesaria una ampliación y modificación de diversas normativas ya existentes para su aplicación legal en un entorno *offline*, con el fin de extender su ámbito de actuación al nivel *online*, evitando la permanencia de un vacío legal que podría afectar sustancialmente a la evolución de internet como medio seguro para consumidores y empresas.

Del mismo modo, se ha llevado a cabo la redacción y aprobación de normas específicas para este ámbito, dirigidas a garantizar que el incremento y normalización de las prácticas desarrolladas en la red con una finalidad comercial no suponen una disminución de los derechos de los usuarios, tanto como consumidores como en lo referente a su privacidad.

Por ello, a lo largo de este apartado vamos a realizar un repaso del marco legal de aplicación en el entorno digital para regular el desarrollo del comercio electrónico, de la comunicación *online* y para la protección de la privacidad electrónica, diferenciando entre aquellas normas de aplicación general cuyo ámbito de actuación se ha extendido a las prácticas en la red, y aquellas de nueva creación que atienden aspectos no contemplados en las anteriores, asociados a las características específicas del entorno digital.

2.4.1. Normas de aplicación general extendidas al entorno digital

Dentro del marco legal definido previamente a la eclosión de internet como medio de comunicación y desarrollo de actividades de marketing y comercio electrónico, así como en lo referente a normas posteriores de aplicación general que han extendido sus efectos al entorno digital, podemos destacar las siguientes:

Ley Orgánica sobre protección civil del derecho al honor, a la intimidad personal y familiar y a la propia imagen (Ley Orgánica 1/1982, de 5 de mayo)

Esta norma legal, desarrollada durante los primeros años de la Transición, tiene su fundamento en el desarrollo de los aspectos necesarios para la protección de los Derechos Fundamentales reflejados en el artículo 18 de la Constitución Española, como son el derecho al honor, el derecho a la intimidad personal y familiar o el derecho a la protección de la propia imagen frente a ataques de terceros.

Por tanto, a partir de la aprobación de esta norma se considera como una intromisión ilegítima contra estos Derechos Fundamentales cualquier actuación relacionada con:

- La revelación, publicación o divulgación de hechos relativos a la vida privada de una persona que puedan afectar a su reputación o a su buen nombre.
- La utilización del nombre, de la voz o de la imagen de una persona para fines publicitarios, comerciales o de naturaleza análoga, sin su expreso consentimiento.

Ley Orgánica de Protección de Datos de Carácter Personal (Ley Orgánica 15/1999, de 13 de diciembre)

Esta ley orgánica, conocida popularmente como LOPD, se basa en la obligatoriedad de informar de un modo expreso, preciso e inequívoco a los usuarios sobre los derechos de protección relativos a sus datos personales, previamente a la recogida de estos, y específicamente en relación a los siguientes aspectos:

- La finalidad con la que se lleva a cabo la recogida de datos personales.
- El carácter obligatorio o facultativo de las respuestas que se solicitan en los formularios de cualquier tipo.
- Los efectos derivados de la conformidad o negativa a suministrar los datos personales.
- La existencia de un fichero en el que se almacenarán los datos de carácter personal.
- La posibilidad de cualquier usuario de ejercitar sus derechos de acceso, rectificación, cancelación y oposición de estos.
- La correspondiente identificación y dirección de la persona o entidad responsable de dicho fichero.

En este sentido, todas aquellas entidades que recaben información de carácter personal sobre sus usuarios con una finalidad estrictamente documental, como es el caso de aquellas que desarrollan un archivo sobre su cartera de clientes o las que recogen en una base de datos las personas que se han suscrito a su *newsletter* o blog, estarán obligadas informarles de la existencia de dicha base de datos, a velar por la protección de estos, así como a abstenerse de utilizarlos con una finalidad diferente a la expresada públicamente.

Del mismo modo, la LOPD exige a las distintas entidades titulares de archivos de datos personales el cumplimiento del "principio de calidad", referido a que los datos requeridos y contenidos en dicho registro deberán ser adecuados a las necesidades de la persona, pertinentes y no excesivos, es decir, no se podrán recabar datos sobre aspectos irrelevantes para su actividad y, en modo alguno, relativos a su orientación sexual, creencias religiosas o ideología política.

Además, será responsabilidad de la organización que los datos incluidos en su base de datos sean exactos y se encuentren debidamente actualizados y puestos al día.

Recuerda que

El organismo que vela por el cumplimiento de esta ley orgánica, y que tiene la capacidad de establecer sanciones si detecta su incumplimiento de una forma voluntaria o involuntaria, es la Agencia Española de Protección de Datos (AEPD).

Fuente: www.agpd.es.

Texto refundido de la Ley de Propiedad Intelectual (Real Decreto Legislativo 1/1996, de 12 de abril)

A través de esta normativa se pretende proteger a personas y entidades del riesgo de que sus creaciones industriales o intelectuales puedan ser copiadas o imitadas por agentes que no gozan de la titularidad en exclusiva de estos.

De manera específica, este texto legal hace referencia a la protección de la propiedad intelectual e industrial de los siguientes elementos:

- Los nombres comerciales, logos, denominación de productos o servicios, nombres de dominio y otros signos de carácter similar protegidos legalmente.
- Los contenidos creativos asociados a fotografías, ilustraciones, gráficos, creaciones musicales o audiovisuales que se encuentren protegidas por derechos de autor.
- Los eslóganes o sonidos corporativos que se encuentren bajo la protección de los derechos de autor o la Ley de Marcas.
- Los diseños de un sitio web que se encuentren debidamente registrados.

- Aquellas técnicas publicitarias o métodos comerciales protegidos por la normativa relativa a patentes.

2.4.2. Normas específicas para el entorno digital

Como se ha comentado al inicio de este apartado, el desarrollo de internet como un nuevo escenario para la transmisión de información y como medio de comunicación y formalización de transacciones comerciales ha hecho indispensable la redacción y aprobación de nuevas normativas para cubrir aquellos aspectos no regulados y que constituían un vacío legal muy peligroso para las personas y las empresas que interactúan en la red.

En este sentido, las principales normativas específicas establecidas para regular el desarrollo de actuaciones en el entorno digital son las que se recogen a continuación.

Ley de Servicios de la Sociedad de la Información y de Comercio Electrónico (Ley 34/2002, de 11 de julio)

Esta norma, que suele ser asociada a su acrónimo (LSSI), fue redactada con el objetivo de consolidar el empleo de las nuevas tecnologías en el desarrollo de actividades profesionales y empresariales, dotándolas de las necesarias garantías frente a los destinatarios de los servicios de la sociedad de la información, y completada posteriormente mediante la **Ley de Medidas de Impulso de la Sociedad de la Información (Ley 56/2007, de 28 de diciembre).**

En consecuencia, las obligaciones establecidas por ambas leyes para las personas o entidades prestadoras de servicios a través de las nuevas tecnologías son, a grandes rasgos, las siguientes:

- Necesidad de que la persona o entidad que presta servicios a través de canales asociados a la sociedad de la información, o entorno digital, disponga de los medios adecuados para permitir, tanto a los destinatarios del servicio como a los organismos competentes, el acceso por medios electrónicos, y de una forma permanente, fácil, directa y gratuita, a la información necesaria para confirmar su identidad y su capacidad de actuación en el nivel comercial o profesional.
- En aquellos casos en los que una entidad prestadora de servicios realice dentro de sus actividades la copia temporal de diversos datos solicitados por sus usuarios, así como la facilitación de enlaces a contenidos o instrumentos de búsqueda, se deberá velar por la retirada inmediata de dicha información en el momento en el que un tribunal u órgano administrativo así lo requiera.

Además, la Ley de Servicios de la Sociedad de la Información y del Comercio Electrónico es la que regula en el conjunto del Estado el **desarrollo de prácticas de correo basura o *spam*,** ya que prohíbe el envío de correos comerciales que no hayan sido solicitados expresamente.

Del mismo modo, esta normativa considera ilegales los mensajes con contenido comercial que no aclaren al usuario su carácter mediante la incorporación de la palabra "publicidad" en su encabezamiento.

Por último, los prestadores de servicios de internet no tienen capacidad para utilizar el correo electrónico de los usuarios para distribuir publicidad de cualquier tipo sin su consentimiento, mientras que tenga vigencia el contrato de prestación de servicios firmado.

Ley General de Telecomunicaciones (Ley 9/2014, de 9 de mayo)

Esta norma está dedicada a la regulación de las telecomunicaciones, que comprenden la explotación de las redes y la prestación de los servicios de comunicaciones electrónicas y los recursos asociados, si bien excluye de su ámbito de aplicación los servicios de comunicación audiovisual, los contenidos audiovisuales transmitidos a través de las redes, así como el régimen básico de los medios de comunicación social de naturaleza audiovisual.

En este sentido, entre los objetivos primordiales de esta ley cabe destacar su finalidad de fomentar la competencia efectiva en los mercados de telecomunicaciones para potenciar al máximo los beneficios para las empresas y los consumidores, principalmente en términos de bajada de los precios, calidad de los servicios e innovación, teniendo debidamente en cuenta la variedad de condiciones en cuanto a la competencia y los consumidores que existen en las distintas áreas geográficas, y velando por que no exista falseamiento ni restricción de la competencia en la explotación de redes o en la prestación de servicios de comunicaciones electrónicas, incluida la transmisión de contenidos.

Figura 2.16. El desarrollo de actuaciones en el ámbito del marketing digital debe respetar las distintas normas jurídicas establecidas para su regulación.

Recuerda que

Más allá de la necesidad de contar con un ordenamiento jurídico que regule las prácticas relacionadas con la comunicación *online* y con el comercio electrónico, además de velar por la privacidad electrónica de consumidores y usuarios, es preciso resaltar que se está tendiendo hacia un proceso de **autorregulación** por parte de las entidades implicadas en el sector *online*, a través de la determinación de su predisposición para el desarrollo de códigos éticos y guías de buenas prácticas sectoriales.

En este sentido, debemos destacar el *Código ético de confianza online*, vigente desde el año 2003 y cuya última revisión ha sido realizada en febrero de 2015.

Actividad propuesta 2.8

Autorregulación en el ámbito del marketing digital

Localiza en internet el *Código ético de confianza online* (2015). Analiza la información que contiene y extrae las conclusiones más representativas sobre sus fundamentos y objetivos.

Mapa conceptual

- ELEMENTOS DISTINTIVOS Y APLICABILIDAD DEL MARKETING DIGITAL
  - PROCESOS DE POSICIONAMIENTO Y MARKETING *ONLINE*: MARKETING EN BUSCADORES
    - Alta en buscadores y directorios especializados
    - Posicionamiento natural o SEO
    - Posicionamiento de pago o SEM
  - PROCESOS DE PUBLICIDAD Y PROMOCIÓN *ONLINE*
    - Boletines a través de correo electrónico *(newsletters)*
    - Blogs corporativos
  - LA GESTIÓN ELECTRÓNICA DE LA RELACIÓN CON LOS CLIENTES
    - Marketing de afiliación
    - Marketing relacional. Gestión de la relación con los clientes (CRM)
    - *Cross marketing*
    - Marketing viral
    - Marketing *one-to-one*
    - Nuevas tendencias en la comunicación y relación digital con el cliente
  - NORMATIVA APLICABLE EN EL ÁMBITO DE LA COMUNICACIÓN Y PRIVACIDAD ELECTRÓNICA
    - Normativas de aplicación general extendidas al entorno digital
    - Normativas específicas para el entorno digital

Actividades finales

De comprobación

2.1. A la hora de enunciar los principales motores de búsqueda existentes en la actualidad, debemos destacar:

a) Yahoo!
b) Google.
c) Terra.
d) Todoenlaces.

2.2. El posicionamiento obtenido por un contenido web específico, a partir de la relevancia otorgada por los motores de búsqueda con base en su calidad, se denomina:

a) Posicionamiento SEO.
b) Posicionamiento SEM.
c) Posicionamiento SIM.
d) Posicionamiento SIC.

2.3. Hoy en día, la principal herramienta para el desarrollo de estrategias de posicionamiento SEM es:

a) Google Analytics.
b) Google Maps.
c) Google AdWords.
d) Google AdSense.

2.4. Aquella técnica de marketing que se basa en la creación y distribución de contenido relevante y valioso, para atraer, adquirir y llamar la atención de un público objetivo bien definido, se denomina:

a) Marketing de afiliación.
b) Marketing viral.
c) Marketing en buscadores.
d) Marketing de contenidos.

2.5. Aquellas publicaciones regulares que las entidades hacen llegar a través de correo electrónico a un público objetivo previamente captado se denominan:

a) Blogs.
b) *Newsletters*.
c) Correos corporativos.
d) Correos basura o *spam*.

2.6. Aquellos sitios web donde se recogen las reflexiones, comentarios y enlaces proporcionados por su autor para la transmisión de información sobre un tema concreto se denominan:

a) Blogs.
b) *Newsletters*.
c) Correos corporativos.
d) Correos basura o *spam*.

2.7. La técnica de marketing que supone la aplicación directa de los principios de la comunicación comercial en el entorno digital se denomina:

a) Marketing viral.
b) *Cross marketing*.
c) Marketing *one-to-one*.
d) Marketing de afiliación.

2.8. La técnica de marketing que supone la aplicación del concepto de venta cruzada al planteamiento estratégico del marketing digital se denomina:

a) Marketing viral.
b) *Cross marketing*.
c) Marketing *one-to-one*.
d) Marketing de afiliación.

2.9. La técnica de marketing basada en el desarrollo de una estrategia de comunicación orientada a que sean los propios usuarios de internet o redes sociales los que transmitan los mensajes publicitarios o corporativos emitidos por una organización se denomina:

a) Marketing viral.
b) *Cross marketing*.
c) Marketing *one-to-one*.
d) Marketing de afiliación.

2.10. La normativa estatal que regula específicamente el desarrollo de prácticas de correo basura o *spam* es:

a) La Ley Orgánica de Protección de Datos de Carácter Personal.
b) La Ley de Servicios de la Sociedad de la Información y del Comercio Electrónico.
c) La Ley General de Telecomunicaciones.
d) El *Código ético de confianza online*.

Actividades finales

De aplicación

2.11. Resume las diferencias sustanciales existentes entre el marketing tradicional y el marketing en buscadores.

2.12. Describe brevemente en qué se basa el posicionamiento natural SEO y el posicionamiento de pago o SEM.

2.13. ¿Qué acciones debemos desarrollar en el diseño y estructuración de un contenido web para mejorar su posicionamiento SEO?

2.14. Enumera brevemente las ventajas comerciales asociadas al desarrollo de una estrategia de posicionamiento SEM.

2.15. ¿Cuál es la diferencia fundamental entre *newsletters* y correos basura? Profundiza en tu respuesta.

2.16. Enumera las distintas modalidades de blog que podemos encontrar en el entorno de la web 2.0.

2.17. Resume brevemente los métodos de pago más habituales asociados al marketing de afiliación.

2.18. Describe las distintas etapas que componen el proceso de atracción y fidelización del cliente en el ámbito individual asociado a la implementación de acciones de marketing *one-to-one*.

2.19. Enumera y explica brevemente las nuevas tendencias que se perciben en la comunicación y relación digital con el cliente.

2.20. Resume brevemente los objetivos fundamentales de la Ley General de Telecomunicaciones, en relación al desarrollo del marketing digital y el comercio electrónico.

De ampliación

2.21. A modo de repaso, ¿qué elementos deberemos tener en cuenta en el diseño y estructuración de un blog corporativo para atraer la atención de los usuarios hacia nuestro espacio?

2.22. Describe las diferentes tecnologías aplicables en el ámbito del marketing relacional y realiza una búsqueda en internet para profundizar un poco más en cada una de ellas.

2.23. **Tema de debate:** ¿Es posible la autorregulación en el ámbito del marketing digital?

Actividades finales

Enlaces web

Yahoo! *(Directorio web especializado)*	es.yahoo.com
Terra *(Directorio web especializado)*	www.terra.es
Todoenlaces *(Directorio web especializado)*	www.todoenlaces.com
Google *(Motor de búsqueda de internet)*	www.google.es
Bing *(Motor de búsqueda de internet)*	www.bing.com/?setlang=es
WordPress *(Plataforma para el diseño, implementación y desarrollo de blogs)*	es.wordpress.com
Joomla! *(Plataforma para el diseño, implementación y desarrollo de blogs)*	www.joomla.org
Blogger *(Plataforma para el diseño, implementación y desarrollo de blogs)*	www.blogger.com
YouTube *(Plataforma para la visualización de contenidos audiovisuales)*	www.youtube.com/?hl=es&gl=ES
Vimeo *(Plataforma para la visualización de contenidos audiovisuales)*	vimeo.com
Dailymotion *(Plataforma para la visualización de contenidos audiovisuales)*	www.dailymotion.com/es
Agencia Española de Protección de Datos (AEPD) *(Organismo público)*	www.agpd.es

3

El comercio electrónico: realización de acciones de compraventa *online*

Como se ha podido observar en las dos unidades didácticas anteriores, en las que se han definido los elementos característicos del nuevo escenario comercial en el que nos encontramos y se han establecido las bases sobre las que se asienta el desarrollo actual del marketing digital, el desarrollo de las nuevas tecnologías de la información y la comunicación en los últimos años ha llegado hasta tal punto que prácticamente todas las actividades comerciales que tradicionalmente se llevaban a cabo en un entorno físico hoy en día pueden ser desarrolladas en un entorno digital, lo que aporta múltiples ventajas tanto a las organizaciones como a los propios consumidores y usuarios.

Por ello, en esta unidad didáctica vamos a proceder a profundizar en los elementos específicos que conforman la estructura del comercio electrónico, prestando una atención especial a los pasos que deben seguirse para la creación o adaptación de una tienda *online* y, de igual forma, a la exposición de los aspectos que fundamentan el desarrollo de las operaciones comerciales esenciales en el ámbito del comercio electrónico.

Objetivos

- Contextualizar las características que definen internet como un nuevo escenario comercial, estableciendo las ventajas más significativas del comercio electrónico frente al comercio convencional.
- Establecer los parámetros necesarios para el diseño y creación o adaptación de nuestro negocio al entorno digital.
- Definir aquellas tipologías de negocio que se han implantado en el ámbito electrónico, más allá de la tienda *online*, como *e-procurement*, *e-marketplace* o *e-auction*.
- Profundizar en las operaciones comerciales esenciales en el ámbito del comercio electrónico.

Contenidos

3.1. Internet como nuevo escenario comercial: negocios convencionales frente a negocios electrónicos

3.2. La tienda virtual. Creación o adaptación de un negocio al entorno digital

3.3. Operaciones comerciales esenciales en el ámbito del comercio electrónico

3.1. Internet como nuevo escenario comercial: negocios convencionales frente a negocios electrónicos

Si tomamos como referencia para la definición de comercio electrónico la consideración que se realiza de este término en la legislación vigente en el ámbito estatal, se puede establecer que el comercio electrónico aglutina aquellos servicios prestados en un entorno digital, a distancia, por vía electrónica, habitualmente con carácter lucrativo y desarrollados a petición individual del destinatario de estos, asociados a las siguientes actividades (Liberos *et al.*, 2011: 23):

- La adquisición o contratación de productos o servicios a través de un medio de comercialización de carácter electrónico.
- La organización y gestión de subastas a través de medios digitales o que se llevan a cabo en mercados y centros comerciales virtuales.
- La gestión de compras en red por parte de un grupo de personas.
- El suministro, distribución y recepción de contenidos digitales en respuesta a la solicitud previa de un usuario.
- El suministro de información por vía telemática y el envío de comunicaciones comerciales, a través de los distintos medios disponibles en la red, por parte de una entidad para fomentar la comercialización de sus productos o servicios.

En este sentido, se pueden identificar cuatro dimensiones en el ámbito del comercio electrónico, atendiendo al agente que inicia el proceso de comercialización y quién es el destinatario del conjunto de acciones desarrolladas:

Tabla 3.1. Cuadro-resumen de las dimensiones existentes en el ámbito del comercio electrónico

	D irigidoa consumidores	D irigidoa empresas
Iniciado por empresas	**B2C** (*Business to Consumer*)	**B2B** (*Business to Business*)
Iniciado por consumidores	**C2C** (*Consumer to Consumer*)	**C2B** (*Consumer to Business*)

Fuente: Martínez Valverde (2015[2]: 30-31).

- **B2C (*Business to Consumer* – empresa a consumidor):** hace referencia al proceso de comercialización *online* de bienes y servicios dirigido al consumidor final.
- **B2B (*Business to Business* – empresa a empresa):** consiste en el proceso de comercialización de empresas hacia empresas, a través de redes de compraventa principalmente privadas, catálogos *online* y otros instrumentos orientados a la consecución de nuevos clientes, mejora de la atención a los clientes actuales, optimización de la eficiencia en la compra y obtención de mejores precios.
- **C2C (*Consumer to Consumer* – consumidor a consumidor):** internet permite también la compra e intercambio de bienes e información entre personas.

Recuerda que

Este es el caso de eBay, que ofrece a los usuarios un espacio en el que exhibir y vender prácticamente cualquier producto a otros usuarios.

Fuente: www.ebay.es.

Existe otro tipo de marketing C2C, que hace referencia al intercambio de información a través de foros o comunidades virtuales en internet, que atraen a grupos específicos de usuarios con intereses comunes, ya sea con fines comerciales o no.

En ocasiones, las empresas aprovechan estos puntos de reunión de usuarios para acceder de forma directa a su público objetivo, a través de publicidad *online*, la inserción de contenidos corporativos relacionados con la temática del blog, foro o comunidad, o incluso con la creación de su propia comunidad virtual.

- **C2B (*Consumer to Business* – consumidor a empresa):** internet posibilita un contacto muchísimo más fluido de los consumidores con las empresas, por lo que las organizaciones, conscientes de este hecho, están desarrollando espacios en su web corporativa en los que invitan a estos a que expongan sugerencias y consultas.

Actividad resuelta 3.1

Dimensiones en el ámbito del comercio electrónico

Escribe un ejemplo de negocio dedicado a cada una de las dimensiones que contempla el comercio electrónico.

Solución:

Desde la tipología de comercio electrónico desarrollada por las distintas personas o entidades que comercializan sus productos o servicios a través de internet, podemos enumerar los siguientes ejemplos:

- **Comercio electrónico B 2 :** tienda *online* dedicada a la comercialización de prendas de vestir para consumidores finales.
- **Comercio electrónico B2B:** tienda *online* para el suministro exclusivo de material de oficina a papelerías y otros comercios especializados.
- **Comercio electrónico C2C:** páginas web en las que particulares tienen la posibilidad de vender aquellos productos que ya no utilizan a otros particulares, como Wallapop.
- **Comercio electrónico C2B:** páginas web o tiendas *online* en las que particulares tienen la posibilidad de vender aquellos productos que no utilizan a la empresa propietaria del sitio web, como Cash Converters.

Actividad propuesta 3.1

Dimensiones en el ámbito del comercio electrónico

Supongamos que a una tienda *online* de comercio B2C accediera una empresa para adquirir una serie de trajes por encargo para su personal directivo, facturando la compra a nombre de la propia organización. ¿Qué tipología de comercio electrónico sería en ese caso?

En relación a esta definición en el nivel general, la estructura actual del comercio electrónico y la configuración de las distintas tiendas *online* existentes en la red son el resultado de un proceso de evolución que comenzó con la aparición de las tecnologías que permitían el acceso y la construcción de entornos comerciales en internet y que ha ido desarrollándose hasta su apariencia y capacidades actuales gracias a las extraordinarias posibilidades que nos ofrece la web 2.0.

Si bien en los principios de internet como medio de comunicación, en lo que conocemos como la web 1.0, la presencia de las distintas entidades comerciales en la red, así como la implantación de las primeras tiendas *online*, se limitaba a un modelo basado en lo que podríamos denominar como "escaparate virtual" o "autoservicio virtual", actualmente esa concepción del comercio electrónico se puede considerar simplista y obsoleta, dadas las oportunidades existentes para la interacción directa con el usuario y la consolidación de espacios comerciales virtuales adaptados a sus expectativas y necesidades, y en los que pueden disponer de las opiniones y comentarios realizados por otros consumidores, tienen la posibilidad de comparar precios y pueden disfrutar de ventajas comerciales asociadas a la venta cruzada.

Figura 3.1. La estructura y apariencia actual de las tiendas *online* son el resultado de una continua evolución en el ámbito estratégico del comercio electrónico, apoyada por el desarrollo de las tecnologías propias de la web 2.0.

Por tanto, se puede observar un proceso evolutivo en la concepción del comercio electrónico caracterizado por la presencia de los siguientes modelos de negocio virtual en cada una de sus etapas:

- **Oferta rudimentaria y unidireccional a través de la incorporación de "escaparates virtuales":** los primeros intentos de comercializar productos y servicios a través de internet fueron desarrollados por empresas atrevidas y visionarias a las que es preciso otorgarles el reconocimiento que se merecen.

  No obstante, estos pioneros del comercio electrónico tuvieron que hacer frente a las limitaciones tecnológicas y de seguridad de un entorno digital que estaba comenzando a dar sus primeros pasos, por lo que, en la mayoría de los casos, la concepción de negocios electrónicos a través de una tienda *online* se reducía a la oferta o promoción directa de productos y servicios, con un nivel de asesoramiento o atención al cliente muy reducido o incluso nulo.

Se puede afirmar que la práctica totalidad de tiendas *online* existentes en esta primera generación del comercio electrónico ejercían más bien como un catálogo *online* para la exposición de la oferta de las empresas comerciales, con el convencimiento de que la formalización de la compra se llevaría a cabo posteriormente en los establecimientos de venta tradicionales de la empresa o de sus distribuidores comerciales.

- **Incorporación de la atención y oferta personalizada al comercio electrónico:** a medida que los avances tecnológicos fueron perfeccionando los sistemas de gestión de bases de datos, comenzó a ser posible la introducción de mejoras dirigidas a obtener mayor conocimiento de los patrones de consumo de los clientes, lo que permitió a las organizaciones desarrollar modelos que incorporasen la personalización de la apariencia de la tienda *online* atendiendo a la información obtenida de cada cliente respecto a sus compras anteriores.

  Es en esta etapa cuando las entidades con presencia en el comercio electrónico comienzan a emplear estrategias de segmentación para personalizar la experiencia *online* de cada cliente en su portal web, ofreciendo recomendaciones sobre productos y servicios relacionados con sus hábitos de consumo previos.

  Si bien este avance se puede considerar como un gran paso para el comercio electrónico, y el origen de su éxito actual, todavía la comunicación entre la entidad y su público objetivo estaba marcada por un carácter netamente unidireccional, basado en el análisis de patrones de comportamiento, que eran altamente eficaces para reaccionar ante conductas de compra estables, pero mostraban fuertes limitaciones para anticiparse a los cambios en los gustos de los consumidores.

- **Establecimiento de un diálogo fluido con nuestro público objetivo dentro de la estructura de la tienda *online*:** si se toma consciencia de las limitaciones presentes en los modelos de comercio electrónico antiguos, el desarrollo de los negocios digitales ha ido evolucionando hacia modelos en los que, además de recabar información sobre los gustos y patrones de consumo anteriores, se establece una serie de instrumentos dirigidos a conocer de primera mano la opinión de los consumidores y sus sugerencias para mejorar la oferta de productos y servicios, como es el caso de los espacios dedicados a que valoren la calidad del producto o servicio, o la información que se ofrece en la tienda *online* sobre él.

- **Incorporación de los aspectos esenciales de la web 2.0 en el ámbito del comercio electrónico:** una vez que el concepto de entorno digital ha evolucionado definitivamente hacia un escenario en el que se han difuminado los tradicionales papeles de emisor y receptor de información, y es posible establecer una comunicación fluida, interactiva y bidireccional entre una empresa y su público objetivo, o en sentido inverso, la estructura general del comercio electrónico y, específicamente, de las tiendas *online* ha sido capaz de incorporar los medios necesarios para:

  — **Facilitar la comunicación e intercambio de información entre aquellas personas que conforman nuestro público objetivo,** a través del desarrollo de medidas para fomentar que aquellas personas que hayan adquirido nuestros productos o servicios puedan compartir sus experiencias de compra y consumo con otros usuarios, como el establecimiento de foros o la creación de espacios y perfiles corporativos en las redes sociales.

  — **Incorporar a los propios consumidores como parte esencial para la generación de contenidos digitales relacionados con nuestra marca,** convirtiéndose en prescriptores o productores activos de información *(prosumidores)* en relación a los productos y servicios que ofrecemos al mercado.

Nota técnica

Dada la importancia y envergadura de los sistemas disponibles existentes en la actualidad para el fomento de las relaciones entre las organizaciones y su mercado de referencia, y de los integrantes de este entre sí y sus implicaciones sobre el desarrollo del comercio electrónico, se profundizará detenidamente sobre cada uno de estos sistemas en la Unidad 6 de este libro.

El análisis de la evolución experimentada por el comercio electrónico desde sus inicios hasta la actualidad nos permite, por tanto, identificar las principales ventajas que supone este medio de comercialización tanto para los consumidores como para aquellas empresas u organizaciones que consideran su incorporación comercial al ámbito digital (Liberos *et al.*, 2011: 24-25).

Las ventajas para los consumidores digitales pueden resumirse en las siguientes:

- **Conveniencia y accesibilidad:** a diferencia de los comercios tradicionales, el comercio electrónico permite contar con tiendas *online* que se encuentran abiertas las 24 horas del día, siete días a la semana y 365 días al año, lo que facilita que sea el propio consumidor en que elija el mejor momento para formalizar su proceso de compra.
- **Información:** la existencia de internet y su empleo para el desarrollo de procesos estratégicos de marketing digital y comercio electrónico ofrece a los consumidores una excelente oportunidad para el acceso a todo tipo de información sobre productos o servicios (características, precio, disponibilidad, etc.).
- **Facilitación del proceso de compra:** con la aparición de internet, el protagonismo en el proceso de compra pasa a estar, casi exclusivamente, en manos del consumidor, ya que será él quien busque información útil para su decisión de compra, seleccione la alternativa que más se ajusta a sus preferencias y necesidades, y, finalmente, formalice la compra.
- **Aumento del atractivo en los procesos de compra:** el desarrollo de las nuevas tecnologías de la información y la comunicación está permitiendo que el proceso de compra de los consumidores sea cada día más interesante, ameno y atractivo, gracias a la introducción de elementos multimedia de gran impacto visual.

Figura 3. El desarrollo del comercio electrónico, desde la perspectiva del consumidor, ha fomentado la aparición de nuevos productos y servicios, específicamente concebidos para su comercialización a través de medios digitales.

- **Aparición e incorporación de nuevos productos y servicios:** internet no solo constituye un canal para la comercialización de productos y servicios, sino que además está contribuyendo a la creación de otros nuevos, diseñados específicamente para esta nueva realidad comercial, como pueden ser los servicios bancarios *online* o los archivos audiovisuales y programas informáticos diseñados para su comercialización electrónica (libros electrónicos, *apps* para dispositivos móviles, etc.).

Actividad propuesta 3.2

Ventajas del comercio electrónico para los consumidores digitales

En tu opinión, ¿son realmente importantes cada una de las ventajas que aporta el comercio electrónico a los consumidores digitales? Justifica tu respuesta.

Las ventajas para las empresas que deciden comercializar sus productos y servicios a través del comercio electrónico son las siguientes:

- **Globalización de los mercados y desaparición de fronteras comerciales:** el ámbito de actuación de las organizaciones ya no se encuentra limitado por barreras físicas y geográficas, lo que posibilita la comercialización de sus productos y servicios en cualquier lugar del planeta.
- **Reducción considerable de los costes de comercialización:** como se ha comentado a lo largo de este libro, la comercialización electrónica permite una reducción ostensible de los costes estructurales asociados a la fabricación, distribución y venta de productos y servicios a través de canales convencionales.
- **Optimización de los procesos de distribución de productos y servicios:** el comercio electrónico posibilita la reducción de las necesidades de almacenamiento de mercancías, ya que permite ajustar la producción a los pedidos recibidos y su previsión de evolución.
- **Posibilidad de creación de relaciones con los consumidores y de personalización de la oferta comercial:** las empresas disponen de los medios necesarios para conocer mejor los intereses, necesidades y hábitos de compra de los consumidores, lo que facilita la personalización de su oferta.
- **Incremento considerable de la capacidad de respuesta de las organizaciones a las necesidades de su mercado de referencia:** en consonancia con los dos puntos anteriores, las organizaciones comerciali-

zadoras de productos y servicios a través de internet tienen mayor facilidad para la adaptación de sus productos y servicios a las previsiones de evolución de su mercado de referencia.

Figura 3. .El desarrollo del comercio electrónico, desde la perspectiva de las organizaciones, ha contribuido a la optimización de todos los procesos asociados a la comercialización de sus productos y servicios.

Actividad propuesta 3.3

Ventajas del comercio electrónico para las organizaciones

Si consideras todas las ventajas que se han enumerado anteriormente para aquellas empresas que deciden incorporarse al mundo del comercio electrónico. ¿Por qué crees que todavía existen tantas empresas que no dan este paso?

3.2. La tienda virtual. Creación o adaptación de un negocio al entorno digital

Más allá de las posibilidades que el entorno digital actual ofrece a las organizaciones para el desarrollo de acciones estratégicas de marketing mediante del aprovechamiento de los avances tecnológicos que han dado lugar a la web 2.0, la tienda virtual se constituye como el elemento central sobre el que gravita gran parte del esfuerzo de marketing desarrollado tanto en el nivel *online* como *offline* de las distintas entidades, dado que supone el establecimiento de un sitio web en el que su público objetivo puede conocer la oferta disponible de productos y servicios, aportar sus opiniones y valoraciones en relación a sus experiencias de compra anteriores y, sobre todo, formalizar directamente la compra de los productos o servicios comercializados por la organización, algo fundamental para conseguir el retorno de la inversión realizada y la generación de un beneficio comercial.

A grandes rasgos, la filosofía de una tienda *online* se asemeja bastante a los elementos que podemos encontrar en un establecimiento de venta físico convencional, ya que, en realidad, lo que se ha tratado de conseguir con el desarrollo de estos espacios web no es más que sumergir a nuestros clientes potenciales en un entorno familiar e intuitivo en el que materializar sus compras, pero con la incorporación de múltiples ventajas en cuanto a su experiencia de compra, sobre las que nos detendremos a continuación.

Así, el crecimiento e implantación de la tienda *online* se ha apoyado en la existencia de una serie de ventajas competitivas del comercio electrónico respecto al comercio tradicional *offline*, que pasaremos a resumir a continuación (Moro Vallina y Rodés Bach, 2014: 150-151):

- **Accesibilidad total en términos temporales:** una de las principales ventajas de la tienda *online* sobre la tienda tradicional, si no la más importante, radica en que esta se encuentra disponible para el cliente las 24 horas del día, siete días a la semana y 365 días al año, lo que hace que el cliente se olvide de condicionar su proceso de compra a unos horarios de apertura previamente fijados por la normativa local.

  Este aspecto es de gran importancia, ya que se puede aprovechar al máximo en aquellas situaciones en las que el cliente manifiesta un impulso de compra, permitiéndole adquirir nuestros productos o servicios sin necesidad de tener que esperar a que los comercios convencionales estén abiertos, con el riesgo que esto supone en relación a que dicho impulso sea pasajero.

  Además, este elemento es de enorme importancia para la comercialización de nuestra oferta globalmente, ya que se adapta perfectamente a cualquier franja horaria del planeta.

  Del mismo modo, la informatización de todo el proceso permite que podamos realizar una evaluación y seguimiento de aquellos intervalos horarios en los que se produce mayor tráfico de clientes y aquellos en los que no. Estos últimos serán los que debamos aprovechar para el desarrollo de aquellas tareas de mantenimiento e inspección técnica que requieran una desconexión de nuestra tienda *online*.

Figura 3. Æl comercio electrónico permite a los clientes que elijan el momento más adecuado para la realización de sus compras, ya que es ajeno a las limitaciones propias de los horarios comerciales.

- **Accesibilidad total en términos geográficos:** junto a la ventaja competitiva anterior, la eliminación de barreras geográficas supone el principal reclamo del comercio electrónico respecto al comercio convencional *offline*, ya que permite a los clientes potenciales adquirir nuestros productos y servicios sin necesidad de salir de casa, con el único requisito de contar con un ordenador o dispositivo móvil con conexión a internet.

  Este factor adquiere una importancia capital en el caso de aquellas personas que residen en núcleos poblaciones de pequeño tamaño o con una escasa oferta comercial, ya que pueden acceder a la oferta de cualquier comercio en igualdad de condiciones con el resto de usuarios.

  Del mismo modo, la eliminación de barreras geográficas ha supuesto el "espaldarazo" definitivo de la globalización de los mercados, dado que nuestro mercado de referencia ha trascendido del ámbito local para pasar a hablar de un cliente, a todos los niveles, global.

Figura 3. .5El comercio electrónico es uno de los principales responsables del proceso de globalización de los mercados, gracias a la eliminación de las barreras geográficas en el ámbito comercial.

- **Mayor capacidad de dedicación:** esta característica, *a priori* secundaria, adquiere un enorme valor en el caso de negocios o comercios con una envergadura limitada, ya que posibilita que aquellas personas que decidan comercializar productos y servicios de forma autónoma puedan compatibilizarlo con otras actividades profesionales o empresariales.

  Así, la versatilidad y autonomía tecnológica del comercio electrónico permite, por ejemplo, la disponibilidad de este junto a una pequeña tienda física de ámbito local, o incluso la realización de otras actividades ajenas a la comercialización de la misma oferta, como puede ser el caso de una persona que cuente con un trabajo de media jornada o jornada completa y establezca una tienda *online* para vender productos artesanales importados de otros países en sus ratos libres.

Figura 3.6. El comercio electrónico facilita el desarrollo de empresas comerciales a pequeña escala, y permite dejar atrás la necesidad de realizar una gran inversión de recursos para la implantación de un establecimiento comercial.

- **Introducción de precios más competitivos:** gracias a la considerable reducción de costes de estructura y comercialización que presenta el comercio electrónico respecto al comercio convencional, los comercios *online* tienen la posibilidad de fijar precios más competitivos, que permitan atraer a clientes indecisos.

  En este sentido, si se decide comercializar nuestros productos y servicios íntegramente a través del medio digital, esto supondrá un considerable ahorro en los costes relacionados con el mantenimiento y limpieza del establecimiento de venta físico, de los gastos generales de electricidad, calefacción y agua, de los seguros de comercio, de la implantación de medidas de seguridad e incluso de numerosos impuestos asociados a la actividad en un local comercial.

Figura 3.7. La reducción de los costes de comercialización en el desarrollo del comercio electrónico permite el establecimiento de precios netamente más competitivos que en el comercio convencional.

A pesar de todas las ventajas que presenta el comercio electrónico y la implantación de una tienda *online* sobre el comercio convencional, debemos ser conscientes, no obstante, de la existencia de una serie de limitaciones en el ámbito comercial, que deberán ser tenidas en cuenta a la hora de considerar la adaptabilidad de nuestro negocio a un entorno digital o, simplemente, para estimar nuestras previsiones de rentabilidad o crecimiento (Moro Vallina y Rodés Bach, 2014: 151-153):

- **Incremento de los costes de distribución directamente aplicables al producto:** a pesar de que, a través del comercio electrónico, podemos ajustar la producción o aprovisionamiento de productos al volumen de pedidos recibidos, reduciendo así los costes de almacenamiento, debemos ser conscientes de que, salvo en casos excepcionales asociados habitualmente al comercio B2B, la distribución de nuestros productos se llevará a cabo en pequeños lotes, en muchos casos individualizados por cliente, y asociados a su entrega directa.

  Este elemento supondrá, por tanto, un incremento considerable de los costes de distribución, que en algunos casos deberemos:

  - Imputar al cliente, a través de la inclusión de gastos de envío.
  - Incluir en el proceso de fijación de precios, lo que afectará a su competitividad comercial.
  - Admitir que deben ser asumidos por la propia empresa, reduciendo nuestra rentabilidad, sobre todo en las fases iniciales.

  En este sentido, se puede estudiar la introducción de soluciones mixtas, como puede ser la formalización de la venta a través de internet, pero con la recogida del producto condicionada al desplazamiento del cliente al lugar donde se encuentre almacenado o un establecimiento de venta físico.

Actividad resuelta 3.2

Limitaciones del comercio electrónico

Identifica un ejemplo de una empresa que comercialice sus productos en internet utilizando este tipo de solución mixta.

Solución:

Si accedemos, por citar un ejemplo, a cualquiera de las tiendas *online* del Grupo Inditex, como puede ser Zara, y entramos en la sección *¿Cómo comprar?*, podremos observar que se nos da la opción de elegir si preferimos recoger nuestro pedido en cualquiera de sus establecimientos de venta físicos o, por el contrario, recibirlo por correo estándar o exprés.

En caso de que seleccionemos la recogida del pedido en alguna de sus tiendas, nos estaremos ahorrando los gastos de envío (y ellos también).

- **Mayor nivel de desconfianza inicial del consumidor:** aunque el comercio electrónico está alcanzando un nivel de aceptación espectacular entre la gente, todavía persiste cierta desconfianza en diversos segmentos de la población hacia el desarrollo de transacciones comerciales a través de la red, principalmente en el caso de aquellas personas que todavía no se han animado a realizar una compra *online* por primera vez.

  Esta desconfianza suele estar asociada al temor a ofrecer datos personales, a la seguridad de los medios de pago electrónicos o a los aspectos relacionados con la recepción del producto o sus condiciones de devolución o reclamación.

  Para hacer frente a esta desconfianza, deberemos establecer medidas asociadas a tranquilizar a nuestros clientes potenciales que estén relacionadas con la gestión eficiente de la atención al cliente, el establecimiento de medios de pago flexibles (como el envío contrarrembolso) o la obtención de opiniones y valoraciones positivas por parte de clientes anteriores.

- **Limitaciones asociadas a la experiencia de compra:** a pesar de que la venta *online* de productos ofrece múltiples ventajas, sí presenta ciertas limitaciones respecto a la comercialización de diversos productos que estamos acostumbrados a examinar o tocar antes de adquirirlos. Este ha sido el caso durante varios años de la comercialización electrónica de prendas de vestir, aunque afortunadamente ya ha sido asimilado por los clientes.

  Asimismo, a través del comercio electrónico se pierde, en cierto modo, la capacidad de convicción asociada a las técnicas de venta del personal comercial, que suele ser muy beneficiosa en cuanto a la realización de ventas cruzadas o sugerencias de productos ajustados a las necesidades del cliente, en muchos casos no percibidas por él.

- **Dependencia del nivel de alfabetización tecnológica del cliente:** actualmente, el desarrollo y crecimiento del comercio electrónico todavía se encuentra condicionado por el nivel de alfabetización tecnológica de nuestros clientes potenciales.

  Así, segmentos de consumidores muy atractivos por su capacidad de ingresos, como las personas que se encuentran cercanas a la tercera edad o inmersos en ella, no reflejan interés hacia la adquisición de productos vía internet, en gran parte por su desconocimiento y desconfianza.

Figura 3. .ẟLas personas mayores son, quizás, el colectivo que presenta menor interés hacia el comercio electrónico, debido en gran parte a que disponen de menor alfabetización tecnológica.

Pero, más allá de los pros y los contras que influyen en el nivel de crecimiento y expansión del comercio electrónico, y condicionan su implantación actual, en las siguientes páginas vamos a profundizar en los pasos necesarios para llevar a cabo el proceso de diseño de una tienda *online,* así como sobre las características distintivas de las operaciones comerciales realizadas en el ámbito del comercio electrónico.

Actividad propuesta 3.4

Limitaciones del comercio electrónico

¿Podrías explicar a qué nos estamos refiriendo cuándo hablamos de alfabetización tecnológica?

3.2.1. Concepción y diseño de una tienda virtual: gestión y almacenamiento

A la hora de concebir y diseñar el entorno virtual de una tienda *online,* deberemos ser conscientes de que, como hemos comentado en la introducción de este apartado, los usuarios que accedan a ella esperan encontrar un entorno atractivo pero que, de igual forma, sea accesible e intuitivo, con el fin de facilitarles una navegación ágil y amena.

Si bien es preciso que el entorno visual de nuestra tienda virtual sea acorde con aquellos atributos que queremos transmitir a nuestro público objetivo, no deberemos nunca perder la perspectiva sobre el objetivo último por el que hemos desarrollado una tienda virtual, que no es otro que la comercialización directa de nuestros productos o servicios.

En la medida en que introduzcamos elementos, por muy atractivos y sugerentes que sean, que puedan ralentizar la navegación de nuestros clientes o distraer su atención hacia aspectos no relacionados con la venta de nuestra oferta comercial, estaremos fracasando en nuestro objetivo y, como se dice coloquialmente, "tirando piedras sobre nuestro propio tejado".

Debemos ser conscientes de que podemos disponer de multitud de espacios web para cautivar a nuestro mercado de referencia, convencerlo de las ventajas y bondades de nuestros productos e incitarlo hacia la acción de compra. Pero una vez se haya redirigido al cliente potencial hacia nuestra tienda virtual, deberemos otorgar todo el protagonismo que se merece al desarrollo de acciones directamente relacionadas con el empleo de técnicas de venta, como son la ordenación de nuestros productos por gamas y categorías fácilmente interpretables, la exposición visual de nuestros productos con la mejor nitidez y calidad visual posible, la exposición clara de sus características o la introducción de estrategias para incitar a la compra, como es el caso de la incorporación de técnicas de fidelización y acciones promocionales basadas en precios.

Asimismo, es muy recomendable que se recoja claramente en este espacio las condiciones relativas a las posibilidades de pago, la forma de embalaje y, cómo no, las características del modo de envío y entrega en la dirección que el cliente considere pertinente, o los términos asociados a las posibilidades de devolución, el plazo de garantía o la inclusión de servicio posventa.

Recuerda que

Cada vez es más habitual que los clientes seleccionen direcciones de entrega distintas a su domicilio habitual, como es el caso de su centro de trabajo. La justificación a este hecho reside en que los horarios de entrega de los servicios de mensajería suelen coincidir con nuestra jornada laboral.

Por ello, aspectos como este deberán contemplarse en el diseño de nuestra tienda *online*, facilitando que sea el cliente quien establezca las condiciones de envío y entrega que considere más atractivas.

En este último sentido, una tienda *online* diseñada correctamente deberá disponer de un espacio específico para la gestión de reclamaciones que, a ser posible, deberá otorgar todo tipo de facilidades a nuestros clientes, pero al mismo tiempo concebirse de la forma más privada y confidencial posible, para tratar esta gestión de un modo personal y evitar así que afecte negativamente al proceso de decisión de compra de otros clientes.

Recuerda que

En el diseño de una tienda *online* es preciso tomar conciencia de que la incorporación de un espacio específico, intuitivo y de fácil acceso para la gestión de reclamaciones y la atención al cliente es tan importante o más que la apariencia visual del resto de apartados de la web.

En este sentido, hay que comprender que no basta con atraer la atención de nuestros clientes potenciales para que decidan realizar su compra, sino que deberemos contribuir a su satisfacción personal.

Nota técnica

Aunque profundizaremos en este asunto a lo largo de esta unidad didáctica, es preciso resaltar que numerosas empresas cometen el gravísimo error de no contemplar un espacio específico para la gestión de reclamaciones comerciales.

Como veremos en el **Apartado 3.3.4** de esta unidad didáctica, referido a las acciones de comercio electrónico dirigidas a la captación y fidelización de clientes, esto puede desembocar en que aquellos clientes que estén insatisfechos con nuestros servicios, que siempre los habrá, utilicen para mostrar sus quejas nuestro perfil corporativo en redes sociales, influyendo muy negativamente en nuestra notoriedad de marca y llegando, si no se toman las medidas adecuadas, a poner en riesgo nuestra estabilidad y supervivencia en el mercado.

Pero, además de todos los elementos comentados anteriormente, la concepción y creación de una tienda virtual requiere del desarrollo de una serie de actuaciones que pasaremos a comentar a continuación, de las cuales dependerá su capacidad de accesibilidad y operatividad para la gestión del tráfico de clientes, su apariencia visual y la calidad de la información disponible en este espacio web de marcado carácter comercial:

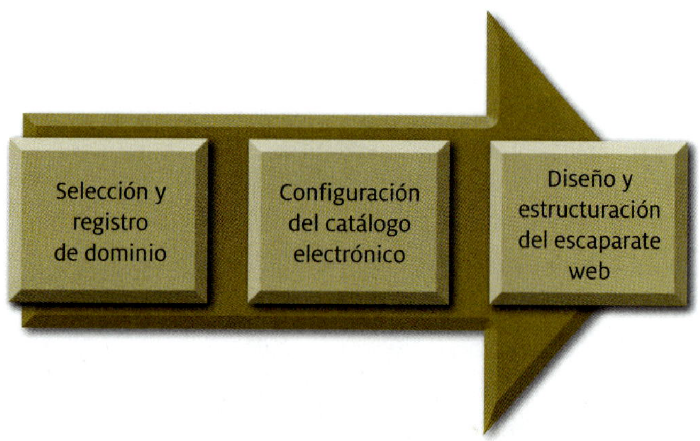

Figura 3.9 Actuaciones básicas en el proceso de concepción y diseño de una tienda *online*.

Selección y registro de dominio

Cuando tomamos la decisión de crear un sitio web, y más específicamente una tienda *online* para la comercialización de nuestros productos o servicios, uno de los primeros aspectos que deberemos tomar en consideración estará referido a la selección, reserva y registro de un dominio virtual.

El **dominio** está relacionado con la denominación que deseamos adquirir para nuestra tienda *online*, y que se materializará en la selección de un enlace web que permita a nuestro público objetivo localizarnos en la red, y sobre el que se comenzarán a aplicar las diferentes técnicas de posicionamiento para mejorar su relevancia y el lugar que este ocupará en los distintos motores de búsqueda.

Constituye el rasgo distintivo que diferencia un espacio web respecto a otro, ya que es único, para evitar inducir a error. Por tanto, a pesar de que esta decisión puede resultar *a priori* secundaria, deberemos ser conscientes de que pasará a convertirse en un atributo más de nuestra marca.

En el ámbito digital, nuestro dominio supone un elemento estratégico diferenciador y sumamente importante, pues será la puerta de acceso a nuestro sitio web corporativo o tienda *online*. En consecuencia, deberemos seleccionar un dominio que sea fácilmente memorizable por nuestro público objetivo y registrarlo para que ninguna otra persona o entidad pueda anticiparse.

De hecho, uno de los riesgos de fracaso más habituales en el desarrollo del marketing digital y el comercio electrónico está asociado a los esfuerzos que es preciso realizar en el caso de que, una vez alcanzada una ubicación notable en la red, se esté obligado a cambiar el dominio web por alguna causa.

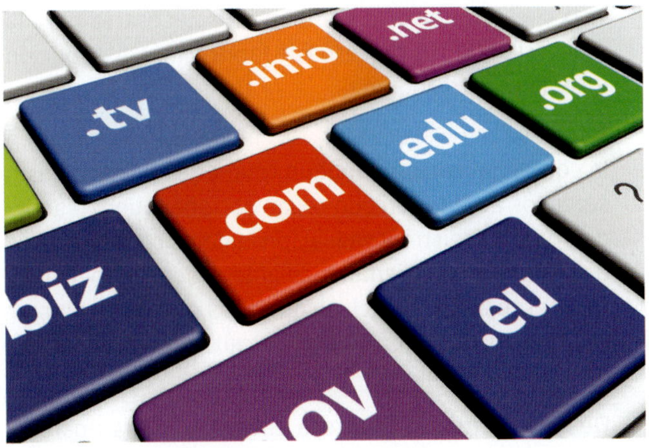

Figura 3.10. El dominio web es esencial para el desarrollo de nuestro proceso de comercialización en internet, ya que será nuestra denominación comercial en el entorno digital.

La parte final del dominio, tras la denominación —que podremos elegir libremente (siempre que no esté registrada de forma previa)—, se llama **extensión.** Así, nuestro dominio deberá completarse con una extensión final, donde tendremos la posibilidad de optar por dos categorías de extensiones:

- **Extensión nacional:** son aquellos dominios web asociados de forma visible a cada país, ya que son registrados en el organismo regulador en el ámbito estatal.

  Suelen estar compuestos por dos caracteres o letras que se ubicarán al final de la dirección o dominio web. En el caso de nuestro país, la extensión de dominio que identifica a aquellas páginas de carácter estatal es ".es".

- **Extensiones genéricas:** se trata de dominios genéricos de uso común en internet, siendo los más extendidos ".com", ".net" y ".org".

  Si bien originariamente se contempló la utilización específica de cada uno de ellos para una tipología de páginas diferentes, ".com" para comercio, ".net" para redes y ".org" para organizaciones sin ánimo de lucro, actualmente solamente este último mantiene un relativo uso específico, si bien se cursan todas las solicitudes de registro asociadas a cada una de ellas, con independencia del ámbito de actividad de la entidad solicitante.

Nota técnica

Normalmente, las organizaciones suelen registrar su dominio con su extensión nacional y las tres extensiones genéricas más comunes, con objeto de evitar que, una vez hayan conseguido notoriedad con su dirección web, cualquiera de ellas pueda ser empleada por personas ajenas a la entidad.

A partir de la reserva y registro de nuestro dominio, podremos comenzar a implementar toda la información comercial correspondiente a la oferta de productos o servicios que pretendemos comercializar en nuestra tienda *online*.

Este proceso de incorporación de todos nuestros productos y servicios a la tienda *online* se puede realizar, como veremos a continuación, a través de la configuración de un catálogo electrónico o mediante el diseño de un escaparate web.

Actividad propuesta 3.5

Selección y registro de dominio

Realiza una búsqueda en internet de otros ejemplos de extensiones genéricas y analiza para qué utilización específica fueron diseñadas.

Configuración del catálogo electrónico

El catálogo electrónico implica una técnica de implementación de nuestra oferta en la red más básica y rudimentaria, ya que se basa en la publicación en nuestro espacio web de la versión digital de nuestro catálogo de ventas tradicional.

Si bien este proceso suele realizarse actualmente como documento de ayuda, para tener una visión global de los productos que se comercializan en la tienda *online*, o como registro de las especificaciones técnicas de una marca, su utilización como plataforma de exposición y venta de los productos puede considerarse totalmente minoritaria, salvo para sectores específicos como los libros.

La expresión "catálogo electrónico" se utiliza en la actualidad más bien para definir la estructuración interna que tendrá una tienda *online*, agrupando los productos de una misma categoría en una página específica.

Diseño y estructuración del escaparate web

La concreción del escaparate web dentro de la tienda *online* ha pasado a ser un elemento fundamental para la comercialización de nuestros productos y servicios, tanto en lo referente a la relación percibida por el cliente entre la apariencia visual de nuestro espacio comercial con la propia imagen de la empresa, como en su importancia como elemento diferenciador respecto a las alternativas que nuestro público objetivo puede encontrar en la red.

Si somos conscientes de que los motores de búsqueda facilitan sobremanera la tarea de encontrar tiendas *online* relacionadas con un mercado específico, estaremos percibiendo la importancia de contar con un escaparate web atractivo y sugerente, en el que, como comentamos anteriormente, la navegabilidad sea lo más amena posible y con clara orientación a la venta.

Figura 3.11. El escaparate web tiene la capacidad de definir nuestra imagen en el entorno digital, por lo que deberemos cuidar enormemente su apariencia visual y estética.

3.2.2. Tipologías de negocio electrónico

Más allá de las características propias de la tienda virtual, o *e-shop*, en la actualidad podemos encontrar otros negocios que se formalizan y se llevan a cabo en un entorno digital.

Al igual que las empresas comerciales han encontrado infinidad de ventajas, comentadas anteriormente, en la adaptación de sus procesos de comercialización hacia sus clientes finales al mundo *online*, otros sectores de actividad están siendo plenamente conscientes de todo aquello que internet puede ofrecerles para su desarrollo y crecimiento estratégico.

En este sentido, a continuación vamos a realizar un breve repaso de aquellos negocios que están llevando a cabo un proceso de implementación de sus actividades en el ámbito digital (Moro Vallina y Rodés Bach, 2014: 170):

- ***E-procurement:*** se basa en la extrapolación del comercio B2B al ámbito digital, es decir, el desarrollo de los procesos de comercialización de productos y servicios llevados a cabo entre empresas, principalmente para la gestión, por parte de la empresa-proveedora, de las necesidades de aprovisionamiento de su empresa-cliente, en lo referente a su *stock* de materias primas o cualquier otro componente necesario para la realización de sus procesos de fabricación, distribución y venta al mercado final.

  A través del *e-procurement*, las empresas interesadas en la comercialización parcial o total de sus productos o servicios en un mercado organizacional pueden acceder, previo registro y validación, a datos confidenciales de sus empresas cliente, mediante el desarrollo de portales específicos y exclusivos en los que intercambiar información de interés para la realización de las tareas de aprovisionamiento.

  De esta forma, la empresa cliente tiene la posibilidad de reducir sus costes de estructura, al reducir sus necesidades de almacenamiento de materias primas y componentes, mientras que las empresas proveedoras disponen de una información crucial para la mejora de sus servicios, al tener la posibilidad de:

  — Conocer, en tiempo real, las necesidades de aprovisionamiento de su empresa cliente, agilizando así los procesos de preparación y envío de las mercancías demandadas.

- Supervisar el mantenimiento de sus propios datos personales y llevar a cabo su actualización si fuese preciso.
- Realizar un seguimiento continuo del estado de tramitación de las transacciones comerciales entre ambas entidades.
- Consultar en tiempo real la información relativa a las transacciones comerciales realizadas con anterioridad (registro histórico de facturas).
- Obtener datos de carácter fiscal sobre sus operaciones comerciales cuando sea necesario.

- ***E-marketplace:*** consiste en un espacio virtual, gestionado por una empresa, con la finalidad de ofrecer a otras organizaciones la posibilidad de contactar directamente con proveedores o, incluso, con clientes interesados en la adquisición de sus productos o servicios.

  A través de esta tipología de negocio, las empresas encuentran un entorno que facilita y fomenta el desarrollo de redes comerciales conjuntas.

- ***E-auction:*** se basa en un modelo de negocio que se caracteriza por el hecho de que la comercialización electrónica de los productos o servicios se realiza a través de la modalidad de subasta.

  Esta tipología de negocio está experimentando una clara tendencia de crecimiento en el entorno digital, debido principalmente a las posibilidades que ofrece para consensuar un precio que sea ventajoso para ambas partes.

  Dado el interés que esta modalidad de comercialización presenta para los diferentes agentes implicados en ella, es posible encontrar negocios de *e-auction* asociados a cada una de las distintas modalidades de comercio electrónico, ya sea entre empresas (B2B), entre particulares (C2C), de empresas a particulares (B2C) e incluso de particulares a empresas (C2B).

Actividad propuesta 3.6

Tipologías de negocio electrónico

Identifica algún ejemplo real de cada uno de los negocios electrónicos expuestos anteriormente en este apartado.

3.3. Operaciones comerciales esenciales en el ámbito del comercio electrónico

A pesar de que, desde una perspectiva general, las operaciones comerciales asociadas al comercio electrónico se asemejan, en gran medida, a las que se llevan a cabo en el comercio tradicional, estas presentan una serie de peculiaridades que justifican su tratamiento detallado en este apartado.

Debemos ser conscientes, en este sentido, de que, una vez que el cliente decide formalizar su decisión de compra a través de una tienda *online*, comenzará todo un entramado de operaciones comerciales dirigido a colocar el producto en las manos del cliente y a obtener el precio o contraprestación económica acordada por el producto, habitualmente a través de medios de pago electrónicos.

En definitiva, en las siguientes páginas profundizaremos en las características que define cada una de las siguientes operaciones comerciales básicas del comercio electrónico:

- Logística y gestión *online* de pedidos.
- Medios de pago electrónicos.
- Sistemas de seguridad en el desarrollo del comercio electrónico.
- Acciones de comercio electrónico dirigidas a la captación y fidelización de clientes.

3.3.1. Logística y gestión *online* de pedidos

Cuando hablamos de logística nos estamos refiriendo a una herramienta de marketing que amplifica el concepto de distribución, ya que se ocupa del flujo de materiales y productos desde la entidad que los comercializa hasta el consumidor o usuario de estos, lo que incluye todas las actividades necesarias para completar el proceso, comenzando por la emisión de pedidos al almacén y finalizando con la gestión del servicio posventa.

A grandes rasgos, se puede establecer un modelo logístico general asociado al desarrollo del comercio electrónico, que pasamos a resumir a través de la siguiente representación:

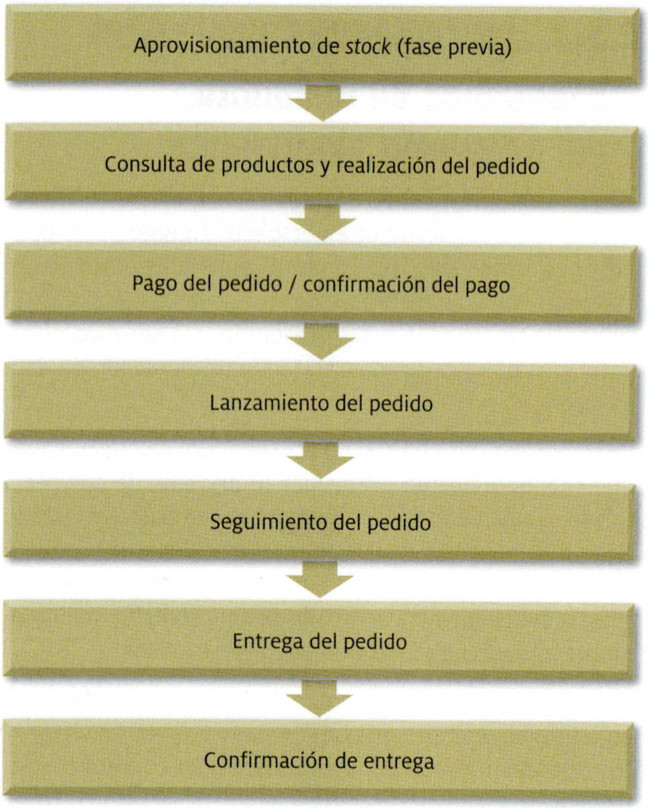

Figura 3.12 Modelo logístico general del comercio electrónico. *Fuente:* adaptado de Liberos *et al.* (2011: 254).

Así, a partir de la consideración de este modelo, que es totalmente aplicable a cualquier entidad dedicada al comercio electrónico, se pueden establecer cuatro funciones estratégicas dentro del sistema logístico asociado a la comercialización de productos y servicios *online* (Liberos *et al.*, 2011: 256-266):

- **Aprovisionamiento:** contempla todas las actividades relacionadas con la generación, comprobación y transmisión de órdenes de compra, las cuales, salvo en tiendas *online* asociadas a entidades de muy pequeña envergadura, habitualmente se realizan a través de procesos totalmente informatizados.

- **Almacenaje:** incluye todas aquellas actividades que son indispensables para la custodia y mantenimiento de los productos en las condiciones más adecuadas, desde que son adquiridos a los proveedores hasta que se formaliza su entrega a los clientes *online*.

  Esta función puede ser realizada a través de la propia empresa o externalizar el servicio a empresas especializadas, que se denominan **operadores logísticos.**

- **Logística de envío:** esta función vendrá determinada por la realización de tres tipologías de actividades básicas, que constituyen el núcleo central de todo el proceso logístico:

  — Gestión y control de inventarios.

  — Manejo de productos.

  — Transporte y entrega al cliente.

  A la hora de contextualizar la estructuración del sistema logístico de aquellas empresas que deciden comercializar sus productos, parcialmente o en exclusiva, a través de una tienda *online*, es preciso poner de manifiesto que una gran mayoría de estas empresas no cuentan con infraestructura logística propia, principalmente porque:

  — No es posible adaptar las redes tradicionales con las que cuentan para el comercio convencional a la distribución logística necesaria en el comercio electrónico.

  — Prefieren externalizar dicho servicio en aquellas empresas profesionales especializadas en los servicios de mensajería y paquetería, evitando la asunción del enorme coste que supondría el desarrollo de una red logística propia.

  No obstante, esta tendencia acentuada hacia la especialización en las actividades comerciales de comercialización y gestión de los pedidos, delegando las tareas de distribución, en la práctica totalidad de los casos, a una empresa de envíos profesionales es considerado como algo lógico por la mayor parte de los consumidores *online*, que prefieren contar con un servicio de entrega eficiente y de calidad.

  Del mismo modo, es muy habitual que las entidades que disponen de tiendas *online* lleven a cabo convenios o acuerdos de colaboración específicos con una empresa logística, asegurándole la exclusiva en la distribución y reparto de su mercancía a cambio de unas condiciones preferentes para la propia entidad o para sus clientes.

- **Logística inversa:** esta función es la que se refiere al proceso de interactuación con el cliente, una vez que se ha llevado a cabo la entrega del producto o servicio.

  Esta función del sistema logístico estará asociada a la necesaria comprobación de que la entrega ha sido realizada correctamente, conforme a los criterios de venta establecidos y acordados con el cliente, y que, por tanto, las expectativas del cliente han sido satisfechas eficazmente.

En caso de que esto no sea así, se deberá poner en marcha todo el proceso asociado a la devolución del producto, mediante la recogida de dichos productos y su sustitución, en caso de que sea procedente.

A modo de resumen, si queremos realizar un análisis de aquellos factores que determinarán la calidad percibida por el cliente en relación a un sistema logístico asociado al desarrollo de actividades propias y específicas del comercio electrónico, deberemos destacar los siguientes aspectos clave:

- **Agilidad en la entrega de los productos adquiridos:** lo ideal es que el plazo de entrega oscile entre dos y tres días, salvo en aquellos casos en los que la entrega se deba realizar a núcleos poblacionales muy dispersos.
- **Ajuste de la entrega a determinadas franjas horarias:** uno de los elementos que más influye en la calidad percibida por los clientes *online* en relación al sistema logístico de una tienda virtual está asociado a la posibilidad de seleccionar la franja horaria en la que recibirán su compra, ya que reduce la incertidumbre y permite mayor libertad de movimientos.
- **D iponibilidad de diferentes formas de pago:** como comentamos anteriormente, el establecimiento de diferentes alternativas de pago al cliente es uno de los elementos esenciales para fomentar el comercio electrónico, ya que permite reducir su desconfianza respecto a la utilización de medios de pago electrónicos en internet.

  Por tanto, además del ofrecimiento de un sistema de pago de enorme comodidad, como es el pago con tarjeta, es muy conveniente ofrecer otras alternativas, como el pago contrarrembolso, la transferencia o la domiciliación bancaria. Sobre este aspecto trataremos en el siguiente apartado.
- **Gestión eficiente de las devoluciones:** es un elemento esencial para conseguir la fidelización de nuestros clientes *online*, ya que en la medida que resolvamos adecuadamente las reclamaciones realizadas por nuestros clientes estaremos transformando clientes insatisfechos o descontentos en clientes fieles a nuestra marca o a nuestro sistema de comercialización a través de internet.

Por ello, deberemos establecer los procedimientos necesarios para la confección de un sistema de gestión de reclamaciones ágil y lo más cómodo posible para nuestros clientes, ya que solamente así seremos capaces de recuperar su confianza y fomentar su repetición de compra en el futuro.

Figura 3.13. El desarrollo eficiente de la logística y gestión *online* de pedidos será un elemento esencial para el éxito de nuestra plataforma de comercio electrónico.

3.3.2. Medios de pago electrónico

La verificación del pago de una operación comercial supone un aspecto crítico en cualquier tipología de comercio, pero más aún si cabe en el comercio electrónico, ya que la formalización de la compra y su ejecución se realizan sin el contacto directo entre la empresa que comercializa los productos o servicios y sus clientes.

En el comercio tradicional la entrega del bien adquirido se realiza de forma simultánea a su entrega, y bajo la supervisión del personal de ventas de la propia entidad, pero en el comercio electrónico todas estas actuaciones se llevan a cabo en el entorno digital, lo que hace indispensable el establecimiento de una serie de medidas que garanticen la seguridad de ambas partes, sobre las que nos detendremos en el siguiente apartado.

En este sentido, los medios de pago electrónico presentan unas propiedades específicas, que facilitan su diferenciación de los medios de pago tradicionales (Puentes Calvo, 2008: 120):

- **Medios de pago *online* frente a medios de pago *offline*:** en un sistema *offline*, como podría ser la entrega de un cheque bancario o un pagaré, aunque ambas partes, comprador y vendedor, se encuentran en contacto durante la transacción, no gozan de una conexión directa con sus entidades bancarias que permita verificar la disponibilidad de fondos.

  Por el contrario, como veremos más adelante, los medios de pago electrónicos ofrecen una confirmación en tiempo real de la formalización del pago por la transacción comercial.

- **Medios basados en el débito frente a medios basados en el crédito:** los sistemas de pago mediante crédito se basan en el diferimiento de los pagos a una fecha determinada, sobre el total del importe de la compra, o fraccionada y financiada en varios plazos, mientras que los sistemas de pago a débito se ejecutan de forma inmediata sobre la cuenta del cliente.

Figura 3.14. En la actualidad podemos encontrar una amplísima variedad de medios de pago electrónicos, gracias al crecimiento exponencial del comercio electrónico.

En cuanto a los medios de pago que se suelen utilizar en el ámbito del comercio electrónico, podemos establecer dos categorías fundamentales:

- **Medios de pago tradicionales:** son aquellos cuya gestión corre a cargo de entidades financieras, similares a los utilizados en el comercio convencional, entre los que podemos destacar:
  - **Tarjetas bancarias,** que se constituyen como el medio de pago más habitual en el desarrollo del comercio *online*.
  - Otros medios como la **transferencia bancaria** o el **pago contrarrembolso,** en los que se observa una paulatina disminución a medida que crece la confianza hacia la seguridad digital en el comercio electrónico.
- **Medios de pago puramente *online*:** se trata de medios de pago diseñados específicamente para el desarrollo de transacciones comerciales *online*, estableciendo una operativa diferente a la tradicional, pero con mayor nivel de adaptación a las condiciones del comercio electrónico. Dentro de estos medios de pago, vamos a profundizar a continuación en los siguientes (Liberos *et al.*, 2011: 292-296):
  - Intermediarios de pago.
  - Tarjetas virtuales de marca.
  - Pago por móvil.
  - Pago a través de una moneda virtual.

Intermediarios de pago

Se trata de empresas, ajenas a la práctica bancaria, que interceden en el proceso de transacción comercial asociado al comercio electrónico, proporcionando un medio de pago más cómodo y, sobre todo, más seguro para ambas partes.

De este modo, a través de estas entidades se formaliza el pago a la empresa comercializadora y, posteriormente, se produce la liquidación de la operación a través de medios de pago bancarios tradicionales.

Recuerda que

En la actualidad, el intermediario de pagos con mayor pronunciamiento y notoriedad globalmente es, sin duda, **PayPal**.

PayPal

Fuente: https://www.paypal.com/es/webapps/mpp/logo-center.

Las razones que justifican el éxito de PayPal como medio de pago electrónico preferente en multitud de operaciones de comercio electrónico son las siguientes:

- Aportación de considerables ventajas para ambas partes respecto a los medios de pago tradicionales.
- Generación de una íntima relación con los principales sitios de compras en internet, como eBay, lo que favorece su implementación como medio preferente de pago en estos espacios y ha motivado que sea conocido y asimilado por gran parte de los clientes *online*.
- Generación de enorme confianza en el conjunto de los clientes *online*, gracias a sus medidas de seguridad digital y a su sencillez de uso.

Tarjetas virtuales

Los principales emisores de tarjetas de crédito, como Visa o Mastercard, han desarrollado la posibilidad de contar con esta tipología de tarjetas, cuya principal característica se basa en que no están asociadas a un dispositivo físico o "plástico", sino a una serie de dígitos diseñados específicamente para la realización de transacciones *online*.

En definitiva, una tarjeta virtual no es otra cosa que un número de tarjeta específico y una fecha de caducidad que, a todos los efectos, tiene un funcionamiento similar a la tarjeta física, por lo que será aceptada por todos los establecimientos *online* que contemplen este medio de pago.

No obstante, estos datos están asociados a una cuenta prepago en la que el cliente procederá al cargo de la cantidad que considere necesaria para la realización de sus compras asociadas al comercio electrónico.

Por tanto, el riesgo de operar con esta tarjeta en internet estará limitado al saldo disponible en la tarjeta virtual, manteniendo protegido el saldo del que dispongamos en nuestras cuentas bancarias.

Recuerda que

La utilización de tarjetas virtuales es muy recomendable en la realización de operaciones de comercio electrónico con entidades que no nos ofrezcan un nivel de confianza adecuado.

Actividad propuesta 3.7

Medios de pago electrónico

A partir de la información aportada, ¿cuáles son las diferencias esenciales entre una tarjeta bancaria convencional y una tarjeta virtual?

Pago mediante dispositivos móviles

Debido a la extraordinaria expansión que han tenido, y siguen teniendo, los dispositivos móviles, así como gracias a su creciente sofisticación tecnológica, estos están comenzando a utilizarse desde hace un tiempo como medio de gran valor para la realización de transacciones comerciales.

En este sentido, la utilización de los dispositivos móviles como medio para la realización de pagos asociados al comercio electrónico ofrece múltiples ventajas en cuanto a la capacidad de validación de la transacción a través del propio dispositivo, lo que permite la autentificación del usuario y aumenta, por tanto, la seguridad de la operación comercial.

No obstante, se observa cierta ralentización de este proceso debido a la dificultad existente para su estandarización en dispositivos procedentes de diferentes operadores tecnológicos, por lo que podríamos considerar que se encuentra actualmente en las fases iniciales de introducción.

Figura 3.15. El siguiente paso en el desarrollo del comercio electrónico estará asociado, previsiblemente, a la utilización del dispositivo móvil como medio para la realización de pagos.

Pago a través de una moneda virtual

En los últimos años se ha experimentado también una creciente proliferación de monedas virtuales, diseñadas para su utilización exclusiva en el comercio electrónico, principalmente en la realización de transacciones C2C, entre particulares.

Las principales características que presenta este novedoso y particular medio de pago electrónico son las siguientes:

- Su utilización se encuentra limitada exclusivamente al entorno digital, ya que carecen de valor alguno en la economía real.
- Su funcionamiento se asemeja a un monedero virtual prepago, ya que se debe llevar a cabo una compra o cambio previo de dinero de curso legal a moneda virtual, procediéndose así al depósito en nuestra cuenta de la cantidad de moneda virtual asociada al tipo de cambio establecido en ese momento.
- Dispone de un tipo de cambio libre, asociado habitualmente a su convertibilidad en dólares, aunque puede haberse establecido un tipo de cambio respecto a otras monedas.

En este sentido, hay que ser conscientes de que, como es lógico, al ser considerada por sus usuarios como una moneda más, dispondrá de un tipo de cambio en función de su oferta y demanda, aunque este no se encuentre regulado por instituciones públicas relacionadas con la gestión de monedas de curso legal.

Recuerda que

Si bien las principales redes sociales han realizado intentos de desarrollar sus propias monedas virtuales, la que goza de una mayor difusión en la actualidad es **bitcoin,** una moneda concebida por Satoshi Nakamoto en 2009.

bitcoin

Fuente: https://bitcoin.org/es.

3.3.3. Sistemas de seguridad en el desarrollo del comercio electrónico

Como se ha expuesto previamente a lo largo de este libro, el desarrollo eficiente y eficaz del comercio electrónico, así como su aceptación y asimilación por parte de la población en general, estará condicionado a la existencia de unos sistemas de seguridad que garanticen que el desarrollo comercial a través de internet se lleve a cabo con la mayor protección y tranquilidad posible para los consumidores.

Por ello, hemos considerado indispensable profundizar en este apartado sobre estos sistemas y su capacidad de que las transacciones comerciales se realicen sin contratiempos y para garantizar la protección de la privacidad de aquellas personas que deciden adquirir productos y servicios a través de internet.

En este sentido, la base sobre la que se asienta actualmente la seguridad en la comercialización a través de comercio electrónico radica en un proceso que se denomina **encriptación de datos.**

Recuerda que

La encriptación de datos, como mecanismo para la protección y confidencialidad de la información durante su proceso de transmisión, tiene su origen en el ámbito militar, donde se evita así que los mensajes enviados por uno de los bandos bélicos a sus frentes de batalla o infiltrados en territorio enemigo puedan ser interpretados en caso de su interceptación.

La encriptación de los datos relativos a una transacción comercial a través de internet consiste en la puesta en práctica de una serie de mecanismos orientados a la ocultación o transformación de dicha información, con objeto de que únicamente sea accesible e interpretable por parte de aquellos actores que participan realmente en ella.

Así, para la consecución efectiva de la encriptación de los datos procedentes de una transacción en el ámbito del comercio electrónico, se pueden identificar los siguientes medios o herramientas de seguridad digital:

Figura 3.16. Herramientas asociadas al incremento de la seguridad digital a través de la encriptación de datos.

- **Cifrado de los datos:** el proceso de cifrado de los datos procedentes de una transacción comercial, o de cualquier otra comunicación realizada en el entorno digital, se basa en la utilización de una serie de algoritmos, exclusivos de cada entidad, que permiten el establecimiento de una clave aleatoria para la interpretación de los caracteres utilizados.

Argot técnico

Según la Real Academia Española de la Lengua, el término "algoritmo" se refiere al *conjunto ordenado y finito de operaciones que permite hallar la solución de un problema.*

Dicho de otro modo, un algoritmo consiste en la definición de un conjunto predeterminado de instrucciones claramente definidas y ordenadas que, a partir de un punto de partida, permite realizar una actividad o solucionar un problema mediante pasos sucesivos (Martínez Valverde, 2015[1]: 111).

En el caso del cifrado de datos, este proceso puede considerarse reversible, ya que mediante la utilización de dicha clave se puede proceder a la decodificación posterior de dichos datos, convirtiéndolos nuevamente en el texto original.

A partir de la tipología de clave empleada en este proceso, podemos identificar dos categorías específicas de encriptación de los datos (Moro Vallina y Rodés Bach, 2014: 167):

- **Encriptación simétrica:** tanto el emisor como el receptor de la información conocen la clave utilizada en la codificación y decodificación de los datos.
- **Encriptación asimétrica:** cada una de las partes dispone de sus propias claves de encriptación de los datos. En esta tipología de encriptación tanto el emisor como el receptor disponen de una clave pública, que se comparte entre ambos, y otra privada, que es exclusiva de cada parte.

  Para entender este proceso podemos tomar como ejemplo nuestro correo electrónico, donde disponemos de una clave pública (nuestra dirección de correo) y una clave privada (nuestra contraseña o *password*).

- ***Hashing:*** la principal diferencia entre esta técnica y la encriptación de datos estriba en que, en este caso, no se dispone de una clave como tal, sino que es el propio texto original el que adquiere el papel de clave única y no reversible.

  De esta forma, únicamente se puede volver a generar la clave resultante de este proceso si contamos de nuevo con el texto original.

  Dada su complejidad, la realización de *hashing* suele ser empleada habitualmente para comprobar que el texto recibido es correcto, o para la comprobación de contraseñas asociadas a aplicaciones web, más que para la propia transmisión de información a través de la red.

- **Firma digital:** constituye un caso específico de encriptación asimétrica de la información correspondiente a los datos personales de un usuario.

  Su funcionamiento se basa en la utilización de una clave privada por parte del emisor de los datos para confirmar la autoría del mensaje enviado a través de un algoritmo definido específicamente para ello.

  Una vez que la información llega al destinatario, este puede emplear la clave pública compartida con el emisor del mensaje para comprobar su identidad, aplicando el algoritmo de firma.

  Las principales ventajas que presenta la utilización de firmas digitales en el desarrollo de transacciones electrónicas son las siguientes:

  - Asegurar la **integridad** del mensaje durante su transmisión, ya que facilita detectar si el mensaje original ha sido alterado.
  - Garantizar la **autenticidad** del mensaje una vez recibido, ya que cada firma generada por un emisor contiene elementos que la hacen inimitable por parte de otros emisores, gracias a la utilización de una clave privada única y personal.

Figura 3.17. La firma digital ha supuesto un considerable avance en el desarrollo de los sistemas de seguridad asociados al comercio electrónico.

A partir de la consideración de la existencia de estas herramientas para el fomento de la seguridad digital en el comercio electrónico, se ha llevado a la práctica una serie de protocolos de seguridad, enfocados a ofrecer adecuadas medidas de protección en cuanto al envío, transmisión y recepción de información, y muy específicamente en el ámbito de la seguridad en el pago electrónico asociado al comercio *online*.

En consecuencia, vamos a pasar a definir a continuación los principales protocolos de seguridad digital que se emplean en el desarrollo de transacciones digitales asociadas al comercio electrónico (Liberos *et al.*, 2011: 297-298).

SSL *(Secure Socket Layer)*

Se trata de un protocolo de seguridad genérico que contribuye a la seguridad en el envío de información entre un emisor y un receptor, a través de sistemas criptográficos denominados "de clave abierta".

Es el protocolo de seguridad que se encuentra integrado en la gran mayoría de sitios web actuales cuando se solicitan datos del usuario, ya que es el que emplean los principales navegadores de internet. De hecho, es el que ofrece una representación gráfica en la barra del navegador mediante una imagen de un candado cerrado o abierto, para indicar si los datos se están transmitiendo de un modo seguro o no.

Las principales características que aporta el protocolo de seguridad SSL son las que se recogen a continuación:

- **Confidencialidad:** el mensaje se encuentra encriptado durante su transmisión, lo que garantiza que no pueda ser leído e interpretado por alguien ajeno al desarrollo de la transacción.
- **Integridad:** el propio protocolo de seguridad certifica que el mensaje no ha sufrido alteraciones ni modificaciones en el transcurso de su transmisión entre el emisor y el receptor.
- **Autenticidad:** el protocolo SSL confirma además que el sitio web en el que se lleva a cabo la transacción comercial no ha sido suplantado por un tercero ajeno a la transacción.

Por tanto, el protocolo de seguridad SSL permite contar con un canal seguro para el intercambio de información, si bien no ha sido diseñado para garantizar a la parte vendedora la autenticidad de la identidad del cliente, ni tampoco ofrece información al cliente sobre el nivel de confianza del que dispone la entidad de la que pretendemos adquirir sus productos y/o servicios.

SET *(Secure Electronic Transaction)*

Con objeto de subsanar las limitaciones del protocolo de seguridad SSL en lo referente a la creación de un entorno seguro para la utilización de medios de pago electrónicos, a finales del siglo XX las principales corporaciones globales en materia financiera, como VISA y Mastercard, y tecnológicas, como IBM o Microsoft entre otras, comenzaron a definir este protocolo de seguridad.

De este modo, el protocolo de seguridad SET permite añadir a las características propias del protocolo SSL las siguientes garantías en lo referente a la realización de transacciones *online*:

- Mayor confidencialidad de los datos de pago, lo que provoca que estos no sean rastreables incluso para la propia entidad comercializadora de productos o servicios a través de comercio electrónico.
- Mayor capacidad de autentificación de la persona que pretende formalizar la transacción comercial a través de medios de pago electrónicos.
- Capacidad de autentificación del comercio como titular de la cuenta bancaria en la que deberá materializar la transacción mediante el abono de la cantidad acordada.

No obstante, a pesar de las expectativas depositadas en el proyecto, no llegó a alcanzar el éxito deseado debido a su complejidad técnica, a su dificultad de estandarización y a la falta de interés hacia su integración en grandes mercados, como el norteamericano.

3D Secure

Una vez consumado el fracaso en la implantación del protocolo de seguridad SET, las compañías financieras responsables de su diseño se plantearon el reto de simplificarlo, favoreciendo su implantación, pero sin que esto repercutiese negativamente en su función principal de protección de las transacciones comerciales realizadas en la red.

Para ello, llevaron a cabo la definición de un protocolo de seguridad basado en la existencia de tres dominios o parcelas en las que se debería realizar la autentificación del proceso:

- **Dominio emisor:** la autentificación de la titularidad del medio de pago electrónico, que deberá ser realizada por el banco emisor a través de los procedimientos que considere más adecuados.
- **Dominio adquiriente:** la autentificación de la titularidad del receptor de la transacción, que correrá a cargo el banco receptor a través de las medidas que considere convenientes.
- **Dominio de interoperabilidad:** la autentificación mutua de las entidades financieras que participan en el proceso de transacción comercial, que se acordó realizar a través de procesadores de pago desarrollados mediante sistemas previamente establecidos.

Para que este protocolo de seguridad sea plenamente útil es necesario, por tanto, que la entidad comercial lleve a cabo la adaptación del *software* de su tienda *online* y, por otro lado, que los distintos clientes se registren en su propia entidad financiera, dándose de alta para la realización de servicios de banca electrónica y recibiendo así sus correspondientes claves de autentificación.

A partir de estos trámites previos, el proceso de pago de las operaciones realizadas a través del comercio electrónico es el siguiente:

- El cliente cuenta con una tarjeta bancaria como medio de pago electrónico y, a su vez, con una clave de autentificación suministrada por la propia entidad bancaria.
- Cada entidad comercial deberá haber establecido un acuerdo con la entidad financiera que considere, para que esta se responsabilice de la gestión de sus cobros, y que le proporcionará los medios necesarios para el procesamiento efectivo de las transacciones, a través de un terminal o TPV virtual adaptado específicamente para el protocolo de seguridad 3D Secure.
- En el momento en el que se desee llevar a cabo la transacción comercial, el cliente deberá hacer llegar a la entidad vendedora los datos correspondientes a su tarjeta.
- Estos datos serán transmitidos a la entidad financiera seleccionada por la entidad vendedora a través de la utilización del TPV virtual, redirigiendo al comprador hacia el sitio web de su propia entidad financiera, para que realice la correspondiente autentificación mediante su clave secreta.
- El banco emisor de la tarjeta será el responsable, por tanto, de autentificar la clave introducida, comprobar su validez y autorizar, o denegar, el pago.
- Las tres partes implicadas (entidad financiera adquiriente, entidad vendedora y, finalmente, comprador) recibirán información sobre la autorización o denegación de la operación por parte de la entidad financiera emisora.

En definitiva, este es el sistema que ofrece mayores niveles de seguridad a todas las partes implicadas en el proceso de pago de las transacciones realizadas a través de comercio electrónico.

No obstante, hay que ser conscientes de que la seguridad en el entorno digital se basa en un proceso continuo en el que paulatinamente se irán introduciendo mejoras para garantizar al máximo la realización de las operaciones comerciales en internet.

Por ello, es muy conveniente que estemos atentos a las continuas innovaciones que se producen en el ámbito de la seguridad digital, con el fin de analizar sus ventajas y posibles deficiencias, y estudiar su incorporación al entorno de nuestro negocio en la red, garantizando así que podamos ir optimizando poco a poco nuestra seguridad, eliminando la posibles brechas o puntos débiles existentes.

3.3.4. Acciones de comercio electrónico dirigidas a la captación y fidelización de clientes

Para finalizar con los contenidos expuestos en esta unidad didáctica, relativos a la concepción y diseño de la tienda *online* como escenario específico para la materialización del comercio electrónico, y a las operaciones comerciales fundamentales para fomentar su implantación y desarrollo frente al comercio tradicional, es preciso prestar especial atención a dos aspectos que presentan enorme capacidad de influencia sobre la satisfacción percibida por el cliente respecto al proceso de compra *online* y a su consiguiente fidelización, ya que se refieren al establecimiento de medidas para garantizar los derechos del cliente en caso de que los productos o servicios adquiridos a través del comercio electrónico no se ajusten a sus expectativas.

En este sentido, más allá de la necesidad de contar con un proceso de comercialización *online* eficiente, que permita la entrega de la mercancía adquirida en el plazo acordado y que goce de las medidas de seguridad *online* necesarias para evitar la intromisión de terceras personas, se podrá incrementar la fidelización del cliente hacia nuestra tienda *online* a través de la consideración de los siguientes aspectos.

Establecimiento de un periodo de reflexión y cancelación del pedido

En la medida en que les ofrezcamos a nuestros clientes la posibilidad de reflexionar sobre la compra realizada e, incluso, de cancelar el pedido si se arrepienten de la compra realizada con posterioridad a su formalización, llegando incluso a la devolución del producto adquirido, estaremos sentando las bases para el establecimiento de una relación de confianza mutua con nuestros clientes.

Debemos ser conscientes de que estas medidas se encuentran presentes desde hace gran cantidad de años en el comercio convencional, donde se establece un plazo medio de 15 días para la posible devolución de productos. Desde esta perspectiva, con más motivo se deberá establecer este periodo en el comercio *online*, donde el cliente en muchos casos no tiene la posibilidad de examinar las características reales del producto hasta que se le entrega, una vez que ya se ha formalizado la compra y se ha procedido al correspondiente pago de este.

Figura 3.18. La posibilidad de cancelación de pedido es indispensable para garantizar la confianza de aquellos clientes que estén interesados en realizar sus compras a través de internet.

Además, con la introducción de esta medida lo que se busca es reducir la incertidumbre del cliente *online* respecto a la calidad real de los productos y servicios adquiridos, fomentando así una mayor tranquilidad hacia el proceso de compra con la certeza de que, en caso de no ajustarse a sus expectativas, dispone de los medios para devolver el producto y recuperar la cantidad económica asociada a su precio.

De hecho, si atendemos a los datos ofrecidos por distintos estudios realizados sobre este tema, el porcentaje de devoluciones de productos adquiridos a través del comercio electrónico puede considerarse ínfimo, siendo incluso inferior al que se observa en el comercio convencional.

Recuerda que

Desde un punto de vista estratégico, será preferible establecer los medios para la gestión de cancelaciones, y correr con los gastos asociados a la devolución de un producto por parte de nuestros clientes, a que nuestros clientes insatisfechos expresen y difundan sus opiniones y valoraciones negativas sobre nuestra actividad en todos los medios de los que disponen, y muy especialmente en aquellos relacionados con la web 2.0.

Establecimiento de los medios adecuados para la gestión de reclamaciones de nuestros clientes

En consonancia con el punto anterior, cuando desarrollamos una actividad comercial, debemos ser conscientes de que existe la posibilidad de que una parte de nuestros clientes consideren que tanto los productos adquiridos como el servicio prestado en el proceso de venta no se ajustan a sus expectativas previas.

La posibilidad de que esto suceda va más allá del hecho de que contemos con un sistema organizativo eficiente y eficaz, porque el nivel de satisfacción hacia el proceso de compra estará totalmente condicionado a las características y nivel de exigencia de cada cliente.

Por ello, es fundamental que dentro de la estructura de nuestra tienda *online* contemos con un servicio específico para la resolución de reclamaciones de una forma ágil y eficaz, contribuyendo así a la fidelización de nuestros clientes y a evitar que el posible desarrollo de acciones por parte de nuestros clientes insatisfechos se encuentre fuera de nuestro control y, lo que es peor, de nuestro conocimiento.

En este sentido, el diseño y puesta en práctica de los procedimientos y medios necesarios para la gestión de reclamaciones supone un aspecto de máxima importancia para la gestión empresarial y de marketing de aquellas entidades que se sumergen en el mundo del comercio electrónico.

Así, será muy conveniente establecer un **espacio *online* específico** para la gestión de quejas y reclamaciones, que deberá gozar además de gran visibilidad y accesibilidad dentro de nuestra tienda *online*, ya que en caso contrario no haremos otra cosa que incrementar el descontento de nuestros clientes.

Del mismo modo, deberemos considerar la incorporación de otros medios para la gestión de quejas y reclamaciones, como el **correo electrónico** o el establecimiento de un **teléfono de atención al cliente,** para que los usuarios puedan seleccionar el medio que consideren más adecuado.

Por tanto, a la hora de concretar el establecimiento de los medios más adecuados para gestionar las reclamaciones de nuestros clientes, deberemos llevar a cabo un proceso integral que permita garantizar su plena satisfacción.

Figura 3.19 El establecimiento de los medios necesarios para que nuestros clientes contacten con nosotros para hacernos llegar sus reclamaciones es esencial para el funcionamiento óptimo de nuestra plataforma de comercio electrónico.

Actividad propuesta 3.8

Acciones para la captación y fidelización de clientes

Con base en la información ofrecida en este apartado, selecciona una tienda *online* y analiza en qué medida ha aplicado acciones para incrementar la fidelización de los clientes.

Una vez que hayamos realizado, en esta unidad, un repaso pormenorizado de los elementos que conforman la estructura del comercio electrónico, consideramos necesario dedicar las dos siguientes unidades a profundizar sobre la creación, el alojamiento y el mantenimiento de un sitio web.

Mapa conceptual

- EL COMERCIO ELECTRÓNICO: REALIZACIÓN DE ACCIONES DE COMPRAVENTA *ONLINE*
  - INTERNET COMO NUEVO ESCENARIO COMERCIAL: NEGOCIOS CONVENCIONALES FRENTE A NEGOCIOS ELECTRÓNICOS
  - LA TIENDA VIRTUAL. CREACIÓN O ADAPTACIÓN DE UN NEGOCIO AL ENTORNO DIGITAL
    - Concepción y diseño de una tienda virtual: gestión y almacenamiento
    - Tipologías de negocio electrónico
  - OPERACIONES COMERCIALES ESENCIALES EN EL ÁMBITO DEL COMERCIO ELECTRÓNICO
    - Logística y gestión *online* de pedidos
    - Medios de pago electrónico
    - Sistemas de seguridad en el desarrollo del comercio electrónico
    - Acciones de comercio electrónico dirigidas a la captación y fidelización de clientes

Actividades finales

D ecomprobación

3.1. La dimensión del comercio electrónico basada en el desarrollo de un proceso de comercialización entre empresas se denomina:

a) B2C. **b)** B2B. **c)** C2C. **d)** C2B.

3. 2 Las primeras tiendas *online* asociadas a la web 1.0 utilizaban modelos de comercialización bastante estáticos y rudimentarios, denominados:

a) Escaparate virtual.
b) Escaparate web.
c) Autoservicio virtual.
d) Las respuestas a y c son correctas.

3. .3 Entre las ventajas que ofrece el desarrollo del comercio electrónico, podemos destacar las siguientes:

a) La globalización de los mercados y desaparición de fronteras comerciales.
b) La optimización de los procesos de distribución.
c) La aparición de nuevos productos y servicios.
d) La reducción considerable de los costes de comercialización.

3. .4 A la hora de considerar las limitaciones que presenta el comercio electrónico en el ámbito comercial, podemos destacar las siguientes. Marca la respuesta incorrecta:

a) La introducción de precios más competitivos.
b) El incremento de costes de distribución directamente aplicables al producto.
c) La desconfianza inicial del consumidor.
d) La dependencia del nivel de alfabetización tecnológica del cliente.

3.5. En la concepción y diseño de una tienda virtual, uno de los errores más graves que se puede cometer será:

a) Concebir su diseño con mayor base en criterios estéticos que en criterios comerciales.
b) Utilizar la tienda *online* como recurso para informar detalladamente sobre nuestra organización.
c) No otorgar un espacio específico y fácilmente accesible para la gestión de reclamaciones.
d) Todas las respuestas anteriores son correctas.

3.6. La selección, reserva y registro de un dominio virtual se puede considerar como una tarea:

a) Secundaria.
b) Irrelevante.
c) Prioritaria.
d) Opcional.

3.7. La publicación en el espacio web de la versión digital de nuestro listado, más o menos detallado, de productos y servicios se denomina:

a) Escaparate web.
b) Catálogo electrónico.
c) Escaparate virtual.
d) Autoservicio virtual.

3.8. La tipología de negocio electrónico que se caracteriza por el hecho de realizarse a través de la modalidad de subasta se denomina:

a) *E-procurement.*
b) *E-shop.*
c) *E-auction.*
d) *E-marketplace.*

3.9 . La función estratégica del modelo logístico general asociado al comercio electrónico, relativa a la custodia y mantenimiento de los productos, se denomina:

a) Aprovisionamiento.
b) Logística de envío.
c) Logística inversa.
d) Almacenaje.

3.10. El protocolo de seguridad genérico que contribuye a la seguridad en el envío, a través de sistemas cifrados denominados "de clave abierta", se conoce con el nombre de:

a) SSL.
b) SQL.
c) SET.
d) 3D Secure.

Actividades finales

D eaplicación

3.11. A partir de la definición legal de comercio electrónico reflejada en nuestro ordenamiento jurídico, ¿qué actividades están integradas dentro de esta tipología de comercialización?

3.12 Desde el proceso evolutivo del comercio electrónico, ordena cronológicamente las siguientes etapas:

Etapa	Orden cronológico
Incorporación de la atención y la oferta personalizada al comercio electrónico.	
Incorporación de los aspectos esenciales de la web 2.0 en el ámbito del comercio electrónico.	
Oferta rudimentaria y unidireccional a través de la incorporación de "escaparates virtuales".	
Establecimiento de un diálogo fluido con nuestro público objetivo dentro de la estructura de la tienda *online*.	

3.13. Define brevemente las ventajas que supone la comercialización a través de comercio electrónico, tanto para los consumidores digitales como para las empresas que ofertan sus productos y servicio en la red.

3.14. ¿Qué medidas son adecuadas para reducir la desconfianza inicial de un consumidor que nunca ha adquirido productos o servicios a través del comercio electrónico?

3.15. En el diseño de una tienda *online*, ¿por qué es recomendable disponer de un espacio específico para la gestión de reclamaciones? Justifica tu respuesta.

3.16 En el proceso de selección y registro de un dominio web, ¿qué categorías de extensiones podemos encontrar?

3.17. Describe brevemente aquellas otras tipologías de negocio electrónico que han sido comentadas en esta unidad didáctica.

3.18. Explica cada una de las funciones que componen el modelo logístico general del comercio electrónico.

3.19 Enumera y profundiza brevemente en los medios de pago que se suelen utilizar en el ámbito del comercio electrónico, agrupándolos por categorías.

3. 2 En el proceso de cifrado de datos, ¿qué categorías de encriptación podemos encontrar? Profundiza brevemente en cada una de ellas.

D eampliación

3. 2 Busca en internet información sobre la moneda virtual bitcoin. ¿Qué opinión te merece? Justifica tu respuesta.

3. 2 Completa tu conocimiento sobre el protocolo de seguridad 3D Secure buscando información en la red. ¿Es este protocolo el que suele utilizarse en la mayoría de las tiendas *online* en la actualidad? Justifica tu respuesta.

3. 2 **Tema de debate:** ¿Cómo actuar ante la presencia de un cliente *online* insatisfecho?

Actividades finales

Enlaces web

eBay *(Portal de compras C2C)*	www.ebay.es
AliExpress *(Portal de compras C2C y B2C)*	es.aliexpress.com/es_home.htm
Wallapop *(Portal de compras C2C)*	http://es.wallapop.com
Cash Converters *(Portal de compras C2B)*	www.cashconverters.es
PayPal *(Intermediario de pagos)*	www.paypal.com/es
Visa *(Emisor de tarjetas de crédito)*	https://www.visaeurope.es
Mastercard *(Emisor de tarjetas de crédito)*	www.mastercard.com/es
Bitcoin *(Portal asociado a esta moneda virtual)*	bitcoin.org/es

4

Organización y programación de un sitio web

Internet comenzó a desarrollarse a principios de la década de los 90 impulsada por Tim Berners-Lee, un científico británico del Laboratorio Europeo de Física de Partículas (CERN). Su idea era diseñar una herramienta eficiente y rápida para el intercambio de datos entre la comunidad científica. Desde entonces, internet se ha expandido hasta cada uno de los ámbitos de nuestras vidas, incrementando exponencialmente el número de usuarios, contenidos y velocidad.

En esta unidad se describen las partes de un sitio web, cómo organizarlas y, a su vez, la estructura de las páginas web que forman dicho sitio. Seguidamente, se describe el lenguaje de programación de páginas web HTML y la forma de crear páginas web sencillas a partir de dicho lenguaje.

Objetivos

- Organizar los contenidos de un sitio web en diferentes páginas web.
- Comprender cuál es la estructura de una página web y qué contenidos debe incluir.
- Conocer el lenguaje de marcado HTML.
- Crear páginas web sencillas utilizando los editores web más usuales.
- Agregar contenido multimedia y enlazar con otros hipertextos en una página web.

Contenidos

4.1. Cómo estructurar un sitio web corporativo

4.2. Lenguaje HTML

4.3. ¿Qué necesito para crear una página web?

4.4. Edición y diseño de mi primera página web

4.1. Cómo estructurar un sitio web corporativo

Un **sitio web** se define como el conjunto de páginas web que son accesibles desde un mismo dominio o dirección. Por tanto, lo normal es que generemos un sitio web corporativo para cubrir las necesidades comerciales de un determinado negocio, que estará formado por las diferentes páginas web que explican los objetivos de la empresa, recursos humanos, productos, etc.

Dada su enorme repercusión social, la presencia en internet es imprescindible desde un punto de vista comercial. Pero además es necesario crear contenidos consistentes, bien estructurados y fáciles de entender. En definitiva, resultan de suma importancia las fases de organización de la información que se quiere presentar al usuario y la programación de la página web que determina el comportamiento de los elementos mostrados. De esta forma, cuanto mejor sea el diseño de nuestra página web, más tiempo permanecerán los visitantes en ella, más contenidos podrán ver y, si se trata de una web comercial, más posibilidades tendremos de obtener rentabilidad de ella.

Un sitio web es una estructura de información como cualquier otro tipo de documento, aunque con las particularidades que aporta la tecnología, como los recursos gráficos, hipertexto, interactividad, etc. Su estructura, contenidos y apariencia se deben concebir en un ciclo de vida de desarrollo en términos de proyecto. Sin embargo, la enorme oferta de herramientas y facilidades para la edición de páginas web y su publicación en la *World Wide Web* hace que muchas de ellas carezcan de rigor en sus contenidos y de calidad en su estructura y apariencia.

Argot técnico

La ***World Wide Web*** o **www** hace referencia a la red global de intercambio de información que se implementa a través de la infraestructura de redes de comunicación conocida como internet.

Un **hipertexto,** según la definición de la Real Academia Española, es un "texto que contiene elementos a partir de los cuales se puede acceder a otra información". Es decir, se trata de un documento que incluye enlaces a otros documentos a través de texto, imágenes o vídeos. Dichos enlaces se denominan **hiperenlaces** o **hipervínculos,** y pueden hacer referencia a otro recurso, como por ejemplo otra página web, o un punto específico del documento actual.

La creación de un sitio web, especialmente si se trata de un sitio web corporativo, debe ser llevada a cabo por un equipo multidisciplinar. Además de personal con conocimientos informáticos, se necesitan recursos humanos con conocimientos de documentación, diseño gráfico, telecomunicaciones, marketing y, en general, de múltiples especialidades relacionadas con las tecnologías de la información y la comunicación.

Como describe Elias M. Awad (Awad, 2007: 264-273), la creación de un sitio web es la ciencia de imaginar, como diseñador, qué hará el sitio y, a continuación, crear un proyecto para el resto del proceso. La Figura 4.1 muestra cómo debe ser el ciclo de vida en el proceso de construcción, lanzamiento y mantenimiento de un sitio web. La planificación del sitio se inicia delimitando los objetivos del sitio y recogiendo las opiniones de los potenciales clientes y usuarios. A continuación, se debe definir cuál es el público objetivo y analizar la presencia de sitios similares de la competencia. En una tercera fase, el diseñador comienza a construir el sitio a partir de esquema de navegación. Finalmente, se genera la apariencia y diseño visual del sitio.

No se trata sin embargo de un proceso lineal, sino de un ciclo iterativo en el que las diferentes fases interactúan entre sí. Es muy posible que sea necesario replantear etapas anteriores una vez que se trata de implementar alguna de las fases posteriores. Asimismo, el proceso puede volver a comenzar para replantear contenidos, objetivos o el diseño desde cualquier etapa del ciclo.

Figura 4.1. El proceso de creación de un sitio web se debe acometer de forma organizada, con un equipo multidisciplinar y por etapas.

Nota técnica

Aunque a veces se confunden los términos o se usan indistintamente, es necesario **diferenciar entre sitio web y página web.** Un sitio web se compone de un conjunto de páginas web que son accesibles desde un mismo dominio o dirección y que están semánticamente relacionadas. Si realizamos una analogía con un libro, el sitio web sería el libro completo, mientras que sus capítulos serían las páginas web que lo forman. Por ejemplo, la URL del sitio web de la empresa de fabricación de circuitos integrados Intel es http://www.intel.com/, mientras que la página que describe la empresa en español es http://www.intel.es/content/www/es/es/company-overview/company-overview.html.

4.1.1. Planificación del sitio

Una buena planificación es la base para que cualquier proyecto se pueda llevar a cabo con garantías de éxito. La creación de un sitio web no es una excepción y en esta primera fase de planificación se deben definir cuáles son los objetivos que pretendemos alcanzar una vez puesta en marcha la página web. Algunas de las preguntas que se deben plantear y responder en esta fase son:

- ¿Qué ofrece el sitio web?
- ¿Por qué la gente querrá visitar este sitio?
- ¿Qué contenidos se van a mostrar?
- ¿Quién se va a encargar de realizar cada tarea?
- ¿Cuánto tiempo se va a dedicar a cada tarea?
- ¿Se tratará de un sitio web meramente descriptivo o se va a permitir cierta interacción al usuario?
- ¿Qué tipo de interacción se va a permitir: consultas, foros, chats, carrito de la compra?
- ¿Cómo se va a conectar la página web con la base de datos de productos, inventario, clientes, etcétera?
- ¿Cuál va a ser el coste de la construcción del sitio web?

En definitiva, se debe abordar el proyecto de creación de un sitio web como cualquier otro proyecto, determinando el alcance y objetivos, las limitaciones, costes estimados y recursos humanos disponibles.

El perfil de usuario típico de internet es muy exigente: cualquier potencial cliente puede abandonar un sitio web de forma inmediata si no encuentra lo que busca al instante. Un título, una imagen o algún otro elemento deben capturar sin dilación la atención del usuario y darle una idea de la naturaleza de nuestro producto o servicio. El contenido debe estar bien organizado y tener en cuenta que el usuario busca resultados inmediatos.

Actividad resuelta 4.1

Planificación de un sitio web gubernamental

Analiza de forma crítica la planificación del sitio web del Ministerio de Educación, Cultura y Deporte: http://www.mecd.gob.es/.

Figura 4.2. Página web inicial del sitio del Ministerio de Educación, Cultura y Deporte, en enero de 2016. *Fuente:* http://www.mecd.gob.es.

Solución:

El sitio web en general está bien organizado, aunque quizás se muestra demasiada información en la web principal, lo que causa cierta confusión: noticias de actualidad relacionadas, portales de educación, información administrativa, convocatorias, etcétera. El público objetivo es lógicamente cualquier ciudadano interesado en la información facilitada por este Ministerio o que quiere realizar algún tipo de trámite a través de este. No es una página corporativa, por lo que no ofrece opciones de compra o similares, aunque sí existe una zona de administración electrónica en la que el usuario puede realizar trámites si se identifica mediante un certificado electrónico.

La página se muestra igual en dispositivos móviles, haciéndola prácticamente ilegible por el pequeño tamaño de letra al adaptarse a la pantalla de dichos dispositivos. Cualquier sitio web debe tener al menos una versión alternativa para dispositivos móviles, en la cual los elementos se adaptan para garantizar su correcta visualización.

(Continúa)

El acceso a los trámites electrónicos es algo engorroso, y el correcto funcionamiento de la instalación depende de ciertos componentes adicionales *(plugin)*, del tipo de navegador web empleado y de los niveles de seguridad determinados en el sistema.

Por otra parte, el sitio web ofrece rápidamente enlaces a una serie de pestañas que agrupan las principales categorías, por lo que facilita la navegación y el usuario sabe en todo momento en qué sección del sitio se encuentra. Además, siempre se muestra en la cabecera una sección de direcciones y teléfonos que permite al usuario acceder al directorio del Ministerio. Es de agradecer, pues en muchas organizaciones gubernamentales se omiten estos detalles, quizá con el objeto de evitar la saturación por llamadas telefónicas.

En definitiva, el sitio web ha sido bien planificado, y muestra información concisa al usuario. No obstante, la página principal está saturada de información y se debe cuidar su visualización en dispositivos móviles.

4.1.2. Determinación del mercado objetivo

Saber identificar al público objetivo es uno de los principales requisitos de un proyecto o negocio que busque ser competitivo. De hecho, determinar de forma precisa y acertada a quién va dirigido un sitio web puede suponer el éxito o el fracaso del proyecto que implica la puesta en marcha de un sitio web. No solo se debe identificar a los potenciales usuarios, sino también sus objetivos y preferencias. En primer lugar, generar una lista de segmentos del mercado a los que se pretende dirigir el sitio. Si la lista es demasiado grande y heterogénea, se debe considerar su reducción o bien tratar de configurar de forma personalizada el sitio web en función del perfil del usuario. Evidentemente, no es posible satisfacer las necesidades de nuestro cliente sin saber quién es, cómo se comporta o dónde está.

Nota técnica

La organización y puesta en marcha de un sitio web forma parte del plan de marketing digital que debe llevar una organización para su presencia en la red (Apartado 1.3.2: El plan de marketing digital).

Figura 4.3. La determinación del mercado objetivo *(target)* de un sitio web es un proceso imprescindible en su planificación.

Algunas de las cuestiones que se deben plantear y responder a la hora de segmentar el mercado objetivo son:

- ¿Qué tipo de público o audiencia *online* quiero atraer? De forma específica en internet, es difícil establecer un patrón único de un cliente que puede estar en cualquier parte del mundo. En cualquier caso, sí es posible definir las características generales de la audiencia a la que se pretende dirigir el proyecto.
- ¿Quiénes serían mis posibles clientes en el mismo negocio en un mundo *offline*? Se debe determinar en primer lugar quiénes son los clientes que se pueden interesar por los productos o servicios que se ofrecen en un hipotético modelo de negocio clásico y pensar de qué forma se extrapola esa audiencia al mundo digital.
- ¿Qué alcance pretendo tener: local o global? Internet nos abre la puerta a un mercado potencial que es el mundo entero, pero por esa misma razón la competencia es brutal. Hay que fijarse objetivos realistas en cuanto al alcance del modelo de negocio que se quiere implementar.
- ¿Existe algún factor temporal que pueda acceder a la demanda de mis productos? Debemos identificar si algún factor hace que mis productos sean más vendidos en determinados intervalos de tiempo (anual, semanal o incluso por horas). Por ejemplo, si ofrecemos un sitio web para el alquiler de coches en Ibiza, es muy probable que la demanda sea mucho mayor en los meses de verano. Si se trata de un sitio web para el reparto de comida a domicilio, es probable que en las horas que coincidan con un gran evento deportivo la demanda sea mayor.
- ¿Existen rasgos demográficos que distingan a mi mercado objetivo? Se debe determinar si existen caracte-

rísticas diferenciales en términos de raza, sexo, edad, educación, situación familiar, ingresos, salud, etc.

- ¿Cuál es la experiencia de mi mercado objetivo en el uso de las TIC? Si los posibles clientes usan las redes sociales o leen la prensa por internet se pueden establecer diferentes estrategias de publicidad. Si siguen determinados blogs, puede que la opinión de ciertas personas influya en sus decisiones de compra.

Actividad propuesta 4.1

Determinación del mercado objetivo

Supongamos que queremos crear un sitio web para el alquiler de bicicletas con fines turísticos. ¿Cuál es su mercado objetivo? Algunos ejemplos de sitios de este tipo son:

- Alquiler de bicis Málaga, http://www.biketoursmalaga.com/es/malaga-alquiler-bicicletas.
- Alquilar una bici de carretera en Granada, http://www.rent-a-bici.com/espanol.
- Bike Rental Barcelona, http://www.bikerentalbarcelona.com/spanish/index.htm.

Hay que determinar el mercado objetivo, respondiendo a las preguntas planteadas anteriormente en este apartado:

- ¿Qué tipo de público o audiencia *online* quiero atraer?
- ¿Quiénes serían mis posibles clientes en el mismo negocio en un mundo *offline*?
- ¿Qué alcance pretendo tener: local o global?
- ¿Existe algún factor temporal que pueda acceder a la demanda de mis productos?
- ¿Existen rasgos demográficos que distingan a mi mercado objetivo?
- ¿Cuál es la experiencia de mi mercado objetivo en el uso de las TIC?

Una vez que el sitio web está implementado y funcionando es posible y altamente recomendable obtener información sobre las visitas que está recibiendo dicho sitio web. Mediante herramientas de análisis web como Google Analytics podremos llevar a cabo tareas como analizar de qué sitios web proceden los usuarios que visitan nuestras páginas, si se trata de usuarios nuevos o recurrentes o qué páginas son las más visitadas, entre otras muchas posibilidades. Disponer de esa información en todo momento es también un complemento crucial para identificar el mercado objetivo en internet del negocio que se plantea.

Figura 4.4. Las herramientas de analítica web como Google Analytics son de gran ayuda para poder analizar la penetración en el mercado objetivo y corregir la estrategia de comercialización. *Fuente:* https://www.google.es/intl/es/analytics/.

Nota técnica

En el Apartado 5.4.3 de la siguiente unidad didáctica se mostrará con más detalle la utilidad y manejo de las herramientas de **analítica web.**

4.1.3. Análisis de la competencia

Por otra parte, es igualmente crítico analizar la presencia en internet de la competencia. Además de proporcionarnos valiosa información sobre quiénes van a ser nuestros competidores, esta búsqueda nos puede aportar ideas para nuestro nuevo proyecto web. A este proceso se lo conoce como *benchmarking* o evaluación comparativa. Podremos saber si un producto parecido al que queremos ofrecer ha sido exitoso o no, las opiniones de otros usuarios respecto a dichos productos, las oportunidades que se ofrecen en cuanto a demandas de servicios que en la actualidad no están cubiertos, etc.

Argot técnico

El ***benchmarking*** o **evaluación comparativa** se refiere al proceso mediante el cual comparamos nuestros productos y servicios respecto a los ofrecidos por competidores directos de mercado. De esta forma, obtenemos comparaciones directas y específicas respecto a productos o estrategias de marketing ya contrastados y con influencia en el mercado objetivo.

Figura 4.5. El análisis de la competencia es una valiosa fuente de información para inspirar ideas novedosas y evitar posibles errores.

Actividad propuesta 4.2

Evaluaciones comparativas

Realiza una evaluación comparativa o *benchmarking* sobre sitios web dedicados a la venta de estaciones meteorológicas domésticas y otros aparatos de medida para el hogar.

4.1.4. Generación del contenido del sitio

En esta fase se detallan cuáles serán los contenidos del sitio, recopilando las piezas necesarias para componer y organizar la estructura del sitio web. Llegados a este punto deberemos determinar cuál es la estructura global del sitio: jerárquica, secuencial o en red. Esta arquitectura determinará la forma en que el usuario final navegará por la información:

- **Estructura jerárquica:** es la típica estructura de árbol, en el que la raíz es la página principal o *home* del sitio web. Desde esta página principal se puede acceder a las diferentes secciones, las cuales a su vez se pueden dividir en subsecciones y así sucesivamente. Esta estructura facilita al usuario saber en qué parte del sitio se encuentra y permite profundizar en el nivel de detalle de la información que se ofrece. Ejemplos: la mayoría de los sitios web de prensa *online* adoptan esta estructura, mostrando la portada del medio como página principal y ofreciendo las diferentes categorías (nacional, internacional, deportes, etc.) a partir de dicha página.
- **Estructura secuencial:** es la estructura más simple de sitio web, pero también la menos interactiva. La manera de navegar por el sitio es similar a como si se estuviera leyendo un libro: desde una página podemos ir a la página siguiente o a la anterior. De esta forma podemos guiar al usuario por la lectura del sitio web, manteniendo el control sobre el orden en el que se le presenta la información. Sin embargo el usuario puede tener cierta sensación de aburrimiento y de falta de libertad para elegir los contenidos que quiere visualizar. Se puede implementar un modelo mixto con cierta jerarquía, por ejemplo un índice que estructure todas las páginas, de forma que en un solo clic siempre se pueda volver a dicho índice, que suele ser la página principal. Ejemplos: aquellos sitios web que ofrecen tutoriales guiados, asistentes o cursos *online* en los que se deben visitar las páginas en un determinado orden. Por ejemplo, el sitio web www.ehowenespanol.com ofrece tutoriales de todo tipo sobre diversas tareas domésticas; dichas tareas se explican y organizan secuencialmente.
- **Estructura en red:** en esta estructura, las páginas se asocian libremente y, aparentemente, no hay ningún orden. Es la estructura que ofrece mayor libertad al usuario para navegar, pero también puede causar desorientación si los contenidos no se enlazan correctamente o si se llega a caminos sin retorno. Ejemplos: los sitios web para redes sociales suelen implementar este tipo de estructura, donde la red se adapta precisamente al perfil del usuario a través de su círculo de amistades o contactos.

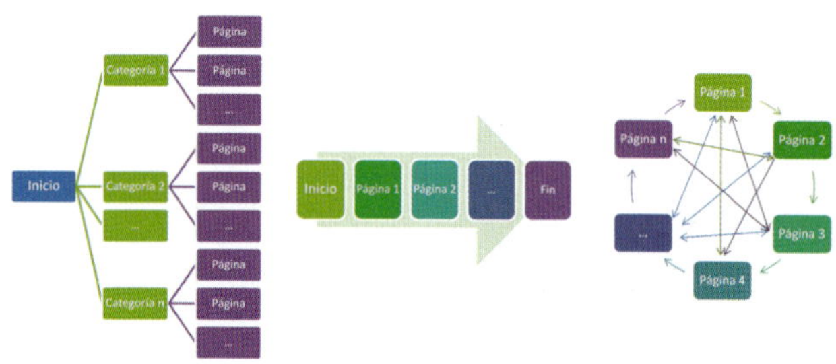

Figura 4.6. Estructura de un sitio web: jerárquica, secuencial y en red.

Actividad propuesta 4.3

Tipos de estructuras de sitios web

Proporciona un ejemplo concreto de cada una de las estructuras de sitios web que se han descrito: jerárquica, secuencial y en red. Indica la URL completa de cada sitio.

Una vez definida la estructura que va a dar lugar al sitio web, resulta útil crear una lista de los contenidos y de los requisitos funcionales de cada apartado. De esta forma, generamos un inventario con los contenidos que albergará nuestro sitio web. También puede resultar de gran ayuda generar esquemas y organigramas que indiquen en qué lugar se va a presentar cada contenido. Existen incluso herramientas automáticas para la generación del mapa de un sitio ya creado, pero en nuestra opinión dicho mapa debe ser generado previamente a la inclusión de contenidos y no con posterioridad.

Argot técnico

De forma específica a la programación web, se denomina **mapa del sitio** o ***sitemap*** al organigrama del sitio web que muestra gráficamente cómo se interconectan las diferentes páginas del sitio y qué contenidos ofrecen. Si el sitio web no es demasiado complejo como para poder ser representado visualmente, es una importante ayuda a la navegación, al ofrecer una visión general instantánea del contenido del sitio. Por otra parte, los mapas del sitio se utilizan para optimizar el posicionamiento del sitio web ante los buscadores (SEO).

Actividad resuelta 4.2

Organigrama o mapa de un sitio web

Visita el sitio web de venta de calzado infantil de la empresa Calzados Nico http://calzadosnico.com. Crea el mapa del sitio de forma manual mediante la navegación a través de las diferentes secciones.

Solución:

Entramos en el sitio web del negocio y observamos que se orienta directamente a mostrar al usuario el catálogo *online* y que se estructura de forma jerárquica. A través de la navegación simple por las diferentes secciones, podemos generar el mapa del sitio de la Figura 4.7.

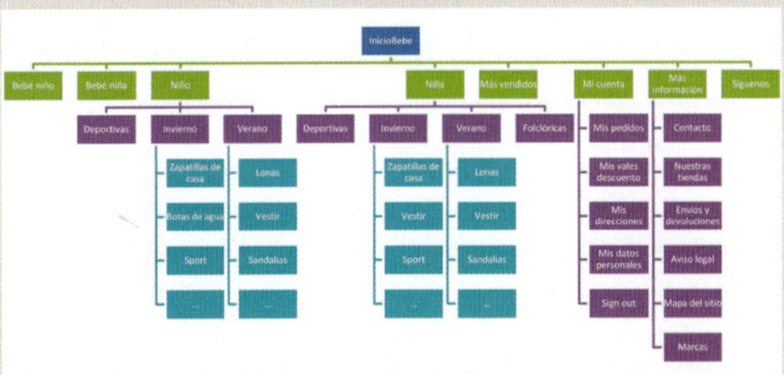

Figura 4.7. Mapa del sitio de una tienda *online* para la venta de calzado infantil: http://calzadosnico.com. Se ha obtenido mediante la navegación a través de las diferentes secciones que ofrece el sitio web.

Observamos de hecho que el propio sitio ofrece una sección denominada "Mapa del Sitio". Vamos a comparar el resultado que muestra con el que hemos obtenido: aunque el organigrama no es tan visual, la estructura es prácticamente idéntica. Además, desde este mapa del sitio podemos acceder mediante enlaces directos a cualquier sección mostrada en él.

Figura 4.8. Mapa del sitio ofrecido por la propia web de calzado infantil: http://calzadosnico.com/sitemap. *Fuente:* Calzados Nico (http://calzadosnico.com).

4.1.5. Definición del diseño visual

Finalmente, una vez que se han decidido los contenidos que se van a mostrar en el sitio, debemos decidir cuál será el aspecto visual de nuestro sitio web. Para empezar, debemos plantearnos cuántos tipos de páginas va a ser necesario mostrar al usuario (páginas con texto e imágenes, páginas del catálogo, páginas de la lista de la compra, páginas con información sobre la empresa, etc.). El estilo de las páginas debe ser consistente y homogéneo a lo largo de todo el sitio (Awad, 2007: 264-273). El diseño de un sitio web tiene como objetivo principal atraer y retener a los visitantes. En este sentido, el nivel de personalización es un factor muy importante y debe modificar los contenidos de forma que se ajusten a las necesidades de cada usuario y dispositivo en particular. Por ejemplo, hoy en día es imprescindible ofrecer una versión diferente del sitio web dependiendo de si se visita desde un dispositivo móvil (vista móvil) o desde un ordenador personal (vista clásica). Este es el concepto actual de diseño web adaptable o *responsive web design*.

Argot técnico

El diseño **web adaptable o *responsive*** hace referencia a la necesidad actual de adaptar la apariencia de las páginas web al dispositivo que se esté utilizando para visualizarlas. Los usuarios tienen la oportunidad de conectarse a internet a través de múltiples dispositivos. El diseño de nuestro sitio web debe adaptarse tanto a ordenadores de sobremesa o portátiles como a teléfonos inteligentes, tabletas o cualquier otra resolución de pantalla disponible en el mercado.

Figura 4.9. Un diseño web adaptativo o *responsive* es aquel que adapta su forma de visualización al dispositivo desde el cual se está accediendo.

Existe multitud de pautas y referencias sobre cómo realizar un buen diseño visual de un sitio web (Krug, 2012; Weinschenk, 2011), pero de forma resumida nos podemos quedar con las siete recomendaciones que realiza el blog de marketing *online* para pymes *Activa Internet* (Qdqmedia, 2015), http://www.activainternet.es/7-reglas-basicas-buen-diseno-web/:

1. **Organiza el contenido:** una información bien estructurada y de fácil acceso permitirá una fácil navegación por nuestra web.
2. **Elección de fuentes apropiadas:** no debemos buscar fuentes demasiado complicadas. Se debe elegir una fuente de fácil lectura con un tamaño legible a primera vista.
3. **El color de nuestro sitio web: siempre debe existir un contraste adecuado** entre el fondo y la fuente de texto. No se deben usar colores estridentes, ni una paleta de colores demasiado amplia. Esta debe ser acorde con la identidad corporativa de la marca.
4. **Imágenes de calidad:** buscaremos imágenes bien definidas y con buena resolución para provocar un impacto visual. Por el poder que tienen las imágenes puede ser aconsejable introducir textos en ellas para transmitir un mensaje en pocos segundos.
5. **El vídeo es un gran aliado:** las últimas tendencias nos revelan que el vídeo cada vez es más consumido, pero debemos saber que su duración es muy importante. Los usuarios de internet no emplearán más de 1 o 2 minutos para visualizar este tipo de contenidos.
6. **Simplificar el mensaje:** para llegar al usuario debemos exponer nuestros **mensajes de una manera clara y directa.** Hay que simplificar el mensaje utilizando frases cortas y a la vez contundentes e inspiradoras.
7. **Diseño web *responsive:*** como se ha comentado anteriormente, los usuarios tienen la oportunidad de conectarse a internet a través de múltiples dispositivos, y nuestro sitio web se debe adaptar a las opciones de visualización de dichos dispositivos.

Argot técnico

La **usabilidad *(usability)*** hace referencia a la facilidad con la que un usuario puede utilizar y controlar una determinada herramienta. En el ámbito del diseño web, la usabilidad hace referencia a la capacidad de una página web de transmitir de forma inmediata la información que contiene y que sea posible saber cómo usarla sin agotar ningún esfuerzo en reflexionar acerca de lo que se muestra o cómo interactuar. De alguna forma, lo que el usuario le pide a un sitio web es "¡no me hagas pensar!" (Krug, 2012).

Actividad propuesta 4.4

Sitios web que no debemos imitar

En la URL (Webstudio, 2015) http://webstudio316.com/top-10-peores-sitios-web-del-mundo-edicion-2015 se recopilan los que, a juicio del autor Danny Guzmán, son los 10 peores sitios web en cuanto a diseño del mundo. Visita cada uno de los sitios relacionados y analiza los fallos. Puedes basarte en las siete recomendaciones que hemos descrito para el buen diseño visual de un sitio web.

4.2. Lenguaje HTML

La principal diferencia entre un documento impreso tradicional y una página web radica en la capacidad de estas últimas para interconectarse a su vez con otros recursos utilizando un lenguaje específico denominado HTML.

4.2.1. ¿Qué es HTML?

HTML (*Hypertext Markup Language*, lenguaje de marcado de hipertexto) es el lenguaje empleado para el desarrollo de páginas web. Este lenguaje define una serie de etiquetas que el navegador web (Firefox, Chrome, Internet Explorer, etc.) interpreta y visualiza en pantalla. El término hipertexto hace referencia a la capacidad que incorporan los textos escritos con este lenguaje para referenciar otras páginas (hipervínculos). Además, HTML dispone de etiquetas para imágenes, vídeos, incorporación de pequeños programas *(scripts)* escritos en otros lenguajes, saltos de línea, listas, tablas, etc.

Argot técnico

Un ***script*** o **guion** en un sitio web es un pequeño programa escrito en texto plano que se ejecuta bien en el cliente (dispositivo del usuario) o en el servidor (ordenador que mantiene el sitio web). Los lenguajes más usuales para la programación de *scripts* son JavaScript, JSP, Active Server Pages y PHP.

El inicio de HTML se remonta a principio de los años 80, junto con el origen de internet, aunque no se describió formalmente hasta 1990 por Tim Berners-Lee, conocido como el "padre de la web" (Veà, 2013). En los años 80, el Departamento de Defensa de los Estados Unidos y algunas instituciones académicas utilizaban una versión preliminar de internet con el objetivo de intercambiar información. Tim Berners-Lee propuso crear un lenguaje que unificara la forma en que se visualizaba la información y permitiera interconectarla, dando origen a HTML tal y como lo conocemos hoy en día. Inicialmente se utilizó HTML para indicar si era necesario incluir un párrafo, colocar un título en su lugar o describir los contenidos de un sitio web. Dado que HTML estaba basado en texto simple, cualquier persona podría dominar el lenguaje. El primer navegador gráfico que usó HTML fue Mosaic, y con él se fueron incorporando nuevas etiquetas *(tags)* para permitir realizar diseños con textos en color, fondos en color, imágenes, diferentes fuentes, etc. Mosaic a su vez dio lugar al conocido (aunque ya desaparecido) navegador Netscape.

Argot técnico

Un ***tag*** o **etiqueta** es una cadena de caracteres insertada en un documento de hipertexto que especifica cómo se debe mostrar una determinada sección de dicho documento. El carácter que identifica el inicio de una etiqueta es "<" y el de fin ">".

4.2.2. ¿Qué es una hoja de estilo?

En la programación web actual es muy importante separar los contenidos de su aspecto final de cara al usuario. Se habla en efecto de la **web semántica** como nuevo modelo para superar los problemas de falta de estructuración de los contenidos en internet y facilitar la tarea de los algoritmos de clasificación de los principales buscadores. De esta forma, la importancia de HTML radica en el fondo, no en la forma o apariencia. En efecto, HTML y lenguajes derivados tienen la capacidad de etiquetar la información mediante *tags*, indicando cuáles son los términos más importantes, los vínculos con otras páginas web y otro tipo de información acerca de los contenidos denominados metadatos.

En tal caso, si HTML no debe centrarse en el aspecto final de una página web, ¿quién se encarga de esta tarea? La respuesta está en las hojas de estilo. Las **hojas de estilo** son ficheros que comprenden conjuntos de instrucciones que determinan los aspectos de formato y de presentación de los contenidos de otros ficheros de contenidos a los que acompañan. Una hoja de estilo tiene normalmente la extensión CSS *(Cascading Style Sheets)* y determina todos los aspectos relacionados con la apariencia, como la fuente y tamaño de letras, alineación, posicionamiento del texto, colores, fondos, etcétera.

Las ventajas de separar los contenidos de su apariencia mediante el uso de hojas de estilo son:

- **Independencia** en el equipo de trabajo. En un equipo de trabajo multidisciplinar, el programador y el diseñador pueden realizar sus tareas de forma independiente y en paralelo, sin interferencias entre ambos.
- **Estilo simultáneo.** Se puede usar una misma hoja de estilo para un conjunto de páginas web, de forma que se puede controlar el estilo y formato de múltiples páginas de forma centralizada, sin necesidad de editarlas por separado.

- **Uniformidad del diseño.** Un sitio web debe mantener un estilo uniforme, acorde con su identidad corporativa en el caso de sitios enfocados al comercio electrónico. Las hojas de estilo facilitan esa tarea.
- **Características de estilo avanzadas.** Las hojas de estilo CSS permiten muchas más opciones de formato que el uso simple de código HTML.
- **Diseño web adaptable** *(web responsive).* Un mismo documento puede visualizarse correctamente en diversos dispositivos simplemente utilizando la hoja de estilo correcta.

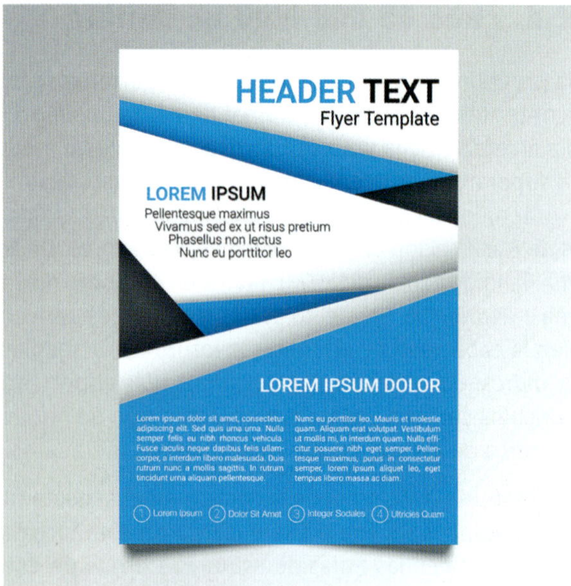

Figura 4.10. Las hojas de estilo permiten independizar los contenidos de un sitio web de su apariencia, utilizando una misma plantilla para todas sus páginas y permitiendo adaptarse al tipo de dispositivo utilizado para su visualización.

4.2.3. Componentes de HTML

En HTML los componentes básicos son los **elementos.** Un elemento HTML indica qué tipo de contenido (párrafo, tabla, imagen, etc.) se va a mostrar en una sección determinada de la página web. Por lo general, los elementos están formados por una etiqueta de inicio, el contenido que opcionalmente puede incluir ciertos modificadores denominados atributos, y una etiqueta de cierre.

Por ejemplo, el elemento para indicar el título de una página web es `title`, de forma que la sintaxis de las etiquetas para este elemento es:

`<title>`: para indicar el comienzo del elemento título.

`</title>`: para indicar el fin del elemento título.

De hecho, este elemento es obligatorio en cualquier página web, y corresponde al título que aparece en la ventana del navegador que estemos utilizando. Supongamos que estamos editando la página principal de la agencia de viajes Vuela Con Nosotros; podríamos indicar el título de dicha página mediante el elemento:

```
<title>Bienvenid@ a Vuela Con Nosotros
</title>
```

Existen multitud de tutoriales y guías básicas de HTML en la red. Una de las más completas y mejor estructuradas es el portal web de desarrolladores de Mozilla (Mozilla Developer Network, 2016), en el que podemos encontrar una lista exhaustiva de todos los elementos que podemos insertar en una página web, incluyendo ayuda y ejemplos sobre cada uno de ellos.

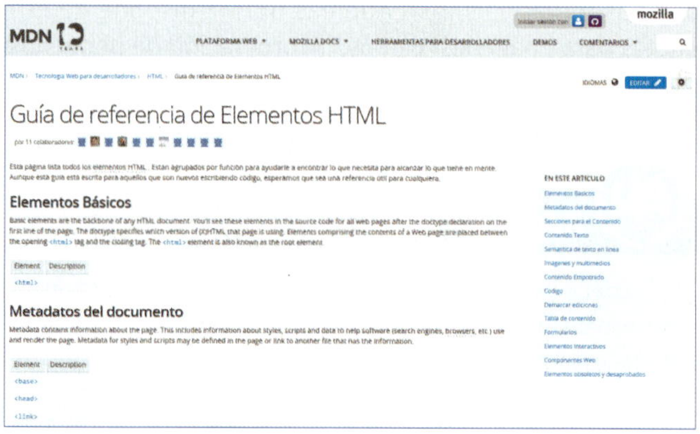

Figura 4.11. Guía de referencia HTML del sitio web de desarrolladores de Mozilla Firefox *(Mozilla Developer Network):* https://developer.mozilla.org/es/docs/web/HTML/Elemento.

Para modificar el comportamiento de ciertos elementos podemos utilizar **atributos.** Los elementos HTML solo describen la estructura de las páginas web y los tipos de contenidos que queremos insertar. Los atributos se emplean para aplicar estilos y formatos, indicar la ubicación de las imágenes que hay que insertar o bien qué página hay que abrir cuando se trata de un enlace (Aubry, 2012: 22-24).

Supongamos que queremos insertar una imagen en una página web. Para ello usamos el elemento HTML `img`, de "imagen". Como este elemento no incorpora texto, no precisa etiqueta de cierre (<img />). Para indicar dónde está ubicado el archivo de la imagen, se debe emplear el atributo `src`, de *source,* "fuente" en inglés. Los atributos comparten una sintaxis uniforme: al nombre del atributo le sigue el símbolo de igualdad (=) y finalmente el valor del atributo entre comillas. Por ejemplo, si queremos indicar que se debe visualizar una imagen denominada `logo.jpg` y que está ubicada en la misma carpeta que la página web actual, bastaría con escribir:

```
<img src="logo.jpg" />
```

Se pueden definir atributos adicionales en un mismo elemento. Para el ejemplo anterior, si queremos especificar exactamente la altura y anchura en píxeles de la imagen visualizada escribiríamos:

```
<img src="logo.jpg" width="120" height="80"/>
```

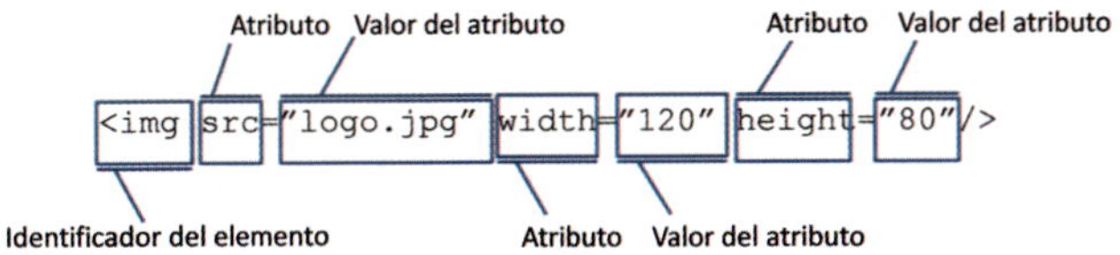

Figura 4.12. Elementos y atributos en HTML.

De forma concisa, describimos a continuación algunos de los elementos fundamentales usados en HTML. En el Apartado 4.4 se especificará con mayor detalle su funcionamiento, acompañado por ejemplos de uso. No se detallan los atributos que se pueden usar con cada uno de los elementos, pero esta información se puede obtener fácilmente en la web o en cualquier manual de HTML (Aubry, 2012: 175-182; Luján Mora, 2015; MacDonald, 2015; Media Active, 2014).

- Elementos estructurales:
  - `<html>` y `</html>`: todas las páginas web empiezan y terminan con este elemento. Siempre contiene, a su vez, un elemento *head* y un elemento *body*.
  - `<head>` y `</head>`: contiene información sobre el documento, como el título, idioma, estilo, enlace a hoja de estilos, palabras clave, etc.
  - `<title>` y `</title>`: indica el título de la página web.
  - `<style>` y `</style>`: determina el color de fondo y de fuente del documento.
  - `<meta>` y `</meta>`: describe el tipo de página web, autor, palabras clave y otros metadatos.
  - `<body>` y `</body>`: es el elemento que engloba los contenidos de la página web. Dentro de este elemento se encuentra el resto de contenidos que se va a mostrar en el navegador.

Argot técnico

En terminología informática, se conoce como **metadatos** a aquellos datos que describen la propia información que se está tratando. En una página web, los metadatos contienen información acerca del idioma en el que se ha escrito, su autor, fecha de creación, codificación de los caracteres, etc.; o algo tan importante de cara al posicionamiento web para los motores de búsqueda como las palabras clave *(keywords)* que describen una determinada página web.

- Elemento de enlace:
  - `<a>` y `</a>`: el elemento "a" (de *anchor*, "ancla") define un hipervínculo, que puede estar dentro de la misma página o ser externo a ella.
- Elementos de formato de texto:
  - `<h1>` y `</h1>`: crea un encabezado *(header)* de primer nivel para una sección del documento. Podemos crear encabezados en otros niveles cambiando el número que acompaña al carácter "h": h1, h2, h3, h4, h5 y h6.
  - `<p>` y `</p>`: distribuye el texto en párrafos.
  - `<b>` y `</b>`: define un texto en negrita. También realiza el mismo efecto `<strong>`, pero añadiendo un componente semántico adicional de importancia.
  - `<i>` y `</i>`: define un texto en itálica o cursiva. Al igual que con la negrita, existe un elemento análogo `<em>` que añade un componente de importancia al texto que resalta.
  - `<hr>`: inserta una línea de separación horizontal.
  - `<br>`: inserta una línea en blanco (retorno de carro).
- Elementos de tabla, listas y numeración:
  - `<ul>` y `</ul>`: crea una lista no ordenada.
  - `<ol>` y `</ol>`: crea una lista ordenada o numerada.
  - `<li>` y `</li>`: genera un ítem dentro de una lista.
  - `<table>` y `</table>`: representa los contenidos que comprende en forma de tabla.
  - `<tr>` y `</tr>`: define cada nueva fila de la tabla.

- <th> y </th>: define cada nueva celda de la tabla con formato de cabecera.
- <td> y </td>: define cada nueva celda de la tabla con formato normal.

Además de estos elementos, también existen otros muchos para la definición de formularios, contenido multimedia, inclusión de código en otros lenguajes de programación, etc.

Actividad propuesta 4.5

Uso de los diferentes elementos HTML

A través de diferentes sitios web podemos encontrar interesantes tutoriales de HTML. Algunos de ellos incluso permiten ensayar en línea el uso de los diferentes elementos y visualizar el efecto que producen. Uno de estos sitios es el "HTML Tutorial" de w3schools.com. Prueba el uso de los diferentes elementos HTML a través de su página web.

- Título de la página, cabeceras y párrafos. Establece diferentes cabeceras e incluye párrafos entre ellas. ¿Cuál es la diferencia entre una cabecera de nivel 1 y una de nivel 2?

  Ayuda: http://www.w3schools.com/html/tryit.asp?filename=tryhtml_default.

- Define un hipervínculo. Establece un hipervínculo al sitio web de Paraninfo (http://www.paraninfo.es). Comprueba que te lleva correctamente al sitio de destino.

  Ayuda: http://www.w3schools.com/tags/tryit.asp?filename=tryhtml_link_test.

- Introduce un texto en negrita, seguido de una línea horizontal y después otro texto en cursiva.

  Ayuda: http://www.w3schools.com/tags/tryit.asp?filename=tryhtml_hr_test.

- Genera una lista de colores desordenada.

  Ayuda: http://www.w3schools.com/tags/tag_ul.asp.

Figura 4.13. Editor en línea de w3schools.com, que contiene ejemplos precargados. *Fuente:* http://www.w3schools.com/tags/tryit.asp?filename=tryhtml_lists4.

4.3. ¿Qué necesito para crear una página web?

Una vez que conocemos qué es HTML y que toda la información que se muestra se escribe desde un simple fichero de texto, podemos realizar una breve recopilación de las herramientas que vamos a necesitar para crear sitios web.

4.3.1. Un navegador web

La oferta de navegadores disponibles es muy amplia y la elección correcta depende de las preferencias personales de cada usuario. Además, casi todos son gratuitos. Los más conocidos son Mozilla Firefox, Internet Explorer, Google Chrome y Safari (para Mac).

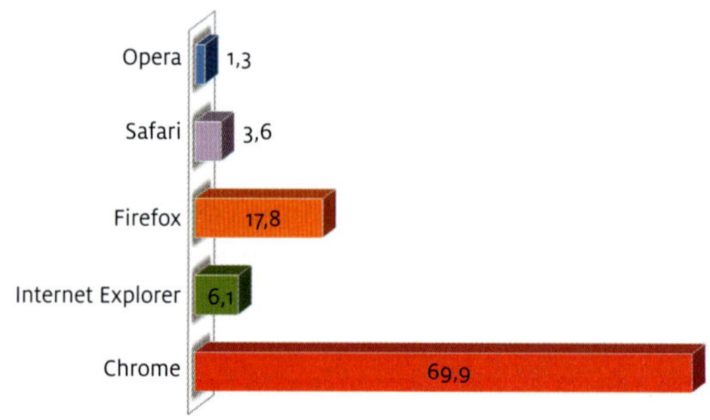

Figura 4.14. *Ranking* de uso de navegadores web durante marzo de 2016 en cualquier tipo de dispositivo. *Fuente:* http://www.w3schools.com/browsers/browsers_explorer.asp.

4.3.2. Un editor HTML

Para escribir una página web podemos usar el sencillo "Bloc de Notas" de MS Windows o cualquier editor de texto plano de otro sistema operativo. Sin embargo, existen editores HTML que resaltan la sintaxis y facilitan la introducción y estructuración del código. Algunos incluso permiten visualizar el aspecto final de la página web a medida que la vamos escribiendo. A partir del nivel de complejidad del sitio web que se vaya a diseñar y de la habilidad como programador web del usuario, podemos elegir alguno de los siguientes editores:

- Editores comerciales: DreamWeaver, Microsoft Expression Studio, UltraEdit, skEdit.
- Editores gratuitos: Aptana, Amaya, CoffeCup Free Editor, Notepad++, KompoZer, Sublime Text, Firebug.

- Editores en línea: evitan tener que instalar el programa editor de forma local en nuestro ordenador, pero precisan estar conectados a internet.
  - Tryit Editor, http://www.w3schools.com/html/.
  - *Online* HTML Editor, http://www.onlinehtmleditor.net/.
  - Real-time HTML Editor, http://htmledit.squarefree.com/.
  - HTML Instant, http://www.htmlinstant.com/.

A lo largo de este texto, utilizaremos KompoZer para la edición de páginas web, aunque cualquier otro editor puede ser igualmente válido. Existen versiones de KompoZer en múltiples idiomas, incluido el español: http://www.kompozer.net/download.php.

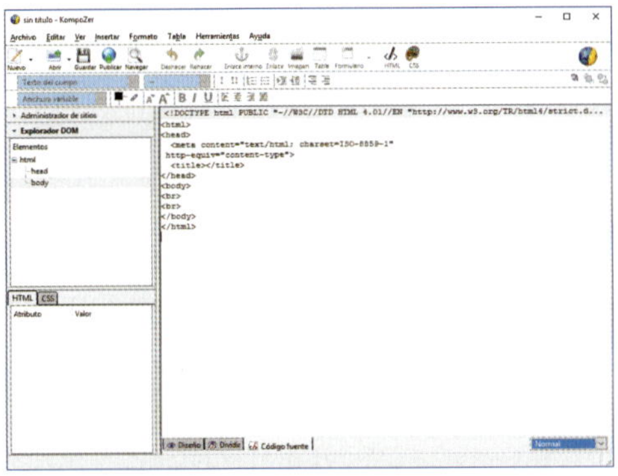

Figura 4.15. Pantalla inicial para una página en blanco en KompoZer (versión 0.8b3). Se puede observar que automáticamente incluye algunos elementos HTML que posteriormente se deben ir rellenando.

Nota técnica

Los editores **WYSIWYG** (*What You See Is What You Get*, "lo que ves es lo que obtienes") son aquellos que muestran la página web tal como se verá en el navegador conforme la vamos editando, incluso con la opción de no mostrar el código HTML subyacente. Por ejemplo, Adobe Dreamweaver o KompoZer funcionan de esta manera.

En un nivel aún menos técnico y que no implica necesidad de aprendizaje de HTML se sitúan los sistemas de gestión de contenidos **(CMS, *Content Management System*)** enfocados a la creación de páginas web, como WordPress, Joomla! o Drupal. Con estos gestores podemos crear sitios web con bastantes prestaciones muy fácilmente, pero sin tener acceso al nivel de detalle que implica haber creado el sitio desde cero mediante HTML. Los CMS se describirán en mayor detalle en Apartado 5.4.4 de la siguiente unidad.

4.3.3. Un programa para la gestión de imágenes

Será necesario un programa para crear, editar y retocar las imágenes que se quieran presentar en el sitio web. Nuevamente, la oferta de este tipo de programas es enorme, partiendo del conocido Adobe Photoshop, Corel Draw, PaintShop Pro o GIMP. Estos dos últimos, además, son gratuitos. Estas aplicaciones incorporan multitud de herramientas que se utilizan para el retoque y edición de imágenes, dibujo de formas libres, recortar, hacer fotomontajes, convertir a diferentes formatos de imagen y un sinfín de tareas más específicas. Los formatos típicos de imagen en los sitios web son JPG, GIF o PNG.

Figura 4.16. El retoque fotográfico es un proceso fundamental para mejorar el aspecto de las imágenes en un sitio web.

4.3.4. Espacio en un servidor: alojamiento

Para que el sitio web sea visible en internet es necesario proporcionarle alojamiento *(hosting)*. Eso significa que el sitio tiene que almacenarse en un servidor web que la mayoría de las veces no está físicamente localizado en el mismo emplazamiento desde el que se están programando las páginas web. Una vez alojado el sitio, se le asignará un nombre de dominio, que es un elemento identificador único que hará visible y accesible el sitio de manera permanente a todo el mundo (Aubry, 2012: 175-182).

Nota técnica

Se describirán con más detalle las opciones de alojamiento en el Apartado 5.1 de la siguiente unidad.

4.4. Edición y diseño de mi primera página web

En este apartado vamos a ir creando una sencilla página web en la que iremos añadiendo progresivamente diferentes elementos. Vamos a codificar la página desde cero, utilizando el editor HTML KompoZer (KompoZer, 2016): www.kompozer.net.

Actividad resuelta 4.3

Instalación del editor HTML KompoZer

Instala en tu ordenador el editor de HTML KompoZer. Su descarga está disponible en www.kompozer.net.

Solución:

1. Buscamos "kompozer" desde cualquier buscador, como Google, por ejemplo.
2. Seleccionamos el sitio web del editor y buscamos el enlace a la descarga del instalador en español para el sistema operativo que estemos utilizando.
3. Esperamos a que finalice la descarga y, una vez completada, ejecutamos el programa de instalación.
4. Seguimos los pasos para la instalación de KompoZer hasta llegar a "Finalizar".
5. Se ejecuta el programa KompoZer, mostrando una página web en blanco.
6. Al seleccionar la pestaña "Código fuente" se puede ver el código HTML de la página que se está editando.

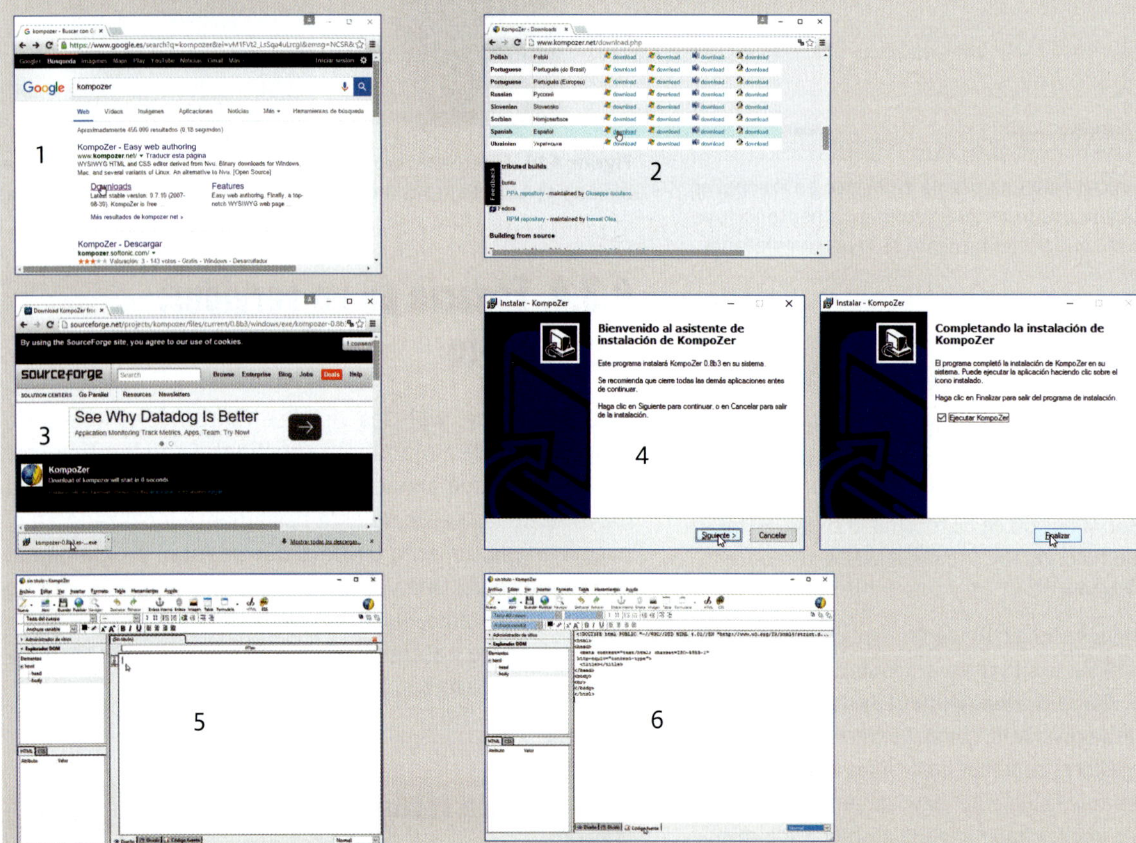

Figura 4.17. Proceso de instalación y primera ejecución de KompoZer.

4.4.1. Título y mensaje de bienvenida: "¡Hola, mundo!"

Vamos a partir de una sencilla página que muestre simplemente el mensaje "Hola, mundo". En el resto de apartados iremos modificando esa página web para añadir más texto en diferentes formatos de encabezado y estilo, listas, tablas, hipervínculos, formularios y contenido multimedia.

Cuando creamos una página web en blanco, ya KompoZer inserta cierto contenido que toda página web debe incluir:

```
<html>
<head>
 <meta content=”text/html; charse-
t=ISO-8859-1”
 http-equiv=”content-type”>
 <title></title>
</head>
<body>
<br>
</body>
</html>
```

Analicemos brevemente este esquema inicial. Podemos encontrar los siguientes elementos (ya descritos en el Apartado 4.2.3):

- `Html`: indica al navegador cuáles son los límites del documento.
- `Head`: determina información sobre el documento (título, autor, formato, etc.).
- `Title`: contiene el título de la página. Usualmente, el título se muestra en la barra de herramientas del navegador o en la pestaña activa si tenemos varias pestañas abiertas.
- `Meta`: utilizado para almacenar información sobre el documento (metadatos). Observamos que, por defecto, KompoZer añade información sobre el tipo de documento que es (texto HTML) y la codificación de los caracteres (ISO-8859-1, que corresponde a la codificación del alfabeto latino).
- `Body`: engloba el contenido o cuerpo de la página web.
- `Br`: introduce un salto de línea. KompoZer lo añade al crear una nueva página web, pero no es obligatorio que esté en cualquier página web, así que lo podemos eliminar.

- Para que la página muestre el mensaje "Hola, mundo" y asignarle el título "Mi primera web" basta con añadir el texto correspondiente en los elementos `title` y `body`:

```
<html>
<head>
 <meta content=”text/html; charse-
t=ISO-8859-1”
 http-equiv=”content-type”>
 <title>Mi primera web</title>
</head>
<body>
Hola, mundo
<br>
</body>
</html>
```

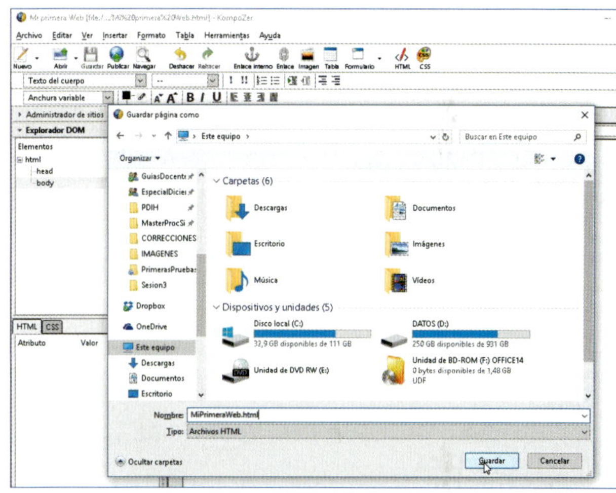

Figura 4.18. Guardar "Mi primera web.html" en KompoZer.

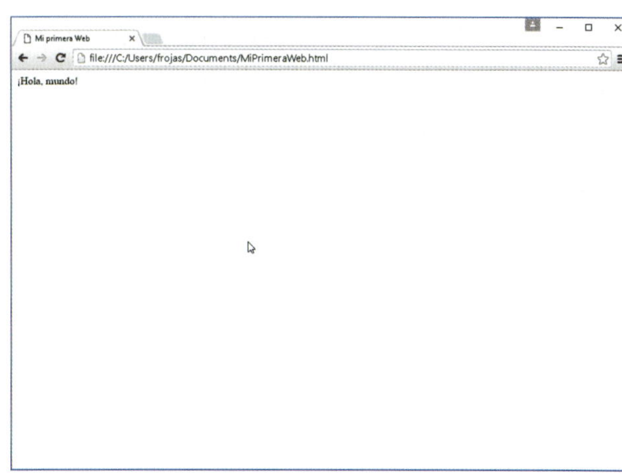

Figura 4.19. Resultado obtenido al abrir el fichero "Mi primera web.html" con el navegador Chrome. Observa el título en la pestaña y el texto en el cuerpo de la página web.

4.4.2. Añadir texto a la página web

Una página web normalmente contiene como mínimo texto e imágenes. Igual que en este libro o en cualquier documento, el texto se puede presentar en diferentes formatos: distintos tipos de letra, encabezados, color, negrita, cursiva, etc. Para facilitar la lectura y dar una estructura consistente a los contenidos de nuestra página web, debemos agruparlos con encabezados o títulos. En HTML hay seis niveles de encabezado, utilizando los elementos desde `h1` a `h6`.

Si continuamos el ejemplo de "Mi primera web", supongamos que queremos dividir la información mostrada en tres bloques:

- Saludo inicial: contendrá el mensaje "Hola, mundo".
- ¿Dónde estamos?: contendrá una dirección postal de contacto.
- Despedida: contendrá el mensaje "Hasta pronto".

Para ello hay que modificar el elemento del cuerpo (`body`) de la anterior página web:

```
<body>
<h1>
Saludo inicial
</h1>
Hola, mundo
<h1>¿Dónde estamos?
</h1>
13 Broadway Street, New York, USA
<h1>Despedida
</h1>
Hasta pronto
</body>
```

Insertamos el nuevo contenido, guardamos la página web y ahora su aspecto es el mostrado en la Figura 4.20.

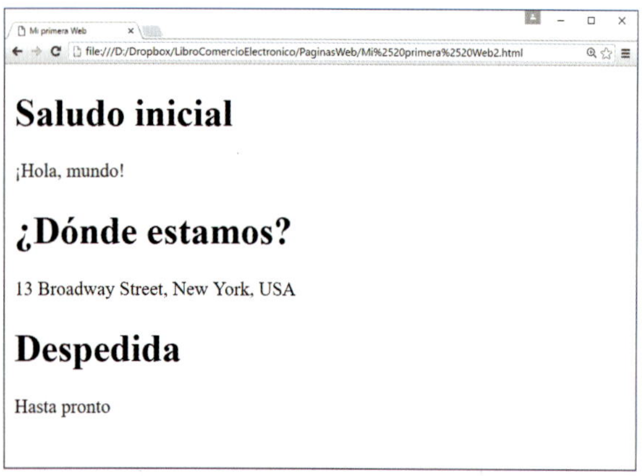

Figura 4.20. Resultado tras la inserción de texto de encabezamiento y texto normal en la página web "Mi primera web.html".

Además, se puede modificar el estilo del texto para que aparezca en cursiva, tachado, negrita, subíndices y superíndices, etc. Los párrafos se agrupan utilizando el elemento `<p>` y `</p>`. A continuación se proporciona una lista más completa de elementos relacionados con el formato de texto.

Tabla 4.1. Elementos de formato de texto en HTML

Elemento	Descripción
`<p>...</p>`	Define un párrafo. Inserta un retorno de carro (nueva línea) al final del párrafo.
`<b>...</b>`	Especifica un texto en negrita. `<strong>` realiza el mismo efecto, pero añade un componente semántico adicional de importancia.
`<strong>... </strong>`	
`<i>...</i>`	Especifica un texto en itálica o cursiva. El elemento `<em>` añade un componente semántico adicional.
`<em>...</em>`	
`<u>...</u>`	Define un texto subrayado.
`<small>... </small>`	Presenta el texto con fuente más pequeña.
`<big>...</big>`	Presenta el texto con fuente más grande.
`<sub>...</sub>`	Delimita un texto como subíndice.
`<sup>...</sup>`	Delimita un texto como superíndice.
`<strike>... </strike>`	Delimita un texto que aparecerá tachado.

Actividad propuesta 4.6

Modificar el aspecto del texto de una página web

Sobre la página web de la Figura 4.20, modifica el texto "Nueva York" para que aparezca en cursiva. Además, en lugar de "13 Broadway Street", la dirección será "13TH Broadway Street". Por último, el texto "Hasta pronto" debe aparecer en negrita.

4.4.3. Crear una lista

Si queremos mostrar una relación de elementos en forma de lista, podemos usar los elementos `ul` y `ol` para listas no ordenadas y numeradas, respectivamente:

- `<ul>` y `</ul>`: crea una lista no ordenada.
- `<ol>` y `</ol>`: crea una lista ordenada o numerada.
- `<li>` y `</li>`: genera un ítem dentro de una lista.

Actividad resuelta 4.4

Insertar listas ordenadas y desordenadas

Queremos crear una página web para la organización de un evento social que contenga dos listas. La primera será una lista de los asistentes, sin numerar. La segunda contendrá el menú que se va a degustar, numerada según el orden en que se tomará ese menú.

Solución:

Comenzamos una nueva página web en KompoZer y, bien desde la pestaña "Diseño" en modo visual o desde la página "Código Fuente" en modo texto, vamos insertando los diferentes elementos de cada lista. El código HTML resultante sería el siguiente:

Observa que la única diferencia entre las dos listas, aparte del propio contenido, es el uso del elemento `<ul>` u `<ol>` según el tipo de lista que se requiera. Sin embargo, cada ítem de la lista se define con el mismo elemento `<li>`.

El código HTML resultante sería el siguiente y el resultado visualizado, el que se muestra en la Figura 4.21:

```
<body>
Lista de asistentes:
<ul>
<li>Carlos</li>
<li>Mónica</li>
<li>Alberto</li>
<li>María</li>
</ul>
Menú:<br>
<ol>
<li>Cocido</li>
<li>Fritura de pescado</li>
<li>Arroz con leche<br>
</li>
</ol>
</body>
```

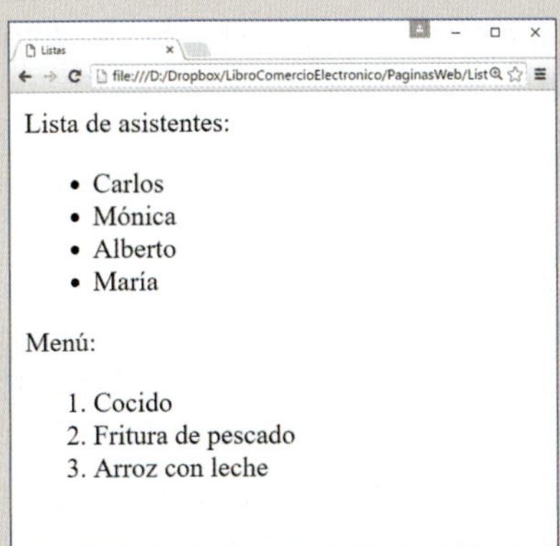

Figura 4.21. Página web con listas desordenadas y ordenadas.

4.4.4. Crear una tabla

Un elemento algo más complejo que las anteriores listas es el de tabla: permite mostrar los contenidos en celdas con un determinado número de filas y columnas. El elemento que delimita una tabla es **`<table>`** para el inicio y **`</table>`** para el final. Las tablas pueden ser consideradas como un grupo de filas donde cada una contiene un grupo de celdas.

Los elementos HTML por tanto que se usan para definir una tabla son:

- `<table>` y `</table>`: delimita los contenidos que se van a presentar en forma de tabla.
- `<tr>` y `</tr>`: delimita cada nueva fila de la tabla.
- `<th>` y `</th>`: delimita una nueva celda de la tabla con formato de cabecera.
- `<td>` y `</td>`: delimita una nueva celda de la tabla con formato normal.

La Figura 4.22 muestra un ejemplo del uso de tablas, en el que se muestra como fila de encabezado "País" y "Población". Seguidamente, se insertan tres filas para los países de España, Francia y Portugal, junto con sus respectivas poblaciones. Observa que con el uso de la pestaña "Dividir" de KompoZer podemos insertar el código HTML en una ventana y visualizar inmediatamente su resultado en otra ventana contigua.

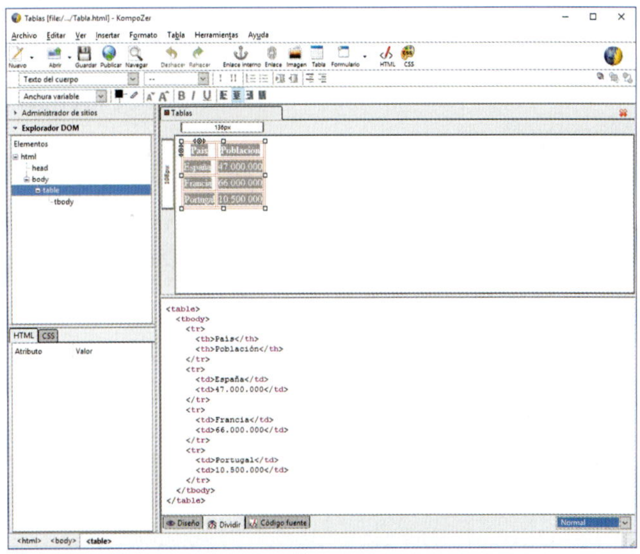

Figura 4.22. Creación de una tabla HTML desde KompoZer en modo de pantalla dividida. En la ventana inferior se muestra el código HTML del elemento seleccionado y en la ventana superior la previsualización, que también es editable.

4.4.5. Enlazar con otros sitios web

La característica principal que define al hipertexto y, por extensión, a una página web es que podemos incluir enlaces a otras páginas y documentos a través de hiperenlaces o hipervínculos. Los hiperenlaces se distinguen del resto de elementos de una página web cuando el cursor cambia de forma al pasar sobre ellos, indicando que se puede hacer clic en ese lugar para dirigirse al destino del enlace.

Mediante el elemento <a> es posible definir un hipervínculo, cuyo destino puede estar dentro de la misma página (enlace interno) o tratarse de otro recurso fuera de esta (enlace externo). Este elemento admite diferentes atributos, de los cuales destacamos los dos principales para indicar enlaces internos *(name)* y para definir un hipervínculo *(href)*:

- `Name`: este atributo es requerido cuando definimos un enlace interno (o ancla) en una página. El valor del atributo *name* debe ser un identificador alfanumérico único en el documento.
- `Href`: este es el único atributo requerido para definir un hipervínculo. Indica el destino del vínculo, que puede ser una URL completa o un fragmento de URL, en el que se determina un nombre precedido por el signo (#) y que indica que el destino se encuentra dentro del mismo documento en que nos encontramos. Las URL no están restringidas a documentos web (basados en http), y pueden referirse a cualquier protocolo que el navegador sea capaz de manejar (`file`, `ftp` y `mailto` funcionan en la mayoría de los navegadores).

Por ejemplo, para definir un enlace interno en la sección de despedida en la página web de "Hola, mundo" (Figura 4.20) a la que queremos llegar desde otra parte, definiríamos el siguiente elemento:

```
<h1><a name="despedida">
</a>Despedida </h1>
```

En lugar del anterior:

```
<h1>Despedida </h1>
```

Ahora, para enlazar a esa parte de la página, bastaría con añadir:

```
<a href="#despedida">Ver sección de
despedida</a>
```

Nota técnica

Los hiperenlaces de una página web pueden hacer referencia a recursos internos o externos a la propia página. Para cada uno de los casos se define:

- Un **enlace interno o local** hace referencia a otro punto dentro de la misma página web. Es el caso de atajos para mostrar el final o el inicio de la página o de índices para facilitar el acceso a diferentes secciones dentro de una misma página.
- Un **enlace externo o global** hace referencia a cualquier recurso dentro de la WWW. Para indicar el destino del enlace basta con facilitar su URL completa.

Actividad propuesta 4.7

Practicar con el uso de los enlaces internos

Accede al tutorial de HTML de http://w3schools.com y prueba el uso de enlaces internos a la propia página. Existe un ejemplo ya precargado en http://www.w3schools.com/tags/tryit.asp?filename=tryhtml_a_name. Añade un enlace al final de la página a la sección donde comienza el Capítulo 2.

Para enlazar a una página externa es necesario añadir la URL completa de la página de destino y el texto que queremos que aparezca en el hiperenlace:

```
<a href="URL COMPLETA">Texto del
hiperenlace</a>
```

Por ejemplo, para crear un enlace que acceda al sitio web de Microsoft, bastaría con añadir la siguiente línea:

```
<a href="http://www.microsoft.
com">Acceso a la web de Microsoft
</a>
```

Actividad propuesta 4.8

Crear una página con hiperenlaces

Crea una página web que contenga enlaces a los siguientes sitios:

- Tu buscador en internet favorito.
- Tu sitio web de prensa generalista favorito.
- Tu sitio web de prensa deportiva favorito.
- Wikipedia.

4.4.6. Trabajar con formularios

Los formularios permiten recoger datos introducidos por el usuario. De esta forma podemos crear páginas web que interactúen con el usuario, solicitando datos para registrar a un cliente, completar los detalles de una compra o rellenar una encuesta de satisfacción.

El elemento principal para definir un formulario es `<form>` para el inicio y `</form>` para el final. Dentro de este elemento incluiremos los distintos tipos de entrada (`input`) a través de los cuales el usuario insertará los datos. Existen diferentes elementos de entrada en un formulario: cajas de texto, casillas de verificación, selección exclusiva, botones, listas desplegables, etc. Para ello seleccionaremos el tipo de entrada correspondiente a través del parámetro `input type:`

- **Campos de texto (text):** permiten insertar directamente texto en una caja.

Código HTML

```
<label>Nombre: </label>
<input name="nombre" type="text">
```

Resultado

Nombre [ ]

El elemento `<label>` (etiqueta) hace que se muestre un texto previo al campo de entrada que registrará el nombre introducido. El elemento `<input>` define un nuevo campo de entrada del formulario. Si no se especifica el tipo (`type`), el valor por defecto es caja de texto (`text`).

Como valores válidos dentro de que sean cadenas de texto para el atributo `type` se pueden usar `text` (caja de texto normal), `email` (para correo electrónico), `date` (fecha), `password` (contraseña, ocultando los caracteres), etc. Para especificar que un determinado campo es obligatorio, incluiremos el atributo `required`. En la web de Mozilla Developer Network se puede obtener un listado exhaustivo: https://developer.mozilla.org/es/docs/web/HTML/Elemento/input.

- **Casillas de verificación (checkbox):** permiten escoger entre diversas opciones predeterminadas.

Código HTML

```
<label>Indica tus deportes
favoritos:</label>
<br>
<label>Baloncesto</label>
<input name="deportes"
value="basket" type="checkbox"><br>

<label>Fútbol</label>
<input name="deportes"
value="futbol" type="checkbox"><br>

<label>Tenis</label>
<input name="deportes"
value="tenis" type="checkbox"><br>
```

Resultado

Indica tus deportes favoritos:

☐ Baloncesto

☐ Fútbol

☐ Tenis

Para crear una lista de casillas de verificación, las agrupamos todas bajo el mismo nombre (atributo `name`) y a cada elemento le asignamos un valor diferente (atributo `value`). En los formularios HTML, las casillas aparecen desmarcadas por defecto. Si queremos que alguna aparezca inicialmente seleccionada, se debe añadir el atributo `checked` y asignarle el valor `"checked"`. El siguiente código modificaría el anterior formulario, mostrando la casilla de "Fútbol" marcada por defecto:

```
<input checked="checked"
name="deportes" value="futbol"
type="checkbox">
```

- **Botones de selección exclusiva (radio):** permiten escoger entre diversas opciones de forma exclusiva, en la que si se selecciona una opción se desmarca el resto.

Código HTML

```
<label>Hombre</label>
<input name="genero" value="Hombre" type="radio">
<br>
<label>Mujer</label>
<input name="genero" value="Mujer" type="radio">
```

Resultado

Hombre ○
Mujer ⦿

Este tipo de listas se crea de idéntica forma a las casillas de verificación, agrupando las distintas opciones bajo el mismo nombre (atributo `name`) y asignando a cada elemento un valor diferente (atributo `value`). A diferencia de las anteriores, tan solo se permitirá elegir una opción simultáneamente.

- **Botón de envío (submit):** una entrada del tipo *submit* genera un botón para enviar los datos de un formulario.

Código HTML

```
<input value="Enviar información" type="submit">
```

Resultado

Enviar información

El uso avanzado de formularios y la forma en que se recogen y tratan los datos de un formulario en el servidor excede los límites de este curso; se puede consultar en numerosos enlaces sobre programación web (Mozilla Developer Network, 2016) o en la bibliografía (Media Active, 2014).

Actividad propuesta 4.9

Practicar con el uso de los formularios

Accede al tutorial de HTML de http://w3schools.com y prueba el uso de formularios en el enlace http://www.w3schools.com/tags/tag_form.asp. Modifica dicho formulario para que se visualice una lista de selección para indicar las aficiones del usuario "Cine", "Deporte" y "Música".

4.4.7. Añadir imágenes a la página web

Cualquier documento que pretenda tener un diseño atractivo y en el que se ilustre de forma gráfica el texto que contiene debe incluir imágenes. En HTML, la etiqueta `<figure>` identifica una imagen u objeto gráfico en el que queremos tratar conjuntamente a la figura junto con su pie de foto. Por su parte, la etiqueta `<figcaption>` identifica el pie de la imagen. Para indicar diferentes aspectos sobre la imagen que se quiere mostrar (ubicación, tamaño, etc.) utilizaremos el elemento **`<img>`**. Dentro de este elemento podemos especificar determinados atributos, como:

- `Src`: especifica la dirección del fichero que contiene la imagen que se va a mostrar.
- `Alt`: muestra un texto alternativo en caso de que la imagen no se pueda cargar.
- `Height`: altura de la imagen en píxeles. Si no se especifica se utiliza la altura de la imagen original.
- `Width`: anchura de la imagen en píxeles. Si no se especifica se utiliza la anchura de la imagen original.

Por ejemplo, para mostrar una imagen que se encuentra en la misma carpeta que el fichero HTML denominada "amapola.jpg", a la misma resolución original, bastaría con insertar el siguiente código:

```
<img src="amapolas.jpg"
alt="amapolas">
```

Si se quiere añadir un pie de foto y que tanto la imagen como el pie de foto se gestionen de forma independiente al resto del texto, usaremos los elementos `figure` y `figcaption`:

```
<figure>
<img src="amapolas.jpg"
alt="amapolas"> <br>
```

```
<figcaption>Fig1. Un bello campo de
amapolas.</figcaption>
</figure>
```

Actividad propuesta 4.10

Inserción de imágenes en páginas web con KompoZer

Mediante editores web visuales (WYSIWYG) como KompoZer es muy sencillo insertar nuevas imágenes en nuestra página web y modificar su apariencia. Basta con pulsar sobre el botón "Imagen" para que se muestre una ventana como la siguiente, en la que podemos especificar la ubicación y propiedades de la imagen que se quiere mostrar:

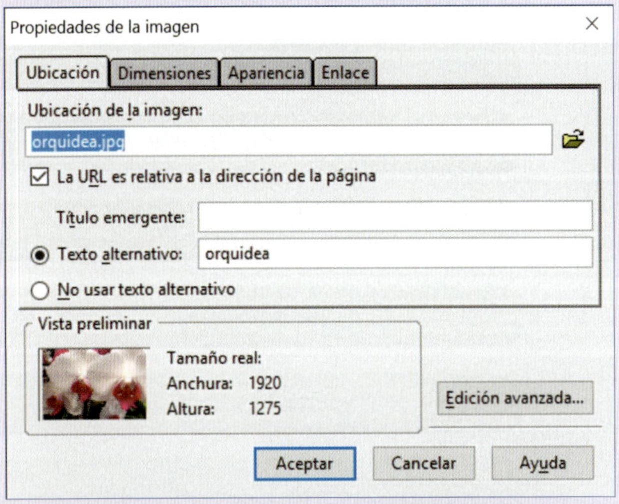

Figura 4.23. Ventana de inserción de imágenes en KompoZer.

Genera una página web que contenga cinco imágenes a tu elección de una temática determinada (deportes, música, personajes históricos, etcétera).

Recuerda que

El tiempo que tarda una página web en visualizarse completamente una vez que el usuario la reclama debe ser el menor posible. Para ello debemos cuidar que el tamaño de los componentes que forman la página (imágenes, vídeo y sonido principalmente) no sea excesivo. En el Apartado 5.4.2 de la siguiente unidad se revisarán herramientas de edición multimedia que permiten adaptar los contenidos de este tipo para un tamaño óptimo sin pérdida ostensible de calidad.

4.4.8. Añadir sonido y vídeo a la página web

El término "multimedia" se emplea para referirse a cualquier documento, aplicación o dispositivo que permita la utilización de múltiples medios para presentar la información. Hasta ahora hemos visto cómo una página web puede presentar texto, interactividad (hiperenlaces a otras páginas, formularios) e imágenes. También es posible que una página web reproduzca sonido y vídeo.

- **Incrustar un archivo de vídeo:** tan solo es necesario incluir el elemento `<video>`, que funciona de forma análoga al elemento `<img>` de la sección anterior. Los tipos de ficheros que se pueden reproducir directamente son MP4, WebM y OGG.

  Ejemplo: `<video src=mivideo.mp4 controls> </video>`

  Es suficiente con indicar la fuente `(src)` donde se encuentra ubicado el fichero de vídeo (que a su vez puede ser un fichero en la misma carpeta o cualquier URL válida). Es recomendable añadir el atributo `controls` para que aparezcan los controles típicos de vídeo (reproducción, pausa, volumen, etc.) y también se puede especificar la altura y anchura con los atributos `height` y `width` respectivamente.

- **Incrustar un archivo de sonido:** para añadir un fichero de sonido utilizaremos el elemento `<audio>`. Las extensiones reconocidas para ficheros de audio son Wave/WAV, WebM, OGG y MP3/MP4.

  Ejemplo: `<audio src=misonido.mp3 controls> </audio>`

Actividad propuesta 4.11

Agregar contenido multimedia

En el sitio web http://www.sample-videos.com se pueden descargar o enlazar diferentes vídeos en formato MP4. Seguramente, en tu propio PC dispongas de varios ficheros de sonido en formato MP3. Crea una página web que contenga un vídeo descargado, otro vídeo enlazando directamente a su URL, una canción en formato MP3 y la imagen de la carátula del álbum al que pertenece dicha canción.

Mapa conceptual

ORGANIZACIÓN Y PROGRAMACIÓN DE UN SITIO WEB

- CÓMO ESTRUCTURAR UN SITIO WEB CORPORATIVO
  - Planificación del sitio
  - Determinación del mercado objetivo
  - Análisis de la competencia
  - Generación del contenido del sitio
  - Definición del diseño visual
- EL LENGUAJE HTML
  - ¿Qué es HTML?
  - ¿Qué es una hoja de estilo?
  - Componentes de HTML
- ¿QUÉ NECESITO PARA CREAR UNA PÁGINA WEB?
  - Un navegador web
  - Un editor HTML
  - Un programa para la gestión de imágenes
  - Espacio en un servidor: alojamiento
- EDICIÓN Y DISEÑO DE MI PRIMERA PÁGINA WEB
  - Título y mensaje de bienvenida: "¡Hola, mundo!"
  - Añadir texto a la página web
  - Crear una lista
  - Crear una tabla
  - Enlazar con otros sitios web
  - Trabajar con formularios relación digital con el cliente
  - Añadir imágenes a la página web
  - Añadir sonido y vídeo a la página web

Actividades finales

De comprobación

4.1. La dirección URL http://www.aena.es de la empresa AENA encargada de la navegación civil aérea y de los aeropuertos en España corresponde a:

a) Una página web individual.

b) Una dirección de correo electrónico.

c) Un sitio web.

d) Una dirección para la transferencia de ficheros a través de FTP.

4.2. Un hipervínculo es:

a) Un elemento que se usa para entrar en internet.

b) Un documento que contiene imágenes y texto.

c) El resultado de una búsqueda en internet.

d) Un enlace a otro recurso dentro de una página web.

4.3. Google Analytics es una herramienta que facilita la tarea de:

a) Determinación del mercado objetivo de un sitio web.

b) Organización de un sitio web.

c) Estimación del coste de desarrollo de un sitio web.

d) Optimización en motores de búsqueda de un sitio web.

4.4. La estructura de un sitio web dedicado a las redes sociales, como Facebook o Twitter, es:

a) Secuencial.

b) Jerárquico.

c) Tipo red.

d) Piramidal.

4.5. ¿Cuál es el término anglosajón que se usa para indicar que el diseño de una página web se adapta a la visualización en diferentes dispositivos?

a) *Usability*.

b) *Responsive*.

c) *Mobile*.

d) *Sitemap*.

4.6. Se considera creador de internet a:

a) Steve Jobs.

b) Tim Berners-Lee.

c) Bill Gates.

d) Mark Zuckerberg.

4.7. ¿Qué término no está relacionado con el lenguaje de programación web HTML?

a) Elemento.

b) Fuente.

c) Atributo.

d) Etiqueta.

4.8. El elemento HTML que engloba los contenidos que se van a visualizar en una página web es:

a) `<head>` y `</head>`.

b) `<title>` y `</title>`.

c) `<meta>` y `</meta>`.

d) `<body>` y `</body>`.

4.9. Dentro de un formulario HTML, ¿cuál de los siguientes valores para el atributo `type` de un elemento de entrada (`input`) no es válido?

a) `type="radio"`.

b) `type="label"`.

c) `type="checkbox"`.

d) `type="text"`.

4.10. Si se pretende incluir una imagen llamada "cuadro.jpg" que existe en el directorio actual donde se está guardando la página web, el texto correcto para conseguirlo en HTML es:

a) `<img src="cuadro.jpg" alt="cuadro">`.

b) `<figure src="cuadro.jpg" alt="cuadro">`.

c) `<image src="cuadro.jpg" alt="cuadro">`.

d) Ninguna de las respuestas anteriores es correcta.

Actividades finales

De aplicación

4.11. Busca en internet un ejemplo de sitio web que presente cada una de las siguientes arquitecturas:

- Secuencial.
- Jerárquica.
- En red.

4.12. Se quiere realizar un análisis del mercado objetivo del sitio web para la venta de componentes electrónicos y realización de proyectos electrónicos domésticos http://blog.bricogeek.com/. Para ello, segmenta las siguientes variables:

a) Edad.
b) Sexo.
c) Ocupación.
d) Lugar de residencia.
e) Profesión.
f) Nivel socioeconómico.
g) Aficiones.
h) Estilo de vida.

4.13. Las herramientas de analítica web (entre ellas, *Google Analytics* es la más conocida), incluyen una expresión denominada "tasa de rebote". ¿A qué se refiere dicha expresión? ¿Qué indica si el porcentaje o tasa de rebote de nuestro sitio web es alto?

4.14. Recopila los dispositivos electrónicos conectados a internet que tengas a tu alcance: teléfono inteligente, tableta y PC convencional. Determina si los siguientes sitios presentan un diseño web adaptable o *responsive:*

a) Universidad de Granada: www.ugr.es.
b) Universidad de Jaén: http://www10.ujaen.es/.
c) Diario *20minutos:* http://www.20minutos.es/.
d) Toldos Jeycon: http://www.jeycon.com.
e) Amazon España: http://www.amazon.es/.
f) Diario de Sevilla: http://www.diariodesevilla.es/.

4.15. ¿Cuál es la función del mapa del sitio o *sitemap* de un sitio web? Encuentra los mapas de tres sitios web de comercios de tu localidad y analiza su utilidad.

4.16. Crea una página web que incluya la siguiente tabla que contiene las anotaciones del cinco inicial de la selección española de baloncesto en las semifinales del Eurobasket 2015:

Nombre	Puntuación
Sergio Llull	7
Pau Gasol	40
Rudy Fernández	7
Nikola Mirotic	7
Pau Ribas	0

Ayuda: puedes partir de un documento similar a alguno de los ejemplos definidos en http://www.w3schools.com/html/html_tables.asp. También puedes usar el asistente para tablas de KompoZer.

4.17. Crea una página web en la que se incluyan tres imágenes correspondientes a los logos de tres empresas automovilísticas. A su vez, las imágenes deben funcionar como hipervínculos a los sitios web de las respectivas compañías.

Actividades finales

4.18. Queremos diseñar una página web que registre las peticiones de reserva para un establecimiento hotelero por parte de sus clientes. Crea una página web que incluya un formulario que registre dichas peticiones. Debe ser similar al mostrado en la siguiente figura:

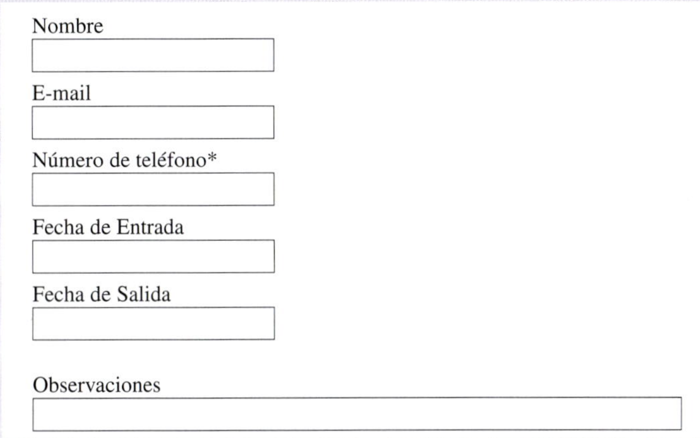

Figura 4.24. Formulario básico de reserva de alojamiento.

4.19. Crea una página web que incluya una lista ordenada con tus cinco grupos de música favoritos. Usa el elemento de lista descrito en esta unidad.
Ayuda: puedes partir de un ejemplo como el de http://www.w3schools.com/tags/tag_ol.asp. También puedes usar el asistente para listas de KompoZer.

4.20. Amplía el ejercicio anterior para que se muestre, para cada uno de los grupos de música, un vídeo del grupo, y que se pueda reproducir un fichero de audio con alguna de sus canciones.

De ampliación

4.21. Google Trends (http://www.google.com/trends) es una herramienta *online* de analítica web creada por Google que muestra los términos de búsqueda más populares del pasado reciente. Supongamos que queremos implementar una tienda de comercio electrónico para la venta de productos dietéticos. Detecta las épocas del año en que los usuarios muestran más interés por este tipo de productos analizando las curvas de tendencia de términos relacionados como "dieta", "adelgazar" o "light".

4.22. Existen múltiples editores *online* de páginas web que permiten visualizar simultáneamente tanto el código HTML como el aspecto de la página correspondiente. Uno de ellos es Rendera (http://rendera.herokuapp.com). Accede a su sitio web y utiliza sus botones de ejemplo "UList", "Table", "Image", "Form" y "Select" para generar listas, tablas, imágenes, formularios y listas de selección respectivamente.

4.23. **Tema de debate:** ¿En qué consiste la importancia de la semántica de HTML? ¿Cómo usa Google las etiquetas HTML de cara al posicionamiento web? ¿Qué ventajas tiene separar el contenido semántico (HTML) de la presentación (hojas de estilo CSS)?

Actividades finales

Enlaces web

Apple *(Mapa del sitio)*	www.apple.com/es/sitemap
KompoZer *(Easy web authoring)*	www.kompozer.net
Qdqmedia *(Siete reglas básicas para un buen diseño de tu web)*	www.activainternet.es/7-reglas-basicas-buen-diseno-web
W3Schools *(HTML Tutorial)*	www.w3schools.com/html
Webstudio *(Top 10 peores sitios web del mundo - Edición 2015)*	webstudio316.com/top-10-peores-sitios-web-del-mundo-edicion-2015
Ministerio de Educación, Cultura y Deporte	www.mecd.gob.es
Google Analytics	www.google.com/intl/es/analytics
Rendera *(Editor HTML online)*	rendera.herokuapp.com
ClipConverter *(Conversión de vídeo y sonido online)*	www.clipconverter.cc/es
Mozilla Developer Network *(Red de Desarrolladores de Mozilla)*	https://developer.mozilla.org/es

5

Alojamiento y mantenimiento de un sitio web

Una vez construido un sitio web para el comercio electrónico, la tarea de administración y mantenimiento no ha hecho más que empezar. En esta unidad se describen inicialmente las opciones que existen en internet para el alojamiento de un sitio web, así como el proceso de alta en los buscadores.

Seguidamente, se describen varias herramientas útiles en el proceso de diseño y administración de un sitio web: programas de diseño gráfico, utilidades para la conversión de ficheros multimedia, herramientas para el análisis del mercado, sistemas de gestión de vídeo y sonido y sistemas de gestión de contenido o CMS. Finalmente, se analizan las particularidades que debe integrar un sitio web para el comercio electrónico.

Objetivos

- Decidir qué opción de alojamiento es la adecuada para una web determinada.
- Conocer las alternativas a través de las cuales se puede transferir la información que se va a publicar en un sitio web al servidor de alojamiento.
- Comprender la importancia del posicionamiento de un sitio web en los buscadores en internet, principalmente Google.
- Aprender a construir una página web eficiente para el comercio electrónico, incluyendo un catálogo *online*, zonas de usuario e implementación del carrito *online*.
- Identificar los aspectos diferenciadores de una web para el comercio electrónico, análisis de las zonas de interés (zonas calientes), flujos de caja, capacidad de financiación y fidelización del cliente.

Contenidos

5.1. Alojamiento en un servidor web
5.2. Cómo publicar los contenidos en el servidor
5.3. Alta en buscadores
5.4. Aplicaciones y utilidades para la web
5.5. Administración de la web comercial

5.1. Alojamiento en un servidor web

El **alojamiento web** o ***web hosting*** es un servicio que permite publicar una página o sitio web en internet de forma que sea accesible a cualquier usuario con conexión.

Los **proveedores de alojamiento web** son empresas que nos proporcionan las tecnologías y recursos necesarios para que el sitio web pueda estar accesible en internet. Los sistemas informáticos en los que se almacenan los contenidos de un sitio web y que facilitan el acceso a estos a través de internet se denominan **servidores web.**

Cuando un usuario en internet quiere visualizar un sitio web, todo lo que tiene que hacer es escribir su dirección web (URL, *Uniform Resource Locator*) en el navegador. El equipo se conectará al servidor que aloja el sitio web y las páginas web requeridas serán descargadas a través del navegador.

Argot técnico

Un **proveedor de servicios en internet (ISP, *Internet Service Provider*)** es la empresa que facilita la conexión a internet. Dicha conexión se puede realizar de diferentes formas según la tecnología que se emplee para el intercambio de datos:

- **Conexión telefónica:** se emplea un módem para traducir las señales telefónicas a datos.
- **Conexión ADSL:** se emplea cable para conexión digital.
- **Conexión por red de telefonía móvil:** se hace uso del operador móvil para el tráfico de datos.
- **Conexión por fibra óptica:** el soporte para la conexión digital es la fibra óptica.
- **Conexión vía satélite:** supone una alternativa en lugares donde no llega la infraestructura por cable o la cobertura de telefonía móvil.

A veces se usa también la expresión "proveedor de servicios en internet" o ISP para aquella empresa que facilita cualquier otro servicio en la red, tal como el propio alojamiento web, acceso a bases de datos remotas, proveedor de servicios de correo electrónico, transferencia de ficheros FTP, etc.

Figura 5.1. Los sitios web se alojan en servidores, desde los cuales los usuarios descargan los contenidos requeridos.

5.1.1. Nombre de dominio

Un **nombre de dominio** es una dirección única de internet que representa a un sitio web. El sistema de nombres de dominio (DNS) **se encarga de traducir los nombres que son comprensibles** por el ser humano en las direcciones numéricas del protocolo de internet (IP) utilizadas por los ordenadores y viceversa. Si no existiera DNS, tendríamos que memorizar las complicadas IP de cada sitio web que quisiéramos visitar. Por ejemplo, en lugar de introducir http://www.ebay.es, teclearíamos su IP asociada 104.69.126.250, suponiendo que dicha IP fuese permanente, que no es el caso. Es evidente por tanto que es mucho más fácil y descriptivo utilizar la dirección web (URL) en vez de su correspondiente dirección IP.

Al igual que en el mercado inmobiliario, uno de los factores más importantes es la ubicación: en internet es determinante tener un dominio fácil de recordar y relevante. Es cierto que la mayoría de las veces accedemos a un sitio web a través de los resultados que nos ha dado un buscador (Google, Yahoo!, Bing, etc.) y no es necesario recordar el nombre del sitio para acceder a él. Sin embargo, este nombre aparecerá en la publicidad de la empresa, en las tarjetas de visita, en la extensión del correo electrónico, y se referenciará cada vez que se cite a la empresa. Por tanto, la dirección del sitio web de la empresa debe ser fácil de recordar y también estar relacionada con la percepción de la empresa desde el exterior. En definitiva, el nombre de dominio es un elemento más de gran importancia dentro de la imagen corporativa de la empresa.

Argot técnico

El **sistema de nombres de dominio (DNS, *Domain Name System*)** es una base de datos distribuida en internet que registra la información necesaria para traducir los nombres de dominio, fáciles de recordar y usar por las personas, en números de protocolo de internet (IP), que es la forma en la que las máquinas pueden encontrarse en internet. Por ejemplo, si un usuario teclea en su navegador www.google.es, el DNS buscará cuál es la dirección IP del servidor que aloja ese nombre de dominio, lo que resulta en 216.58.211.99 (este valor puede variar, ya que Google y cualquier dominio importante tienen su sitio web replicado en varios servidores para optimizar la respuesta).

La **dirección IP *(Internet Protocol)*** es un número que identifica un dispositivo en una red (un ordenador, una impresora, un escáner, etc.). La dirección IP está formada por cuatro números de hasta tres cifras separados por un punto ("."). Existen IP públicas y privadas; las primeras hacen que el dispositivo sea visible desde internet, mientras que las segundas hacen que el dispositivo solo esté disponible en la red interna.

Actividad resuelta 5.1

Obtener la dirección IP de un sitio web

A través del sistema operativo que utilices habitualmente, describe la forma en que se puede obtener la dirección IP del ordenador.

Solución:

Para saber cuál es la dirección IP asociada a un dominio o sitio web únicamente hace falta consultar al servidor DNS. A partir del sistema operativo que estemos utilizando, podemos utilizar diversas órdenes específicas, pero tanto Linux, como MS Windows, como Mac OC implementan las órdenes **`ping`** y **`nslookup`**:

- **`Ping:`** comprueba el estado de comunicación con una máquina remota. Envía paquetes vacíos de solicitud de respuesta y comprueba el tiempo de respuesta del servidor solicitado. Entre otros datos, devuelve la IP que el DNS ha encontrado para la dirección introducida.
- **`Nslookup:`** orden para obtener la dirección IP conociendo el nombre, y viceversa.

Lo primero que necesitamos para ejecutar estas órdenes en nuestro sistema operativo es abrir un terminal (Linux) o "Símbolo de Sistema" (MS Windows).

Desde MS Windows:

1. Pincha el botón de inicio (logo de Windows), escribe **`cmd`** en el campo "Buscar programas y archivos" y pulsa ENTER. Se abrirá el símbolo del sistema (consola MS-DOS) de Windows.

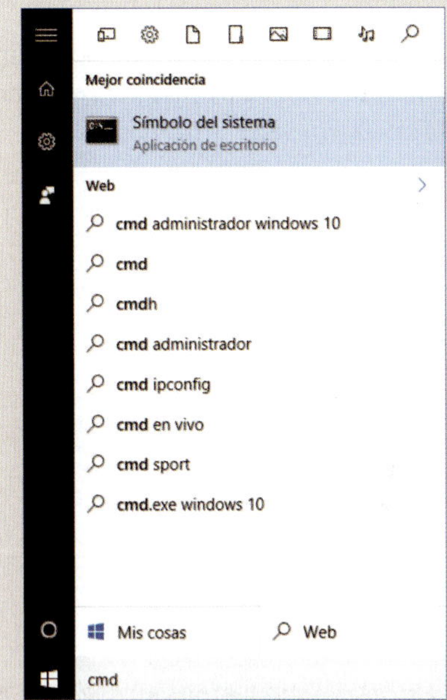

Figura 5.2. Acceso al "Símbolo del sistema" desde MS Windows.

2. Una vez abierta la consola MS-DOS, introducimos la orden **`ping`** seguida del sitio web del que queremos obtener respuesta; por ejemplo: ping www.ebay.es. Se puede consultar la ayuda de uso de esta orden y su sintaxis completa si introducimos **`ping/?`** desde la consola de MS-DOS.

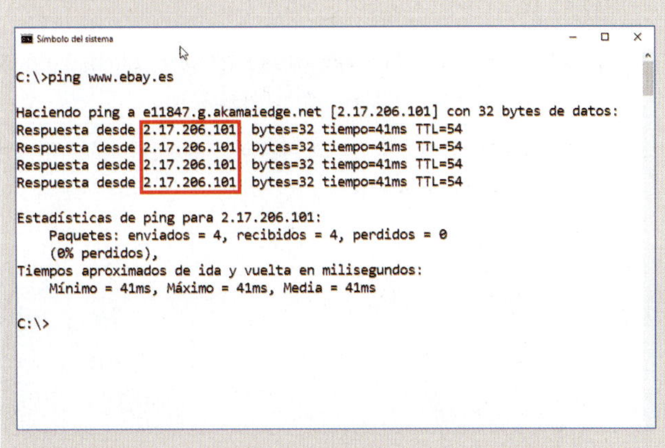

Figura 5.3. Uso de la orden **`ping`** desde el símbolo del sistema.

(Continúa)

Observamos que nos devuelve la dirección IP (2.17.206.101) del sitio asociado. Esta IP seguramente será diferente desde tu PC, puesto que, como se ha explicado anteriormente, los grandes sitios web tienen muchas IP asociadas para dirigir el flujo del tráfico datos hacia el servidor óptimo.

- De forma análoga, la orden **`nslookup`** también nos da la información sobre la IP numérica del sitio web requerido: **`nslookup www.ebay.es`**

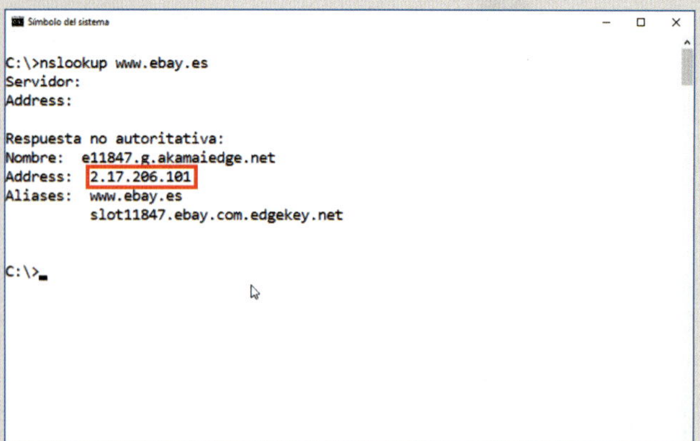

Figura 5.4. Uso de la orden **`nslookup`** desde el símbolo del sistema.

De forma similar al procedimiento anterior en MS Windows, podemos obtener la misma información desde el sistema operativo Linux:

1. Pincha el botón de inicio de la distribución de Linux que dispongas e introduce "terminal". La siguiente figura muestra cómo hacerlo desde Ubuntu 15.04:

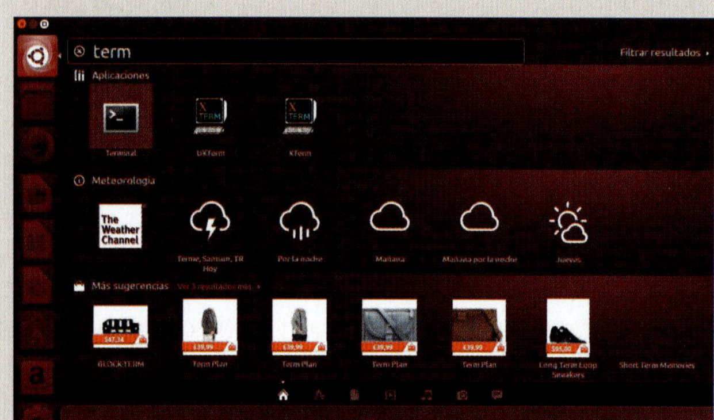

Figura 5.5. Acceso al terminal de Linux (distribución Ubuntu).

2. Desde el terminal de Linux introducimos la orden **`ping`** seguida del sitio web del que queremos obtener respuesta. Por ejemplo: **`ping www.ebay.es`**

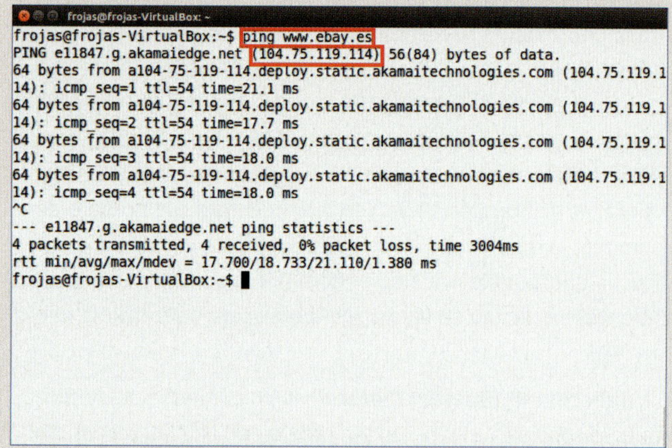

Figura 5.6. Uso de la orden **`ping`** desde el terminal de Linux.

En Linux, la orden **`ping`** por defecto no para de enviar paquetes de prueba hasta que pulsemos Control+C.

3. Al igual que en MS Windows, en Linux **`nslookup`** también nos da la información sobre la IP asociada.

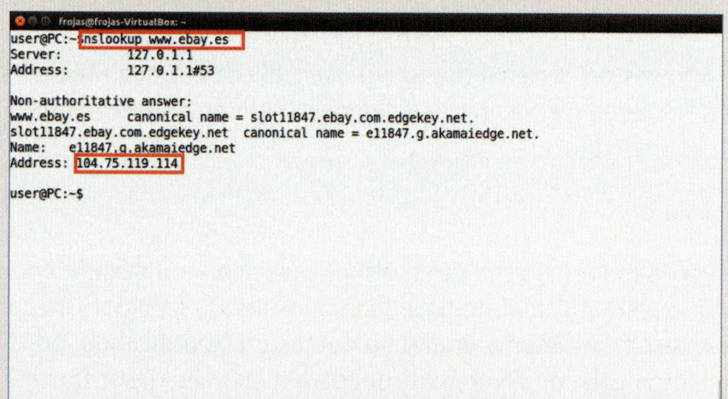

Figura 5.7. Uso de la orden **`nslookup`** desde el terminal de Linux.

Observa que, aunque el sitio web sea el mismo, las direcciones IP en el paso 2 y paso 3 pueden no coincidir si se realizan en diferentes intervalos de tiempo.

4. En el sistema operativo Linux se puede obtener ayuda sobre cualquier instrucción tecleando desde el terminal la orden **`man`** (manual) seguida de la instrucción en cuestión. Por ejemplo: **`man nslookup.`**

5.1.2. Características de un servicio de alojamiento web

Una vez que se ha finalizado el diseño del sitio web, o probablemente antes, surgirá la necesidad de buscar una forma de colocar esa información en internet. El número de empresas que ofrecen servicios de alojamiento ha crecido al mismo ritmo exponencial que el uso de internet desde sus inicios en la década de los 90. De la misma forma, los requisitos de acceso, tamaño y disponibilidad de una gran empresa multinacional no son los mismos que los de una pyme de ámbito local. Por tanto, es necesario evaluar una serie de factores antes de elegir un servicio de alojamiento adecuado al sitio web que queremos hospedar.

a) **Características del servidor y del servicio contratado:** el tipo y prestaciones del servidor, así como del paquete de opciones contratadas (ancho de banda, potencia de procesamiento y memoria), pueden afectar al tiempo de carga del sitio web alojado. Es aconsejable pedir información sobre el espacio de disco y el uso de memoria de los sitios web alojados. Si se estima que es necesario realizar un cambio, quizá sea oportuno solicitar un paquete más acorde a las nuevas necesidades del sitio.

b) **Tiempo de funcionamiento sin fallos *(uptime)*:** se conoce como tiempo de funcionamiento o *uptime* al tiempo que un sistema informático ha estado funcionando sin errores. Normalmente este dato se facilita en porcentaje sobre el tiempo real transcurrido. Cualquier servicio o sistema informático falla o se encuentra no operativo alguna vez en el tiempo, ya sea por actualizaciones, problemas de *software/hardware*, ataques, etc. Lógicamente, nuestro objetivo es que el sitio web esté operativo el mayor tiempo posible sin interrupciones, por lo que el *uptime* debe superar el 99 % sobre el tiempo total transcurrido.

c) **Servicio al cliente y calidad de la asistencia técnica:** la satisfacción con el soporte y asistencia técnica recibida es un factor importante y, aunque es probable que aumente el presupuesto del servicio contratado, es recomendable obtener asistencia técnica las 24 horas del día, de forma precisa y sin tiempos de espera.

d) **Alojamiento virtual:** mediante el alojamiento virtual se puede disponer un nombre de dominio propio, como puede ser www.minegocio.org, en lugar de heredar el nombre de dominio del proveedor de servicios ISP junto con un subdirectorio asignado a su sitio (como podría ser www.nombredelisp.com/minegocio) sin necesidad de disponer físicamente de un servidor propio asignado a dicho dominio. Una empresa puede registrar su propio nombre de dominio por un cierto precio. Si la empresa decide cambiar de ISP en algún momento en el futuro, debe asegurarse que lo podrá hacer conservando el nombre de dominio.

e) **Correo electrónico:** junto con el alojamiento web, podemos requerir una serie de direcciones de correo electrónico asociadas. Las empresas de mayor tamaño probablemente deseen contar con múltiples buzones de correo electrónico en el ISP que proporciona el alojamiento de su sitio web, lo que proporciona mayor flexibilidad e independencia, en especial si la compañía cuenta con sucursales a lo largo de todo el mundo. En un entorno empresarial típico, lo ideal es disponer de entre tres y cinco direcciones (Awad, 2007: 194-197).

f) **Precio:** normalmente este último factor es el determinante al elegir un servicio de *hosting web*. Nuevamente debemos considerar las características del sitio web que queremos alojar, revisar el presupuesto que se dispone en la planificación que se debe haber realizado y adecuar la oferta que mejor se ajuste. Si bien algunas compañías ofrecen alojamiento gratuito, hay que valorar hasta qué punto las limitaciones y exigencias publicitarias que imponen justifican la necesidad de una inversión en alojamiento de pago.

5.1.3. ¿Qué opciones de alojamiento existen?

Hay varios tipos de servicios web disponibles para alojar un sitio web. Antes de elegir una determinada opción de *hosting*, es importante entender cuáles son las necesidades del sitio web que queremos alojar, el presupuesto de que se dispone y qué tipo de servicios ofrece el proveedor de alojamiento web.

- **Alojamiento gratuito:** puede ser buena opción cuando se desea construir un sitio web sin necesidades críticas de espacio, velocidad y servicio técnico. Normalmente en un entorno de alojamiento gratuito la velocidad de conexión es lenta, el sitio web puede fallar con frecuencia y se añade publicidad de forma automática al sitio web por parte del proveedor de alojamiento. Es una opción adecuada para sitios web en prueba o con bajo presupuesto y en un ámbito local o incluso personal.

- **Alojamiento compartido:** en un entorno de alojamiento compartido, un mismo servidor es compartido por varios sitios web. De esta forma, los costes de mantenimiento del servidor y de los servicios que incluye se dividen entre los propietarios. Evidentemente, al compartir recursos, también es posible que el acceso sea más lento en determinados momentos de tráfico intenso y es preciso restringir el uso de memoria y espacio de almacenamiento para que el servidor no se sature.
- **Alojamiento dedicado:** en un entorno de *hosting* dedicado, el propietario dispone de todo el servidor web. Esto permite un rendimiento más rápido, ya que se tienen todos los recursos del servidor por completo, sin compartirlos con otros propietarios de sitios web. Sin embargo, esto también significa que el propietario debe asumir el coste de operación del servidor completo. Se trata de una buena opción para los sitios web que requieren gran cantidad de recursos del sistema o la necesidad de mayor nivel de seguridad.
- ***Housing* o alojamiento *collocated*:** se trata de una modalidad híbrida entre el alojamiento compartido y el dedicado. Cada propietario adquiere su propio servidor con los servicios personalizados que requiere y recursos exclusivos. Sin embargo, se ubica en un espacio físico o centro de datos compartido con otros propietarios. De esta forma, el centro de datos nos facilita energía eléctrica, conexión a internet y seguridad del recinto, siendo responsabilidad del propietario todo lo relacionado con el funcionamiento interno del servidor.
- **Alojamiento virtual (VPS, *Virtual Private Server*):** se ofrece al cliente la impresión de tener un servidor web dedicado; sin embargo, tanto el servidor web físico como sus recursos son compartidos por otros usuarios. También se ofrece la posibilidad de que el nombre de dominio del servidor virtual sea diferente al del resto de servidores virtuales conectados al mismo servidor físico.
- **Alojamiento en la nube *(cloud hosting)*:** no existe un único servidor físico en el que se encuentre alojado nuestro servidor web, sino que está repartido en múltiples equipos. De esta forma, según las necesidades de nuestro sitio web, se nos asignan más o menos recursos. Normalmente, la tarificación también se hace en función de los recursos consumidos (memoria utilizada, espacio en discos, uso de procesador, etc.).

Figura 5.8. La oferta de proveedores de servicios de alojamiento web es muy amplia.

Nota técnica

FTP es un protocolo de red específico para la transferencia de archivos, mientras que HTTP es un protocolo orientado a la transmisión de documentos de hipertexto. Por tanto, FTP es más eficiente en las operaciones masivas de carga y descarga de ficheros.

Actividad propuesta 5.1

Revisar la oferta de servicios de alojamiento disponibles

Existen muchas compañías que nos ofrecen alojamiento gratuito, bien por un periodo limitado o bien a cambio de mostrar publicidad en nuestro sitio web. Haz una revisión de, al menos, cinco sitios que ofrezcan alojamiento gratuito.

Actividad resuelta 5.2

Registrar un alojamiento gratuito en internet

Registrar un alojamiento para nuestro sitio web con un proveedor de alojamiento gratuito (por ejemplo, a través de www.000webhost.com).

Solución:

1. Acceder a la web www.000webhost.com para registrar un nuevo espacio de alojamiento. Seleccionar alojamiento gratuito *(free hosting)* y pulsar el botón "Order Now".

Figura 5.9. Acceso a la web del proveedor de alojamiento www.000webhost.com.

2. Rellenar los datos que se solicitan para el registro. El correo electrónico es especialmente importante, ya que desde un mensaje enviado a este se pedirá confirmar la creación del sitio web. Podemos elegir un nombre para nuestro sitio web, dentro del dominio "netai.net". Hay que aceptar los términos de servicio y seleccionar el botón "Create My Account" ("crear mi cuenta").

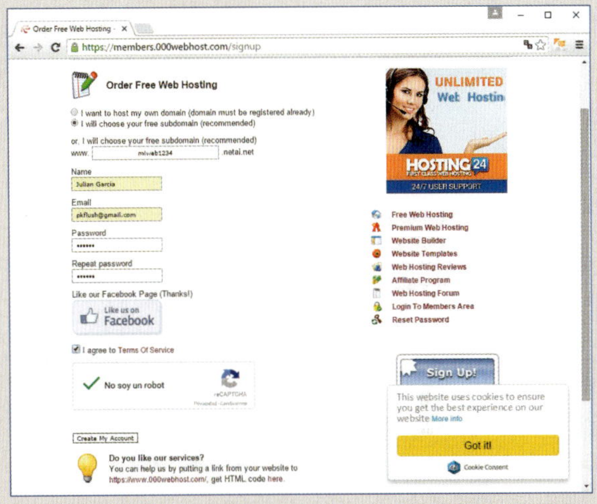

Figura 5.10. Proceso de registro de un nuevo usuario en www.000 webhost.com.

3. Una vez que obtengamos el mensaje de creación de la cuenta, a través de un mensaje que habremos recibido en nuestro correo electrónico debemos confirmar nuestra identidad.

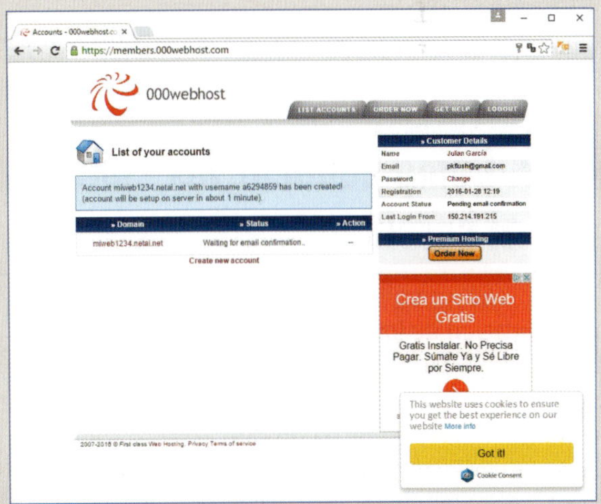

Figura 5.11. Confirmación del registro de usuario en www.000 webhost.com.

4. Después de la confirmación a través del enlace facilitado en el correo electrónico, obtendremos un mensaje de que se está construyendo nuestro sitio web y, pasados unos segundos, el estado pasará a "Active".

(Continúa)

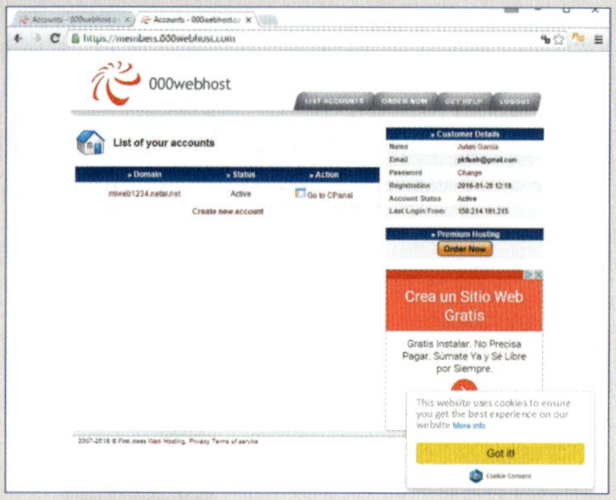

Figura 5.12. Activación del nuevo sitio web.

5. En la anterior ventana hay una opción "Go to cPanel" ("ir al panel de control"). Si la seleccionamos podremos administrar nuestro nuevo sitio web.

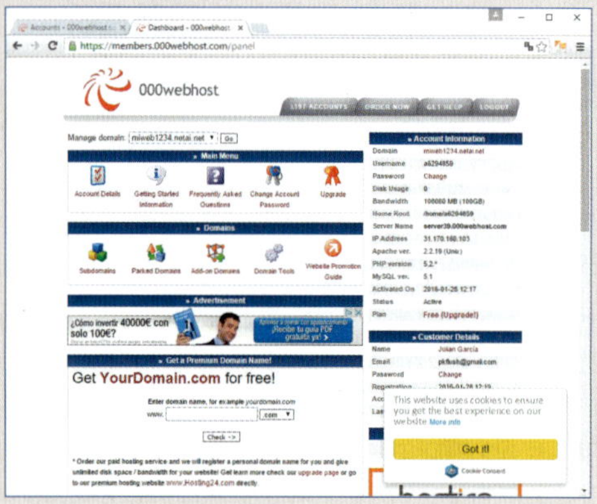

Figura 5.13. Panel de control (cPanel) en www.000webhost.com.

6. Finalmente, si accedemos a la dirección URL que se ha asignado a nuestro sitio web, veremos una página como la que se muestra a continuación. En ese momento, ya tenemos nuestro sitio web accesible para todo el mundo. Ahora solo falta agregar nuestros contenidos personalizados.

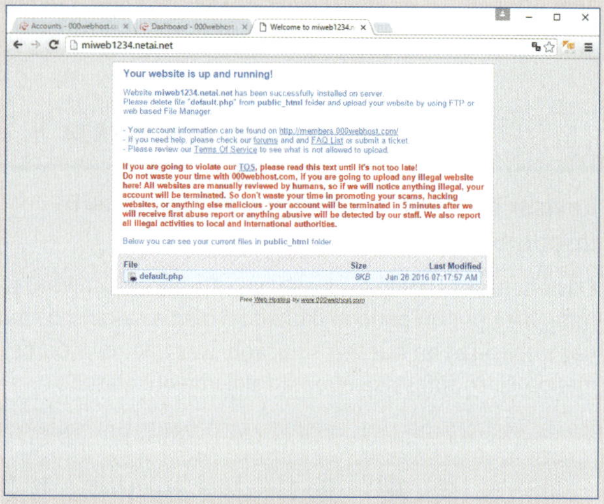

Figura 5.14. Nuevo sitio web propio generado desde www.000webhost.com.

En este punto, con el sitio web en funcionamiento, el siguiente paso es agregar los contenidos, lo cual se puede hacer desde este proveedor de alojamiento web mediante el protocolo de transmisión de ficheros FTP o mediante un gestor de carga desde la propia web. Ambas opciones se revisarán en la siguiente sección.

5.2. Cómo publicar los contenidos en el servidor

La publicación de los contenidos que se han creado y que, de momento, tan solo existen en un ordenador local, consiste en transferir dichos contenidos a un servidor de alojamiento, que se encarga de que estén disponibles para todo el mundo a través de internet.

Esencialmente, lo único que hay que hacer es seleccionar todos los archivos que componen el nuevo sitio web, incluidas imágenes, animaciones y vídeos, y subirlos a nuestro servidor web. Esta tarea no difiere mucho de la que podemos realizar cuando copiamos los contenidos de una determinada carpeta en el disco duro de nuestro PC a una memoria USB *(pendrive)*. La principal diferencia es que, mientras que el *pendrive* está en nuestro bolsillo, el servidor de alojamiento se encuentra en un lugar remoto, aunque accesible a través de internet.

Según el alojamiento que se haya seleccionado, la manera de subir los archivos será diferente. En cualquier caso, generalmente se ofrecen dos maneras de subir los archivos al servidor:

1. Mediante el protocolo FTP *(File Transfer Protocol, protocolo de transferencia de ficheros)*, a través de una aplicación instalada localmente en el PC, para copiar los archivos desde nuestro ordenador al servidor. Dicha aplicación se denomina cliente FTP.
2. Con una interfaz web integrada en la propia web del servidor de alojamiento, para seleccionar los ficheros y carpetas del PC local que se van a transferir.

5.2.1. Mediante el protocolo FTP

En terminología informática, un protocolo de comunicación es un sistema de reglas que permite que dos o más entidades de un sistema digital se comuniquen entre ellas para transmitir información. Desde los orígenes de internet, HTTP *(Hypertext Transfer Protocol)* fue el protocolo habitual para acceder a páginas web, mientras que FTP *(File Transfer Protocol)* lo fue para el envío de ficheros. Por tanto, FTP es la forma más tradicional de transferir ficheros y también la más eficiente.

Normalmente, cualquier servicio de alojamiento para un sitio web proporcionará un método de acceso mediante FTP a los servidores para subir las páginas. Podremos consultar esta información en la página web del proveedor de alojamiento, y consiste normalmente en:

- Nombre del servidor FTP: suele ser de la forma ftp.dominiodelservidor.com.
- Carpeta de publicación: no todo el contenido del servidor se hace público en internet, sino únicamente ciertas carpetas. Algunos nombres típicos son "html", "public_html" o "httpdocs". El nombre de esta carpeta se agrega a la dirección del servidor especificada en el campo anterior, ya que es donde queremos volcar los contenidos públicos.
- Usuario: nombre único de acceso al servidor FTP.
- Contraseña: clave privada del usuario identificado en el campo anterior.

Para utilizar FTP de forma cómoda, será necesario un programa especial que se denomina **cliente de FTP.** El aspecto habitual de este tipo de programas es el de una pantalla dividida, visualizando a la izquierda los contenidos de nuestro PC local y a la derecha los contenidos del servidor al que queremos transferir la información. Mediante un simple clic en el botón adecuado o a través de "arrastrar y soltar" podemos subir contenidos al servidor. En cualquier caso, aunque lo habitual es copiar contenidos del PC al servidor, el protocolo FTP es bidireccional y permite también copiar del servidor al PC (para realizar una copia de seguridad, por ejemplo).

Con una simple búsqueda en internet podemos encontrar muchos de estos clientes FTP los más populares son:

a) FileZilla Client: https://filezilla-project.org/. Es gratuito, multiplataforma y de código abierto.

b) WinScp: https://winscp.net/. También es *software* libre.

c) CuteFTP: http://www.cuteftp.com/. Se trata de un programa de FTP de pago, aunque da la posibilidad de utilizarlo durante un periodo de prueba.

Actividad resuelta 5.3

Añadir contenido a nuestro sitio web mediante FTP

Usar un cliente de FTP para cargar el contenido de un sitio web desde un PC hasta el servidor de alojamiento.

Solución:

Vamos a usar el cliente de FTP gratuito FileZilla para cargar o subir los contenidos de nuestro sitio web creados en la anterior actividad resuelta a través del proveedor de alojamiento gratuito 000webhost: www.000webhost.com.

1. Comprobar que los ficheros que vamos a subir al sitio web se encuentran en un determinado directorio o carpeta. Para sitios webs complejos, podemos crear una estructura ordenada de subdirectorios para mantener los ficheros fácilmente localizables. Es habitual nombrar a la página inicial de un sitio web "index.html".

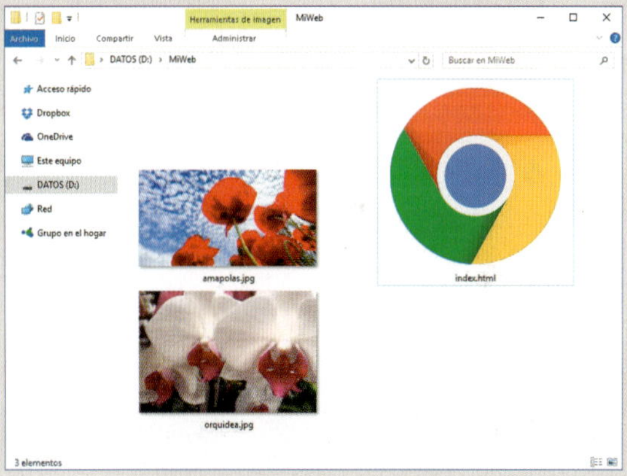

Figura 5.15. Contenido de la carpeta con los ficheros que se van a cargar mediante FTP.

2. A continuación, vamos a comprobar cuáles son los parámetros que debemos facilitar al cliente FTP (FileZilla) para conectarse a nuestro sitio y permitir la carga de ficheros. Estos detalles deben ser facilitados por nuestro proveedor de alojamiento. En el caso de nuestro proveedor de alojamiento gratuito 000webhost, podemos encontrar esta información si seleccionamos la opción "Getting Started Information" desde el panel de control dentro del acceso identificado en 000webhost, y a continuación seleccionamos "FTP details".

(Continúa)

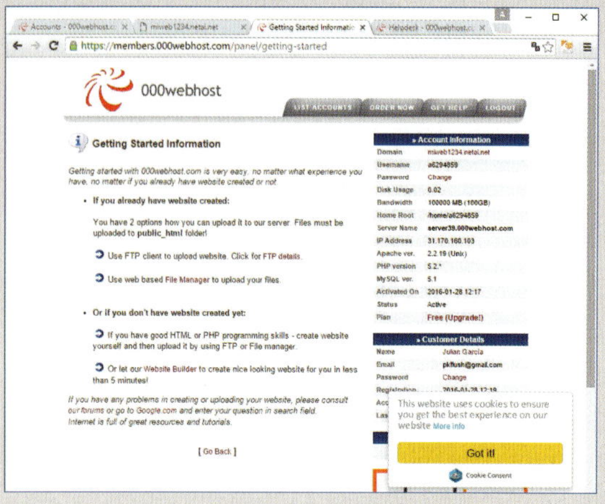

Figura 5.16. Acceso a los detalles de configuración en 000webhost.

3. En esta ventana obtenemos los detalles para el acceso FTP. La primera vez debemos establecer una contraseña para el usuario FTP que crea por defecto.

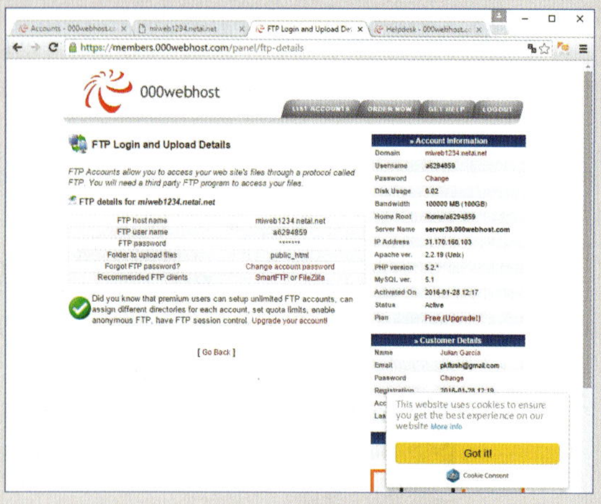

Figura 5.17. Información sobre el servidor FTP en 000webhost.

4. Abrimos el programa FileZilla.

   a) En "Sitio local" seleccionamos la carpeta que contiene la página web y los ficheros que vamos a cargar.

   b) En "Servidor" introducimos la dirección URL del servidor donde vamos a alojar el sitio web (el valor "FTP host name" o "Domain").

   c) En "Nombre de usuario" introducimos el nombre del usuario FTP que se creó automáticamente para nuestro sitio web (el valor de "FTP user name").

   d) En "Contraseña" introducimos la contraseña que hemos establecido para el usuario FTP.

   Si todos los datos son correctos, una vez que pulsamos el botón "Conexión rápida" FileZilla se conectará al servidor FTP indicado y obtendremos en el panel de la derecha un listado de las carpetas y ficheros que se encuentran actualmente en el servidor.

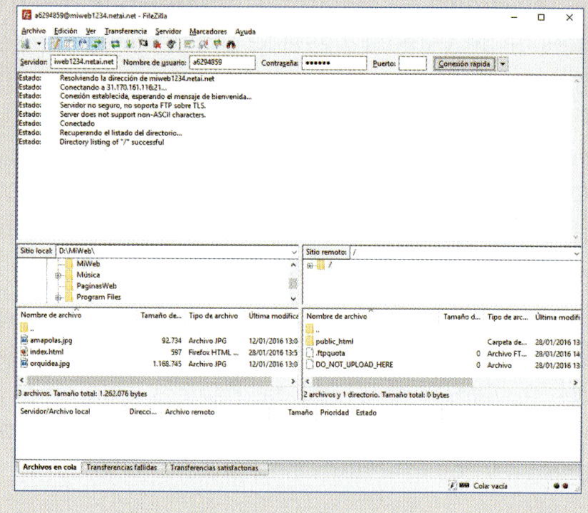

Figura 5.18. Cliente de FTP FileZilla conectado al servidor FTP de 000webhost.

5. Borramos los contenidos antiguos que no queremos preservar.

   a) Accedemos en el panel de la derecha a la carpeta **`public_html`**, que es aquella en la que se deben cargar los contenidos que se quieren visualizar en el sitio web.

   b) Borramos el fichero **`default.php`**. Para ello basta con seleccionar el fichero con el clic izquierdo del ratón y pulsar la tecla "Suprimir" del teclado.

6. Transferimos los contenidos nuevos.

   a) Seleccionamos en el panel de la izquierda los tres ficheros que queremos transferir al servidor.

   b) Pulsamos el botón derecho del ratón y elegimos la opción "Subir" para así hacer efectiva la transferencia.

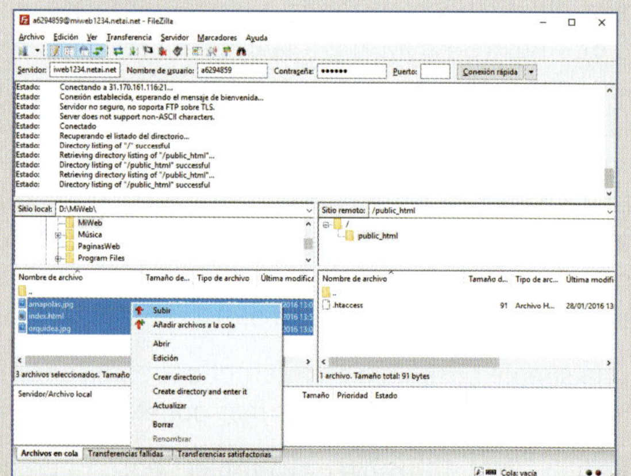

Figura 5.19. Carga de ficheros mediante el cliente de FTP FileZilla.

7. Comprobamos que se hayan cargado correctamente.

   a) A través de FileZilla deben aparecer los tres ficheros transferidos en el panel de la derecha. Además, la pestaña "Transferencias satisfactorias" mostrará entre paréntesis el total de transferencias realizadas con éxito.

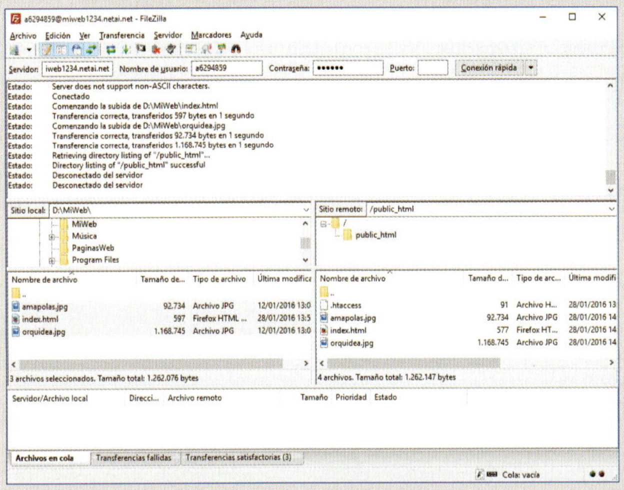

Figura 5.20. Estado de FileZilla tras la carga de ficheros hacia el servidor FTP.

   b) De la misma forma, a través del navegador web podemos comprobar que el contenido del sitio web se ha actualizado.

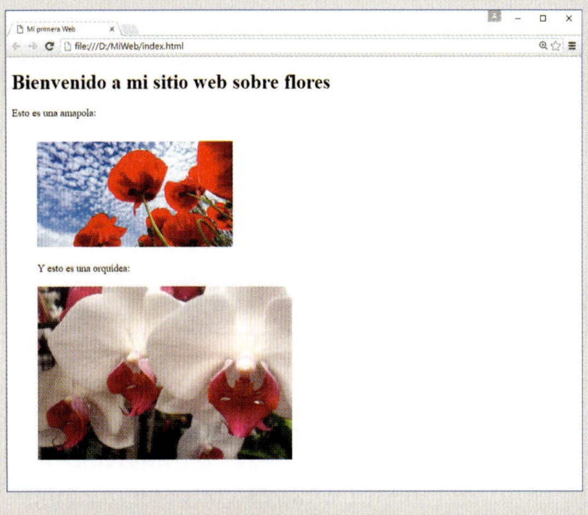

Figura 5.21. Aspecto de la página web tras haber sido cargada en el servidor FTP gratuito de 000webhost.

8. Desconectamos el servidor FTP desde FileZilla. Para ello pulsaremos sobre el botón de desconexión o, simplemente, cerramos el programa FileZilla.

5.2.2. Mediante una interfaz web

Es muy probable que el propio proveedor de alojamiento proporcione una herramienta simple a través de un navegador web para cargar el contenido del sitio web. Normalmente, se accederá a esta herramienta a través del panel del control que ofrezca el proveedor a través de un navegador. Por norma general bastará con seleccionar un botón "Examinar" o similar a través del cual se accede al contenido del dispositivo del usuario para elegir los ficheros o carpetas que se van a cargar.

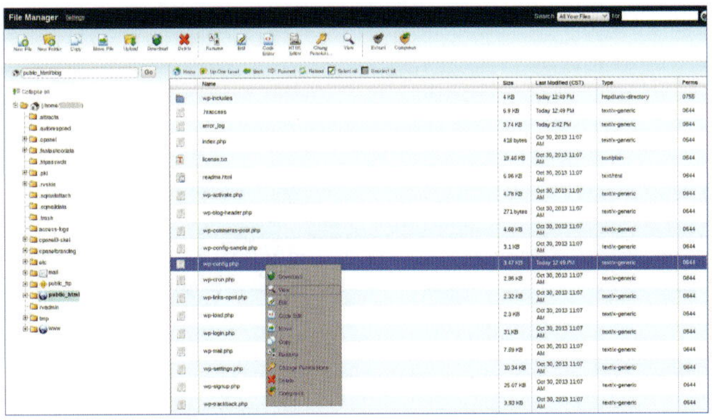

Figura 5.22. Interfaz web para la gestión de ficheros en Hostgator. *Fuente:* http://www.hostgator.com.

Las ventajas respecto a usar un programa de cliente FTP son que no necesita instalar ningún programa adicional y que no necesita prácticamente ningún aprendizaje. En cualquier editor de textos, hoja de cálculo o imágenes, el usuario está acostumbrado a pulsar un botón "Abrir" o similar y explorar el PC para seleccionar el documento en concreto que quiere visualizar. El funcionamiento de la carga o subida de ficheros a través de esta interfaz es análogo.

Sin embargo, como desventajas de este método respecto al cliente FTP, cada vez que queremos modificar el sitio web hay que acceder a través del panel de control del sitio, abriendo previamente un navegador e identificándonos con usuario y contraseña. En el cliente FTP podremos guardar el perfil del sitio web en el que alojamos la página, incluyendo la información de usuario y contraseña de forma que con un simple clic accedemos al contenido del servidor. Además, puede que la carga simultánea de varios ficheros y carpetas se tenga que hacer uno a uno. A través del formulario web difícilmente tendremos acceso a opciones avanzadas que sí incorpora un programa típico FTP, como subir solo los ficheros más recientes (actualizar) o descargar los contenidos completos de un sitio web en nuestro ordenador local.

Actividad propuesta 5.2

Utilizar la interfaz web para publicar contenidos

Utiliza la interfaz web para la gestión de ficheros del proveedor de alojamiento "000webhost" y carga a través de ella una página web que contenga dos imágenes y un vídeo.

5.3. Alta en buscadores

Una vez que hemos finalizado la creación del sitio web, el siguiente paso es incuestionable: hacer visible el sitio al resto del mundo. Para comenzar a trabajar en el posicionamiento de nuestra web, es conveniente sugerir la URL de nuestro sitio a los buscadores más populares. En los últimos años, no cabe duda de que el buscador más popular en internet es Google, con mucha diferencia sobre el resto. Baidu, por su parte, es el buscador más popular entre el mercado chino. La Figura 5.23 muestra el *ranking* de buscadores en ordenadores personales durante el año 2015. De igual forma, la Figura 5.24 muestra el porcentaje de uso de buscadores en tabletas y dispositivos móviles, que incluso hace aumentar la hegemonía de Google.

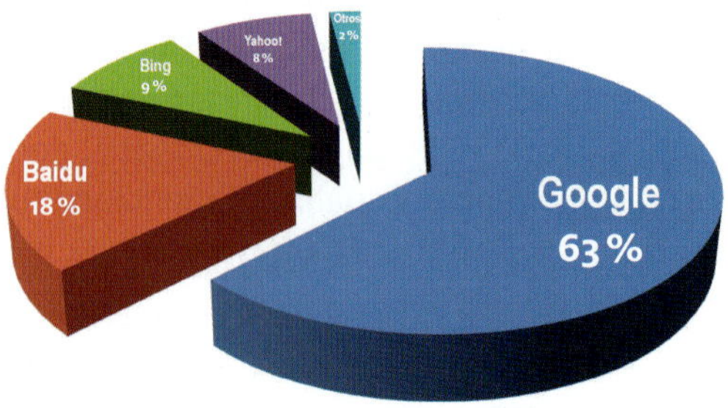

Figura 5.23. Buscadores más usados en ordenadores personales (PC) en 2015.

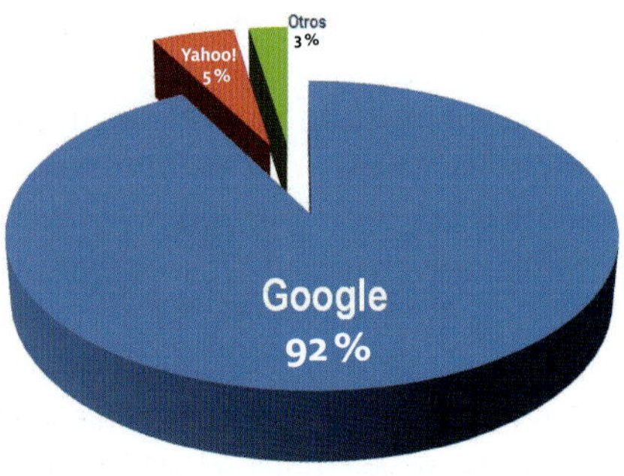

Figura 5.24. Buscadores más usados en tabletas y dispositivos móviles en 2015.

Parece bastante claro, por tanto, que debemos dirigir nuestros esfuerzos hacia que Google indexe nuestro sitio web y que lo posicione lo más alto posible en el segmento de mercado que ocupa. En cualquier caso, si el sitio web ya lleva un tiempo razonable en funcionamiento, es probable que los robots de los diversos buscadores que exploran constantemente la web ya lo hayan indexado y que figure en los resultados de búsqueda sin que personalmente se haya dado de alta.

La forma más simple para indexar manualmente un sitio web en Google es acceder al siguiente enlace: http://www.google.com.uy/addurl (Figura 5.25). Es necesario tener una cuenta de Google registrada.

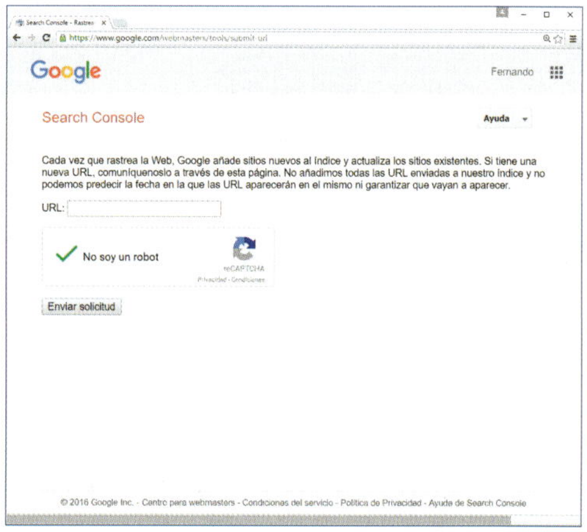

Figura 5.25. Página web para solicitar el alta de un nuevo sitio en el buscador Google.

A partir de ese momento, Google procesará nuestra solicitud y la indexará para que aparezca en sus búsquedas. Una forma más avanzada de indexar nuestro nuevo sitio web es añadirlo a través de las "Herramientas para webmáster" de Google: https://www.google.com/webmasters/tools/home?hl=es.

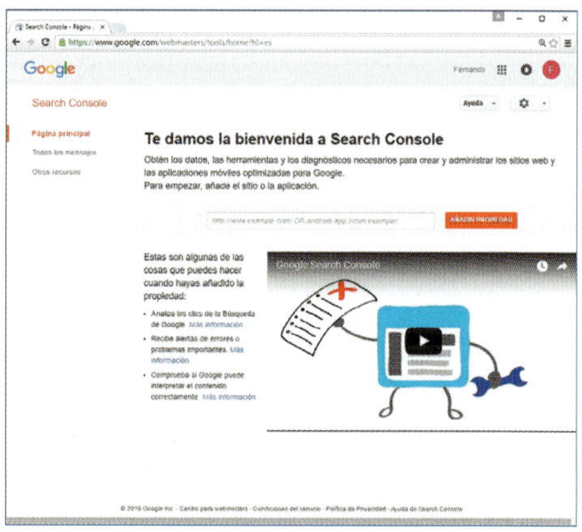

Figura 5.26. Solicitud de alta de un nuevo sitio a través de las herramientas de webmáster de Google.

A diferencia del anterior método, que tan solo solicita la indexación de un nuevo sitio, a través de esta herramienta podremos hacer un seguimiento de cómo Google está mostrando la nueva web al mundo:

- Permite analizar los clics de la búsqueda de Google: cómo cambia el tráfico con el tiempo, de dónde procede y cuáles son las consultas que tienen más probabilidades de mostrar el sitio web.
- Permite recibir alertas de errores o problemas importantes: ofrece detalles sobre los sitios que Google no ha podido rastrear correctamente o que han devuelto un código de error HTTP.
- Permite comprobar si Google puede interpretar el contenido correctamente: simula la ejecución de un rastreo y procesamiento de una página de la forma en que lo hace Google normalmente.

Aunque este proceso es algo más complejo, ya que Google debe verificar que el sitio es de nuestra propiedad, permite mayor control sobre el tráfico que está generando el nuevo sitio en Google, por lo que esta es la opción más recomendada para un sitio web corporativo.

Se recomienda añadir un mapa del sitio (*sitemap*) de nuestro sitio en las herramientas para webmáster de Google. De esta forma, facilitamos a Google la tarea de localizar todas las páginas disponibles en el sitio y se acelera la indexación de todas ellas.

Recuerda que

En el Apartado 4.1.4 se describe la importancia de realizar un correcto mapa del sitio, no solo para facilitar la navegación al usuario, sino también para una correcta indexación por parte de los motores de búsqueda.

A partir de este punto, con el sitio web indexado en Google, debemos tener en cuenta todas las estrategias para el posicionamiento de nuestro sitio web y el marketing en buscadores (SEM, SEO). En un primer nivel, es muy importante que en el código HTML de nuestro sitio web hayamos definido correctamente cuáles son las palabras clave *(keywords)* y que hayamos estructurado correctamente el contenido semántico de la página web. Es decir, cuando en HTML definimos que un determinado texto es el título o la cabecera de un párrafo, no se hace únicamente para que aparezca en negrita y con un tamaño mayor de fuente, sino también para decir a los rastreadores de nuestro sitio web cuáles son sus contenidos principales y que debe incluir en los términos de búsqueda.

Recuerda que

Los procesos de posicionamiento y marketing *online* (SEO y SEM) y selección de palabras clave se describieron en la Unidad 2.

Actividad propuesta 5.3

Indexación de un sitio web en Google mediante las herramientas de webmáster

Con la utilización de las herramientas de webmáster de Google, solicita la indexación de un sitio web de tu propiedad (por ejemplo, el creado en "000webhost"). Explora las opciones de las herramientas, tales como el análisis del tráfico, simulación del rastreo del sitio o informe de errores.

5.4. Aplicaciones y utilidades para la web

Además de los propios editores web (KompoZer, Dreamweaver, Amaya, etc.), necesitamos aplicaciones y utilidades auxiliares que nos ayuden a realizar ciertas tareas, como retocar una imagen, convertir un fichero de vídeo o audio, analizar el tráfico de nuestro sitio web para ver si está alcanzando los segmentos de mercado deseados, etc.

También nos referimos en esta sección a un grupo de herramientas que están desplazando a la programación tradicional de páginas web a través del lenguaje HTML: los sistemas de gestión de contenido (CMS). Estos sistemas permiten crear vistosos y potentes sitios web en pocos minutos partiendo de repositorios con plantillas ya generadas. Además, prácticamente no necesitan de ningún conocimiento de programación web para poner en funcionamiento el nuevo sitio.

En cualquier caso, son tantas las aplicaciones para el diseño web y sus posibilidades que tan solo mostraremos algunas de las acciones más típicas de cara al diseño web y al mantenimiento de un sitio.

5.4.1. Programas de diseño gráfico

Ya en el Apartado 4.3.3 de la anterior unidad se mencionó la necesidad de disponer de programas para el diseño gráfico que permitan el retoque y edición de imágenes, dibujo de formas libres, cambiar el tamaño, recortar, hacer fotomontajes, convertir a diferentes formatos de imagen y otras tareas gráficas.

Se ofrecen potentes soluciones comerciales como Adobe Photoshop (www.adobe.com/es/products/photoshop.html), Corel Draw (www.coreldraw.com) o Paint Shop Pro (www.paintshoppro.com). Se puede considerar que Adobe Photoshop es el pionero de los programas de diseño gráfico.

En realidad, Adobe Photoshop o algún programa similar estará probablemente presente en casi todas las imágenes que recibimos a lo largo del día, aunque no nos demos cuenta: en las películas, en los anuncios, en las revistas, en el diseño de sitios web, en la publicidad impresa, en videojuegos, etc.

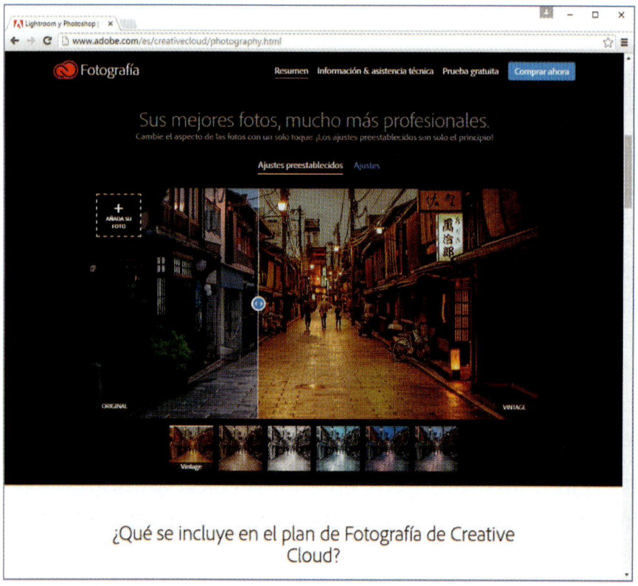

Figura 5.27. Prueba *online* de retoque fotográfico mediante la aplicación de filtros en la web de Adobe Photoshop. *Fuente:* http://www.adobe.com/es/creativecloud/photography.html.

La popularidad de Photoshop, especialmente entre la comunidad de diseño gráfico, y el hecho de llevar ya más de 25 años en el mercado han convertido a este programa en un paradigma para la producción de imágenes retocadas o incluso trucadas que han alterado la forma en la que percibimos la realidad, generando innumerables polémicas.

Figura 5.28. La edición de imágenes en los medios de comunicación es habitual. El problema y consecuente polémica aparece cuando se modifica sustancialmente la realidad para producir imágenes engañosas. Arriba: imagen original. Abajo: imagen retocada en la que el expresidente de los EE.UU. George Bush parece estar sujetando un cuento al revés. *Fuente:* http://www.snopes.com/photos/politics/bushbook.asp.

También podemos encontrar numerosos programas de edición y retoque fotográfico gratuitos. Por su popularidad y potencial, destacamos GIMP (GNU *Image Manipulation Program*, www.gimp.org).

GIMP forma parte del proyecto GNU y está disponible bajo la licencia pública general de GNU (GNU GPL), lo que garantiza su carácter gratuito, abierto y de *software* libre.

Este programa goza de gran popularidad entre la comunidad de usuarios de Linux, aunque eso no significa que no proporcione también versiones para MS Windows y MacOS. Se trata de un potente editor de imágenes que permite hacer prácticamente todo lo que los anteriores programas comerciales como Adobe Photoshop obtienen gráficamente.

En cualquier caso, es sencillo realizar determinadas tareas básicas como una rápida mejora del contraste y color de una imagen, eliminación de imperfecciones, reducción del tamaño de imagen en disco o recorte de un área determinada.

La Actividad resuelta 5.4 muestra algunas de las mejoras elementales que se pueden aplicar a una determinada imagen con GIMP.

Específicamente para el diseño web, son varios los aspectos que debemos tener en cuenta a la hora de editar una imagen:

- Usar un **tamaño** de imagen adecuado. En un sitio web, el tiempo de carga es un factor crucial para la satisfacción del usuario. Si usamos fotografías en nuestro sitio web con un elevado tamaño, el tiempo de carga se elevará y podríamos perder visitantes. Además, no tiene sentido cargar una imagen con una calidad superior a la de la pantalla del dispositivo que la está mostrando. Como regla general, ninguna imagen debe tener un tamaño superior a los 200 KB, ni una resolución mayor de 800 píxeles en horizontal, que suele ser el ancho típico de la columna de contenido de una página web. Si expresamos los datos en densidad de puntos, una resolución entre 72 y 96 puntos por pulgada (ppp) es suficiente.

- Elegir un **formato** de imagen adecuado para la web. Los navegadores solo reconocen tres formatos de imagen: GIF, JPEG y PNG. Según el tipo de imagen que se va a mostrar, se seleccionará un tipo de formato. El formato GIF es adecuado para imágenes con pocos colores (256 como máximo) y formas sencillas: botones, logos y dibujos de pequeño tamaño. El formato JPG permite millones de colores en una misma imagen, comprime la imagen y se pierde información; este es el tipo más adecuado para imágenes de tipo fotográfico. El formato PNG trata de aunar las ventajas de GIF y JPG: parte de GIF y comprime la imagen sin pérdida de información, pero permite 24 bits por píxel para la profundidad de color, por lo que resulta en más de 16 millones de combinaciones posibles. Es el formato adecuado para dibujos o gráficos sintéticos de mediana o alta complejidad.

- **Optimizar** el aspecto de la imagen en cuanto a colores, nitidez, contraste, retoque, etc. Cualquier utilidad de las mencionadas anteriormente nos permitirá ajustar en pocos minutos el contraste de la imagen, el uso de colores, corregir pequeños defectos y mejorar la iluminación.

- Respetar los **derechos de autor.** No todo lo que nos encontremos en internet es gratuito. De hecho, la mayoría de imágenes en la web tienen derechos de autor y no las podemos integrar libremente en nuestro sitio web. Existen varios sitios web en las que diferentes comunidades de usuarios cargan imágenes que todo el mundo puede ver y utilizar gratis: Stock.xchng (www.freeimages.com) contiene más de 300 000 recursos gráficos gratuitos. Wikimedia Commons también contiene una extensa colección de material multimedia (www.wikimedia.org) con licencias Creative Commons que permiten bajo ciertas restricciones el uso libre de ciertos recursos. Por otra parte, existen empresas como Shutterstock (www.shutterstock.com), iStockPhoto (www.istockphoto.com), Fotolia o Dreamstime que ofrecen en sus sitios web millones de recursos gráficos a través del pago puntual por los elementos que se requieran.

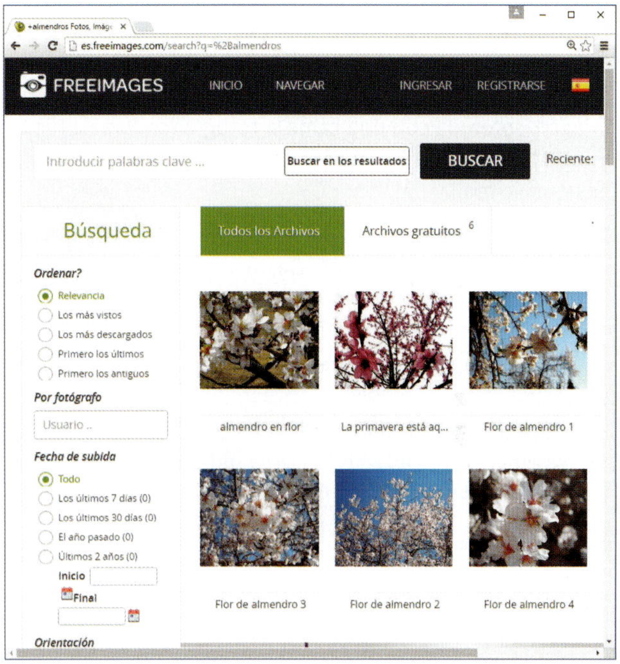

Figura 5.29. A través del sitio web de Stock.xchng (www.freeimages.com) podemos acceder a un buscador de recursos gráficos con licencia gratuita de uso. En la imagen podemos ver los resultados obtenidos introduciendo el término de búsqueda "almendro". *Fuente:* http://www.freeimages.com/.

Argot técnico

La **resolución de una imagen** se refiere a la cantidad de elementos de imagen o píxeles que se muestran en un determinado gráfico. La resolución se suele proporcionar mediante dos números, indicando respectivamente el número de píxeles a lo ancho y a lo alto. Así, por ejemplo, una imagen con una resolución de 800×600 píxeles implica que consta de 480 000 puntos, repartidos en 800 columnas y 600 filas. También se suele proporcionar la resolución en puntos por pulgada (ppp) o *dots per inch (dpi),* indicando la densidad de puntos que caben en una longitud unidimensional de una pulgada (2,54 cm). Para el diseño web, una resolución de 72 ppp suele ser suficiente para la correcta visualización de la imagen.

Actividad resuelta 5.4

Optimizar una imagen para la web con GIMP

Escoger una fotografía tomada personalmente con una cámara digital y aplicarle correcciones básicas de imagen usando el programa GIMP.

Solución:

Con GIMP se pueden realizar tareas básicas de optimización que hemos visto anteriormente. Partiremos de una imagen obtenida con una cámara fotográfica Panasonic Lumix DMC-TZ20 de 14.1 megapíxeles (4320×3240). Las acciones que se realizarán son:

1. **Obtener los detalles de la imagen a través del sistema operativo y GIMP.** Basta con localizar la imagen con el explorador de archivos para poder obtener detalles sobre la fecha, tamaño y una vista previa. La imagen en cuestión tiene un tamaño que sobrepasa los 5 MB, lo que la hace completamente inadecuada para cargarla directamente en un sitio web. En MS Windows se puede activar el panel de detalles (Alt+Mayúsculas+P) para ver los detalles de un fichero (Figura 5.30).

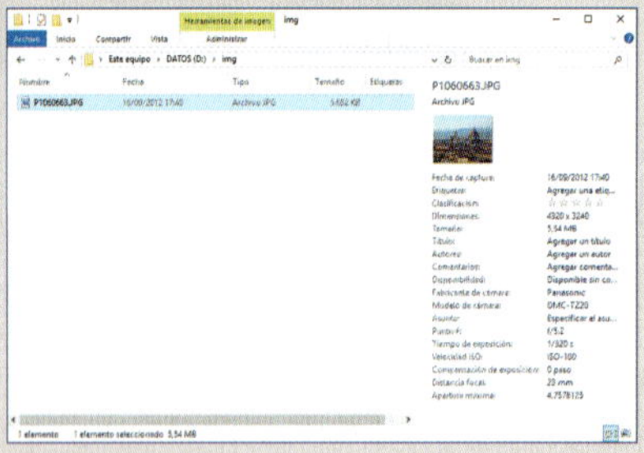

Figura 5.30. Localización de un fichero de imagen y visualización de los detalles a través del explorador de MS Windows.

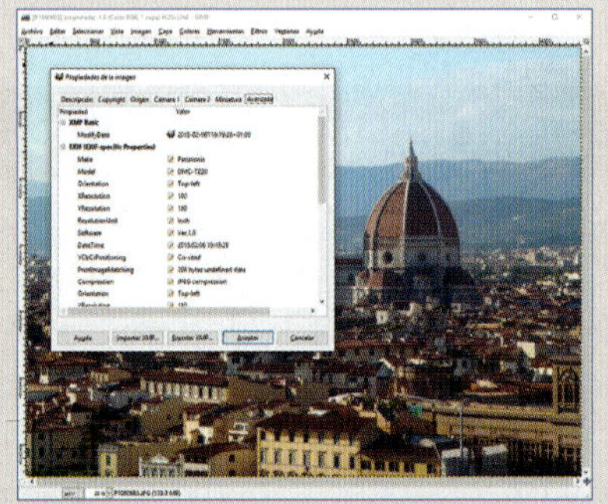

Figura 5.31. Obtención de las características avanzadas de una fotografía con GIMP.

Desde GIMP, también podemos obtener detalles avanzados sobre la imagen, tales como la resolución, tiempo de exposición, cámara empleada, etc. Para ello, abrimos la imagen desde GIMP y seguidamente seleccionamos la opción "Archivo → Propiedades". Finalmente, activamos la pestaña "Avanzada" para ver los detalles de la imagen (Figura 5.31). También es posible obtener una versión resumida de las características de imagen mediante la opción "Imagen → Propiedades de la imagen".

2. **Recortar la imagen** para centrarse en el elemento de interés (la catedral de Florencia). Basta con hacer clic en el menú "Herramientas" y seleccionar "Recortar" dentro de "Herramientas de transformación". A continuación, se selecciona el área de la foto que queremos preservar y se pulsa la tecla "Retorno" o se hace doble clic con el botón izquierdo del ratón.

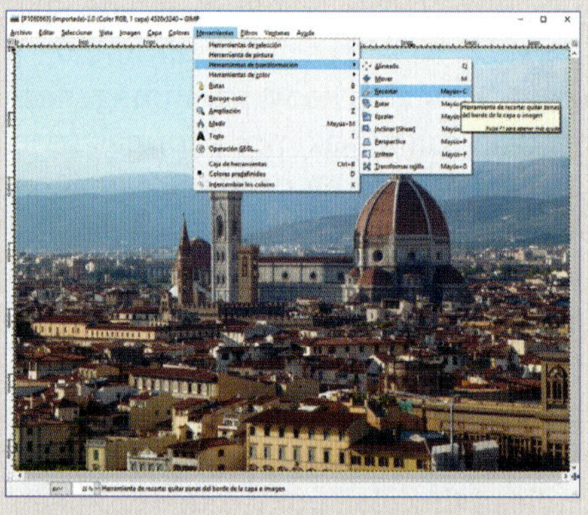

Figura 5.32. Acceso a la herramienta de recorte de imagen desde GIMP.

Una vez recortada, GIMP nos muestra únicamente la parte de la imagen que hemos seleccionado. Siempre es posible revertir los efectos y modificaciones realizados a una imagen seleccionando "Deshacer" en el menú "Editar" o pulsando CTRL+ Z.

Figura 5.33. Visualización de la imagen una vez recortada.

3. **Mejorar la nitidez, el color y el contraste de la imagen.** El ajuste manual de los parámetros de brillo, contraste y color es algo complejo y requiere cierto nivel de

conocimiento de fotografía digital y diseño gráfico. Sin embargo, GIMP también proporciona herramientas de ajuste automático que optimizan aspectos básicos de color, contraste y brillo de la imagen. Para acceder a estos ajustes, seleccionamos la opción "Auto" dentro del menú "Colores". Una vez dentro, el "Ajuste de blancos", "Reducir el contraste" o "Realzar el color" son herramientas especialmente útiles para el retoque fotográfico.

Figura 5.34. Visualización de la imagen tras aplicar los efectos de corrección "Reducir el contraste" y "Ajuste de blancos" en GIMP.

La Figura 5.34 muestra la imagen tras aplicar las herramientas automáticas "Reducir el contraste" y "Ajuste de blancos", en ese orden. Se puede observar una clara mejora respecto a la Figura 5.33.

4. **Redimensionar la resolución de la fotografía para su visualización en la web.** Una vez realizados los ajustes básicos a la imagen, tan solo queda optimizar su tamaño para su visualización en la web. La forma más sencilla de cambiar la resolución de una imagen en GIMP es mediante la opción "Imagen → Escalar la imagen".

   Se puede cambiar el tamaño en función de diferentes magnitudes: píxeles, porcentaje sobre el original, medidas en milímetros, etc. La resolución vertical o altura se ajustará automáticamente en función de la horizontal. En el caso de diseño web, lo que prima es conseguir una carga rápida del sitio web, aunque se pierda algo de calidad de la imagen. Por tanto, basta con seleccionar 800 píxeles de anchura (Figura 5.35). Por último, aplicamos la reducción pulsando en "Escala".

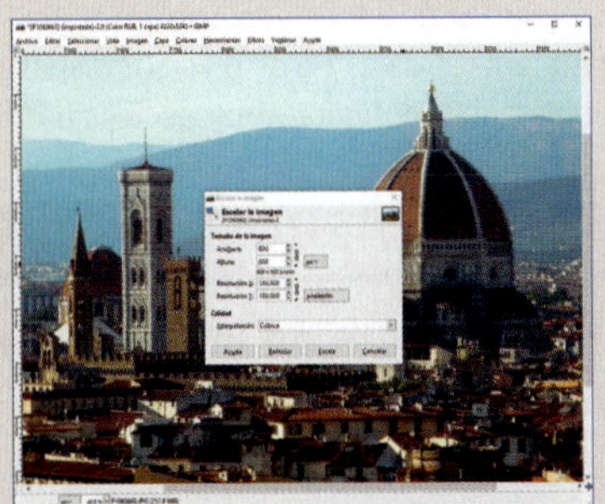

Figura 5.35. Visualización de la imagen tras aplicar los efectos de corrección "Reducir el contraste" y "Ajuste de blancos" en GIMP.

5. **Para no sobrescribir** la imagen original, es conveniente guardar la nueva imagen con un nombre diferente. Para ello, seleccionamos la opción "Archivo→ Exportar". En la ventana de exportación escribimos el nuevo nombre y pulsamos "Exportar" (Figura 5.36).

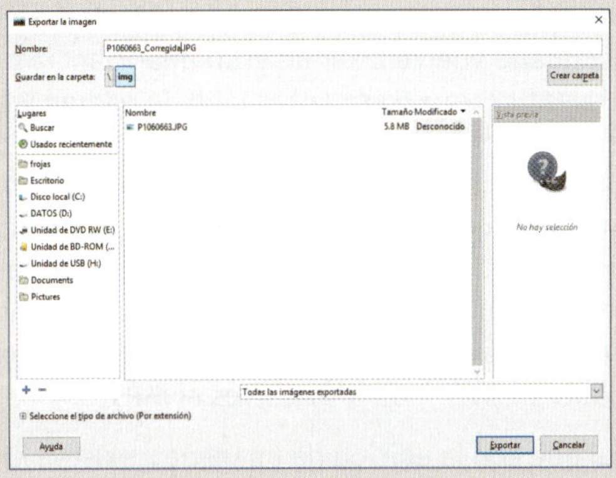

Figura 5.36. Ventana de exportación de imágenes en GIMP.

Observamos que la resolución ha pasado a ser 800×600 y el tamaño 280 KB, lo que supone menos de un 5 % del tamaño original, de más de 5 MB (Figura 5.37). GIMP ofrece otras múltiples opciones de corrección de fotografía, añadir texto, aplicar filtros, etc. La ayuda de GIMP se obtiene pulsando la tecla F1 o desde el menú "Ayuda" (Figura 5.38).

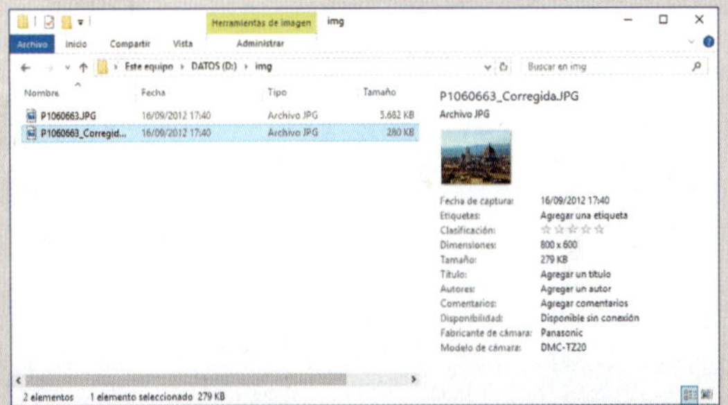

Figura 5.37. Obtención de los detalles de la nueva imagen a través del explorador de MS Windows.

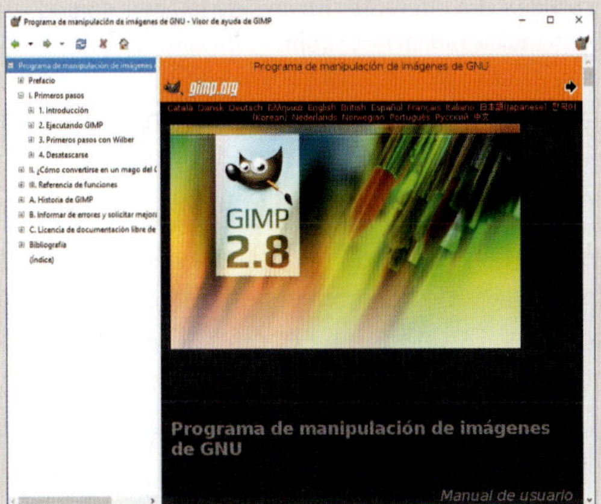

Figura 5.38. Página inicial de ayuda de GIMP.

5.4.2. Utilidades para la conversión de ficheros de vídeo y sonido

Además de contenido gráfico, nuestro sitio web también puede alojar contenido multimedia en forma de vídeo o sonido. Para este tipo de datos, la necesidad de optimizar su tamaño vuelve a ser de gran importancia para que no se ralentice en exceso la carga de la página y el usuario permanezca en ella. Por tanto, debemos cuidar que la cantidad de contenido multimedia no sea demasiado abrumadora y que los ficheros ocupen el mínimo de espacio posible para optimizar las transferencias. Además, se debe recordar que el formato más adecuado para vídeo en páginas web es el MP4 (por defecto no se va a reproducir MPG, MKV ni AVI), y para sonido es el MP3.

Al igual que con la edición de imágenes, existen múltiples programas editores de vídeo, tales como Windows Movie Maker (para MS Windows) o iMovie (para Mac). Otras herramientas más profesionales como Pinnacle Studio, Adobe Premiere o Final Cut Pro permiten fusionar vídeos, añadir pistas de audio, realizar transiciones, crear DVD, etc.

Figura 5.39. Edición de vídeo con Pinnacle Studio 19: permite crear un único vídeo con diferentes fuentes de imagen, sonido y transiciones. *Fuente:* www.pinnaclesys.com.

Para tareas más sencillas, como simplemente convertir un vídeo a MP4 o un sonido a MP3 y optimizar su tamaño, disponemos de dos opciones gratuitas:

- Realizar la conversión *online* a través de sitios web que ofrecen servicios de conversión de ficheros en múltiples formatos. Es una buena opción si se dispone de buen ancho de banda para subida y bajada de ficheros grandes.
  - www.clipconverter.cc/es/: permite convertir cualquier archivo de vídeo en el formato MP4, MOV, 3GP o AVI, incluso desde una dirección URL de YouTube.
  - www.zamzar.com/: también permite la conversión desde URL y desde ficheros locales, aunque impone limitaciones de tamaño si el usuario no está registrado. Envía el enlace de descarga al correo del usuario.

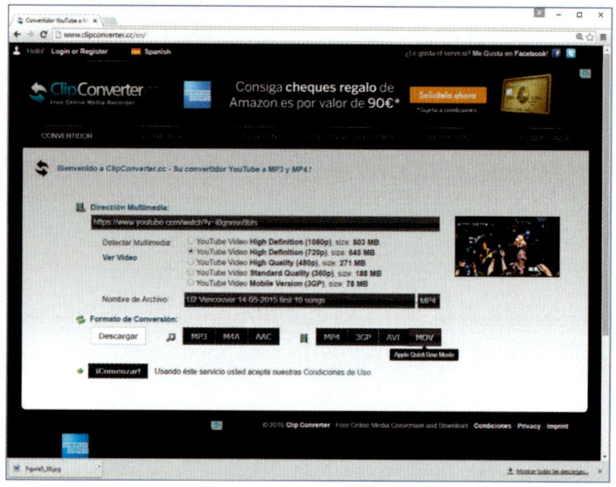

Figura 5.40. La conversión de un vídeo a formato MP4 (vídeo) o MP3 (sonido) desde otro archivo que esté en nuestro PC o en cualquier URL es sencilla a través de ClipConverter (www.clipconverter.cc).

- Utilizar alguna aplicación gratuita de conversión de vídeo como HandBrake (http://handbrake.fr) o Any Video Converter Free (www.any-video-converter.com).

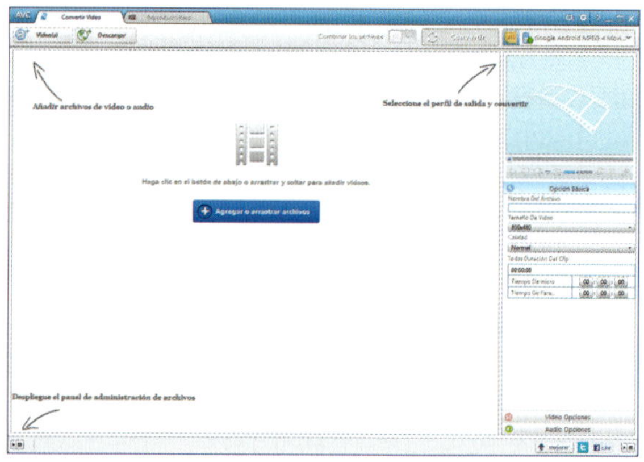

Figura 5.41. La interfaz de Any Video Converter Free es muy intuitiva e incorpora los estándares de vídeo de diversos dispositivos (iPad, iPhone, Android) y también una configuración específica para diseño web.

Actividad propuesta 5.4

Convertir un fichero de vídeo desde YouTube a MP4 y guardarlo en nuestro PC

Con alguna de las herramientas gratuitas enunciadas (*online* o instalada), convierte un videoclip de éxito que se encuentre en YouTube a formato MP4.

5.4.3. Utilidades para la analítica web

Una vez que el sitio web se encuentra en funcionamiento, es fundamental realizar un seguimiento de los accesos y usuarios que se conectan a nuestro sitio web. La **analítica web** consiste en la recopilación y posterior análisis de la información que proporcionan los usuarios al interactuar con un sitio web, a fin de mejorar los servicios ofrecidos y el conocimiento de estos usuarios para optimizar la experiencia de navegación en el sitio. Prácticamente todas las empresas que ofrecen servicios de alojamiento (Apartado 5.1) cuentan con algún sistema para determinar el número de usuarios que han visitado nuestro sitio. Basta con buscar alguna entrada del tipo "Contador de accesos", "Análisis del Tráfico" o "Estadísticas".

Además de las propias herramientas que nos facilita el proveedor de alojamiento, existe una potente herramienta para el análisis de un sitio web y que, además, es gratuita: Google Analytics (http://www.google.com/intl/es/analytics).

El funcionamiento de Google Analytics es muy sencillo (MacDonald, 2015): una vez registrado el sitio web (Figura 5.42), añadimos un pequeño trozo de código JavaScript a todas las páginas de nuestro sitio que queramos analizar. Cuando un usuario acceda a alguna de nuestras páginas, el navegador del usuario ejecutará este pequeño programa de forma transparente hacia el usuario, enviando la información sobre la petición realizada a los servidores de Google: desde qué IP se conecta, dónde se encuentra ubicado, qué navegador está utilizando, etc. La próxima vez que accedamos a nuestra cuenta de Google Analytics podremos ver los detalles sobre todos los accesos recibidos, y ofrece también la posibilidad de realizar poderosos informes numéricos y gráficos.

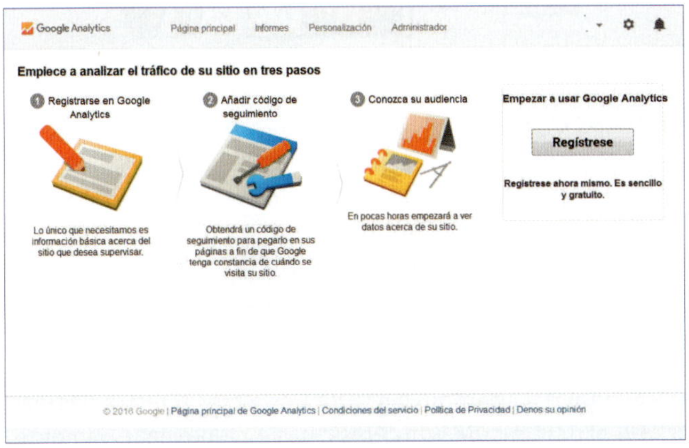

Figura 5.42. Proceso de registro de un sitio web para su análisis mediante Google Analytics.

Los resultados que nos proporciona Google Analytics son sorprendentes y muy minuciosos. Podremos generar todo tipo de estadísticas sobre el acceso a nuestro sitio web: número total de visitas, páginas por sesión, porcentaje de rebote, duración media de la sesión, mapa geográfico de audiencia, etc. Sin duda, una buena administración de un sitio web debe analizar estos datos y actuar de forma que se potencie la visibilidad del sitio web y, en consecuencia, su rentabilidad.

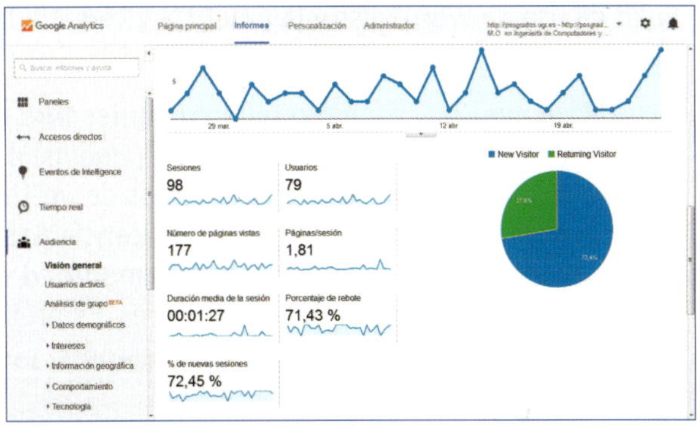

Figura 5.43. Algunos de los datos que puede proporcionar Google Analytics para un sitio web. *Fuente:* https://www.google.es/intl/es/analytics.

5.4.4. Sistemas de gestión de contenido: sitios web que construyen otros sitios

Si se pretende generar un sitio web rápidamente, sin necesidad de conocer HTML, CSS ni ningún lenguaje de programación o marcado, partiendo de patrones de sitios web listos para su uso, sin duda la opción más recomendable es usar un sistema de gestión de contenido o CMS *(Content Management System)*.

Un gestor de contenidos CMS permite gestionar los contenidos de una web a través de una interfaz web, por lo que ni siquiera es necesario instalar ningún *software* más que el propio navegador. La mayoría de CMS son gratuitos, al menos al principio, y ofrecen opciones avanzadas de alojamiento y edición de pago.

Los gestores de contenidos disponen de cientos de plantillas web *(templates)*, de forma que podemos crear un sitio web muy atractivo visualmente en pocos minutos. Según el tipo de contenido que queremos albergar en nuestro sitio, existen unos determinados CMS específicos. Los más conocidos son:

- **WordPress:** está enfocado a la creación de cualquier tipo de sitio, aunque especializado en la creación de blogs o sitios web con una estructura cronológica. Es probablemente el más popular entre los usuarios sin conocimientos avanzados de informática y programación.

- **Joomla!:** permite administrar un sitio web a través de un panel de administración sencillo. Tiene módulos específicos para el comercio electrónico. Está indicado para sitios web pequeños o medianos, aunque para grandes sitios web puede ser preferible usar Drupal. Se puede decir que está a mitad de camino entre la facilidad de uso de WordPress y la potencia y versatilidad de Drupal.
- **Drupal:** es un CMS genérico para cualquier tipo de web, con múltiples módulos adicionales *(plugins)* disponibles para infinidad de requerimientos de un sitio web. Se trata de un proyecto libre, con licencia GNU/GPL y es mantenido por una activa comunidad de usuarios con formación de programadores. Es probablemente el más potente de los tres gestores, pero también el más difícil de manejar.

Figura 5.44. Un sistema de gestión de contenidos (CMS) permite integrar las tareas de programación web, diseño gráfico, SEO y mantenimiento de la información publicada.

Actividad resuelta 5.5

Crear un sitio web con WordPress

Utiliza el gestor de contenidos WordPress para crear una página web sencilla que incluya una imagen.

Solución:

Vamos a utilizar un CMS, en concreto WordPress, para crear un sitio web sencillo. Ten en cuenta que todo el contenido se creará en la propia aplicación web, por lo que no es necesario partir de ningún documento previamente generado. La creación del sitio se hace de forma sencilla a través de un proceso guiado por la propia aplicación web de WordPress. No obstante, también es posible instalar la aplicación de WordPress en el ordenador local para realizar pruebas de forma más ágil (wordpress.org/download).

1. Entrar en la web de WordPress y seleccionar "Crear sitio web".

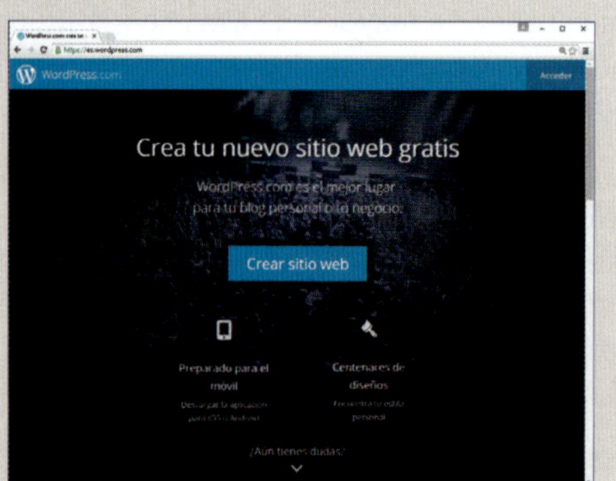

Figura 5.45. Página inicial de WordPress.

2. Seleccionar la plantilla de estilo que queremos aplicar al nuevo sitio web.

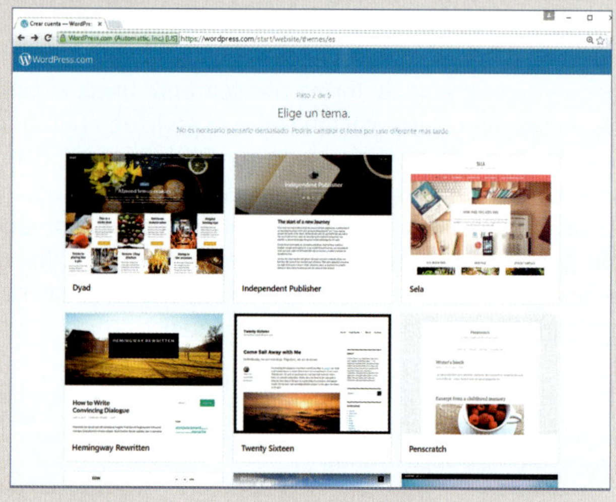

Figura 5.46. Plantillas de estilo en WordPress.

3. Elegir el dominio y URL que tendrá el nuevo sitio web. Si ya se tiene un dominio propio previamente, se puede asignar al CMS de WordPress mediante pago (13 euros al año). También es posible asignarle un nuevo dominio propio fuera del dominio "wordpress.com", igualmente a través de pago (entre 18-25 euros al año). La alternativa gratuita es alojar nuestra página en el dominio de WordPress: basta con teclear un nombre y buscará si está disponible, facilitando direcciones alternativas que estén libres si es necesario.

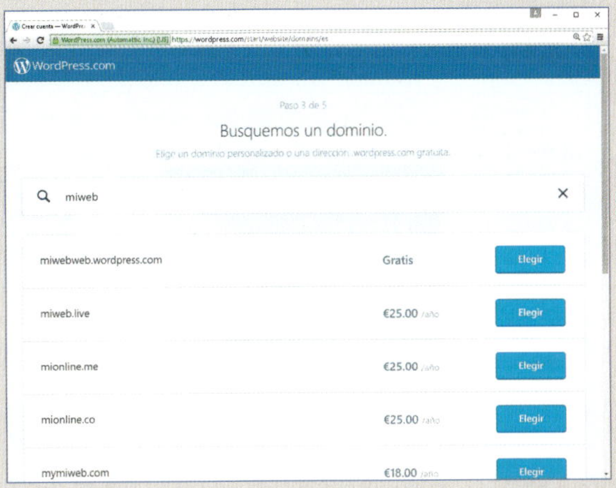

Figura 5.47. Selección del dominio en WordPress.

4. Seleccionar el plan de alojamiento y mantenimiento. En este caso elegimos la versión más básica y gratuita.

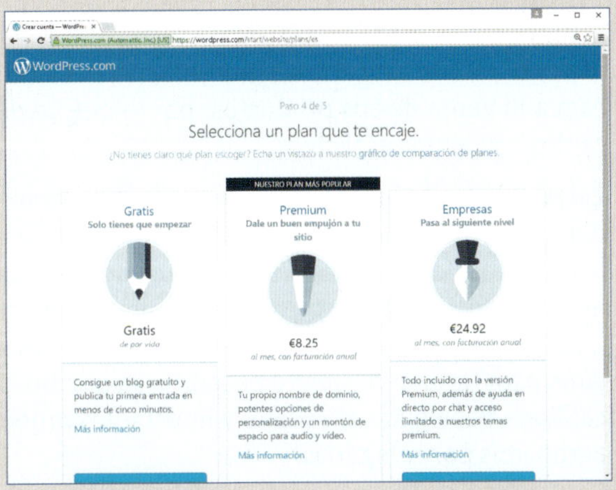

Figura 5.48. Selección del plan de alojamiento en WordPress.

5. Crear la cuenta en WordPress, facilitando un correo electrónico válido, un nombre de usuario y una contraseña. Seleccionar finalmente "Crear mi cuenta".

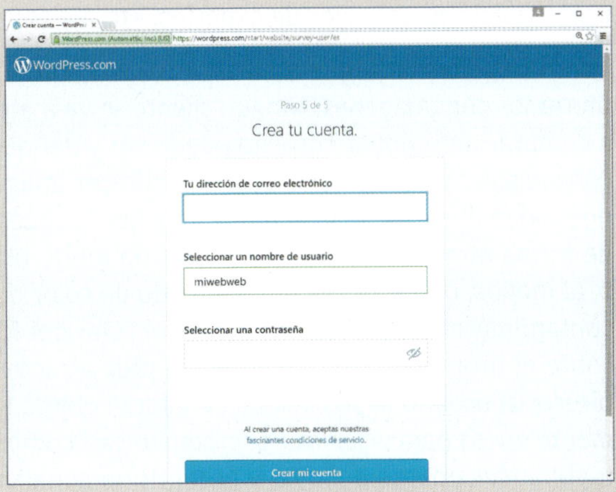

Figura 5.49. Creación de la cuenta de usuario en WordPress.

6. Validar la dirección de correo electrónico introducida previamente.

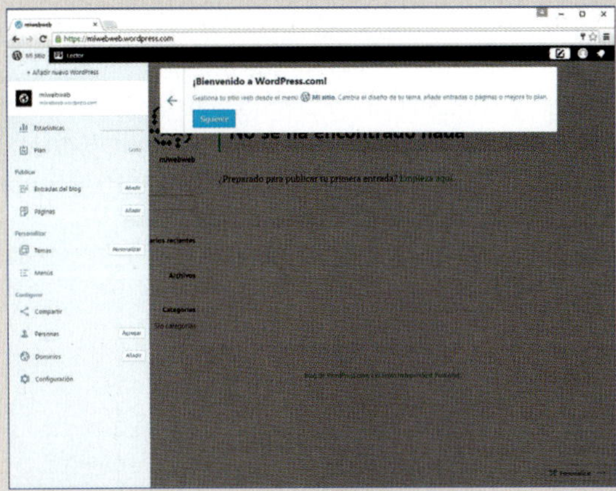

Figura 5.50. Pantalla de verificación de cuenta en WordPress.

7. Se genera la página web inicial, lista para ser editada y añadirle contenido. Desde ese momento, la nueva URL ya está disponible para todo el mundo en internet.

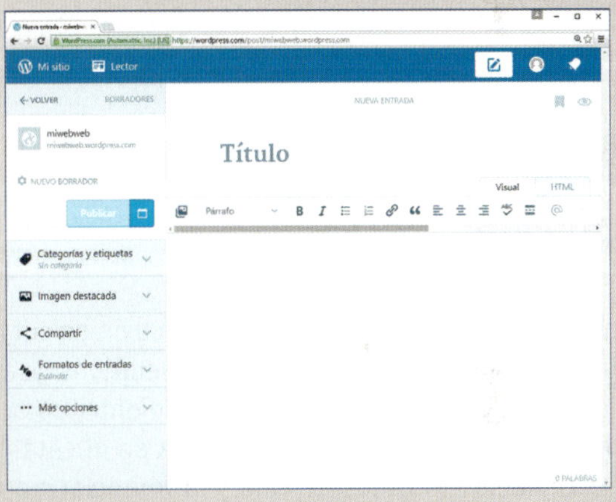

Figura 5.51. Página inicial creada por WordPress.

8. A través del editor integrado, podemos ir añadiendo contenido de todo tipo al sitio web.

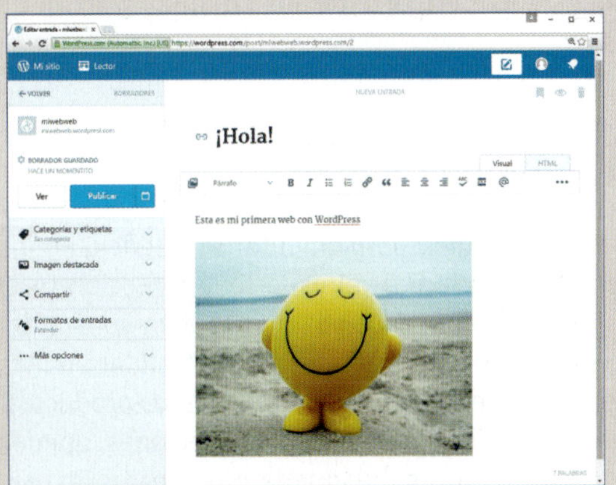

Figura 5.52. Página web modificada por el usuario.

(Continúa)

9. Una vez finalizada la creación de la página, podemos ver el resultado a través de la URL que se ha generado para la nueva página. Por supuesto, podremos seguir editando y administrando el sitio web desde el acceso identificado de WordPress en cualquier momento.

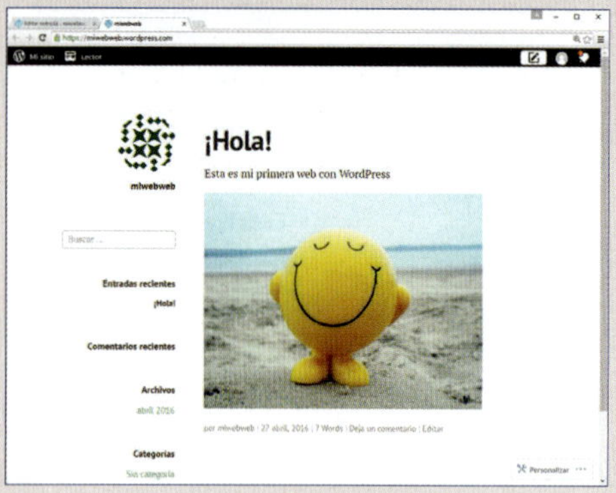

Figura 5.53. Página web visualizada en un navegador web.

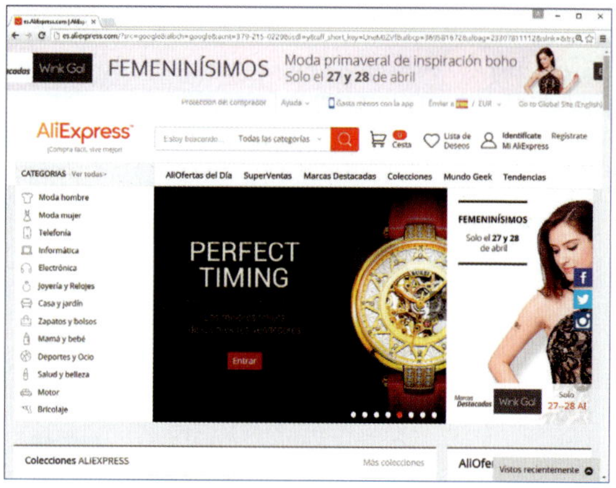

Figura 5.54. El catálogo de productos de un sitio web debe mostrar ordenada y atractivamente los artículos que se pueden adquirir. El sitio web AliExpress, propiedad del gigantesco consorcio chino Alibaba Group, ofrece miles de productos de todo tipo, por lo que una eficaz clasificación de su catálogo *online* es fundamental para su rentabilidad. *Fuente:* http://es.aliexpress.com/.

5.5. Administración de la web comercial

En un sitio web orientado al comercio electrónico surgen una serie de contenidos y conceptos específicos que se deben considerar para que el sitio sea eficiente, como la forma en que se presentan los productos en el catálogo *online*, establecer los flujos de caja y la financiación del sitio web, determinar cuáles son las zonas que captan mayor atención del usuario (zonas calientes) y presentar un lugar personalizado en el que el cliente pueda consultar el estado e importe de sus compras (carrito de la compra).

5.5.1. Catálogo *online*

Si una empresa quiere implementar su negocio en internet, no basta con indicar al usuario la dirección física a la que puede acudir presencialmente para consultar los productos que ofrece. El sitio web debe facilitar un listado completo, o al menos representativo, de los productos de la empresa, y facilitar imágenes, descripciones, opiniones de otros compradores, búsqueda por precios, artículos similares, etc. (Figura 5.54).

El catálogo *online* es la carta de presentación del sitio web de cara a la venta de sus productos, por lo que se deben cuidar los siguientes aspectos:

- **Estructurar el catálogo:** se trata de un aspecto fundamental, ya que debemos satisfacer la necesidad de los clientes de encontrar los productos donde esperan encontrarlos. De la misma forma que un hipermercado dispone sus productos en pasillos con categorías similares para facilitar al cliente encontrar lo que busca, el catálogo debe guiar al usuario y mostrar los productos agrupados por categorías.
- **Incluir una ficha de cada producto:** el usuario debe poder conocer las características completas del producto en el que está interesado. Para ello, no se debe escatimar en incluir una detallada descripción del producto, incluyendo características técnicas, manuales de uso, materiales, consejos de expertos, etc.
- **Usar imágenes:** es imprescindible ilustrar los productos ofertados con imágenes. Ningún cliente se va a atrever a comprar un producto que no puede ver y del que no conoce sus características. Debemos ofrecer imágenes de calidad que describan el producto y que lo muestren de forma atractiva. Es preferible usar un fondo blanco o, al menos, uniforme, ya que un fondo de color puede contaminar el producto al reflejarse el color del fondo sobre el propio artículo. Una opción muy atractiva es ofrecer al usuario la posibilidad de girar el objeto libremente en 3D para visualizar el producto casi como si lo tuviera físicamente delante, y permitir personalizar el producto (color, gama, etc.). También es conveniente

usar imágenes de alta calidad si el usuario requiere acceder a una vista en detalle del producto.

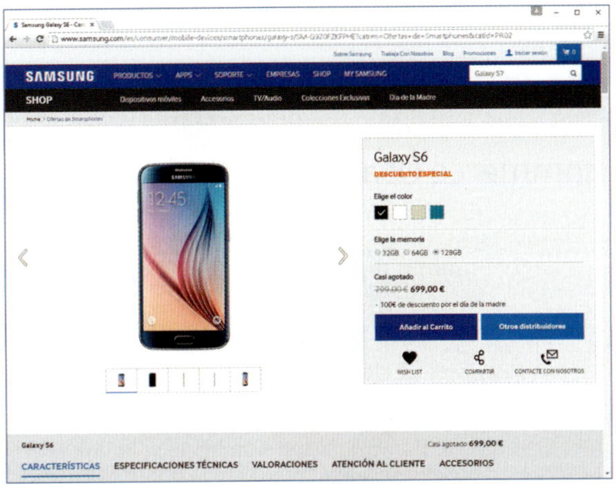

Figura 5.55. La información gráfica que ofrezcamos de un producto es fundamental para convencer a un cliente que va a adquirirlo sin tenerlo físicamente a su alcance. La tienda *online* de Samsung permite realizar una vista previa del producto con imágenes de alta calidad según la elección del cliente. *Fuente:* http://shop.samsung.com/.

- **Ofrecer un buscador:** es otro aspecto importante para ayudar a los clientes es la búsqueda del catálogo de la tienda *online*. Se debe intentar que la búsqueda tenga sugerencias en tiempo real según el nombre que vaya escribiendo el cliente. Obsérvese cómo sugiere resultados el motor de búsqueda de Amazon, Figura 5.56. También se debe permitir la búsqueda en múltiples idiomas, para lo cual debemos añadir descripciones de nuestros productos, promociones y ofertas, lista de productos más vendidos, novedades, etc.

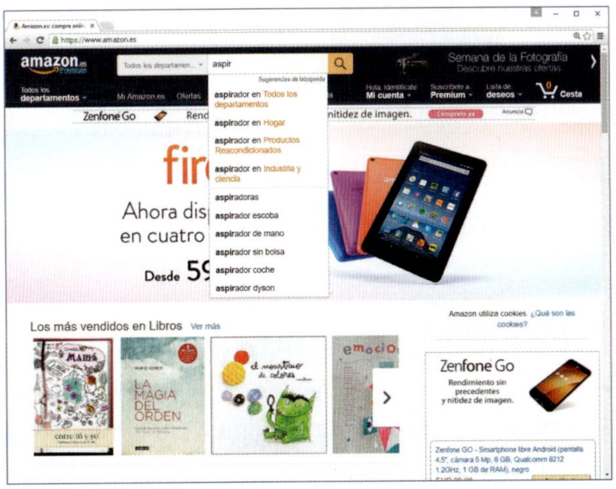

Figura 5.56. Un factor importante en el diseño del catálogo *online* es etiquetar correctamente los productos para que las búsquedas proporcionen los resultados esperados. El sitio web de Amazon sugiere al estilo de Google cómo completar la búsqueda de productos con tan solo teclear los primeros caracteres. *Fuente:* amazon.es.

- **Implementar técnicas de venta cruzada *(cross selling)*:** siempre se debe sugerir una lista de productos relacionados en la ficha del producto que se está mostrando actualmente. Pueden publicarse accesorios de este o productos que por su naturaleza combinan perfectamente con el producto que se está visualizando. Por ejemplo, si el usuario ha elegido una cámara de fotos digital, podemos ofrecerle una funda protectora para su cámara, un trípode o una tarjeta de almacenamiento. También podemos facilitar información del tipo "Otros clientes compraron" y sugerir otros productos que anteriores clientes adquirieron cuando eligieron el producto que se está visualizando actualmente.

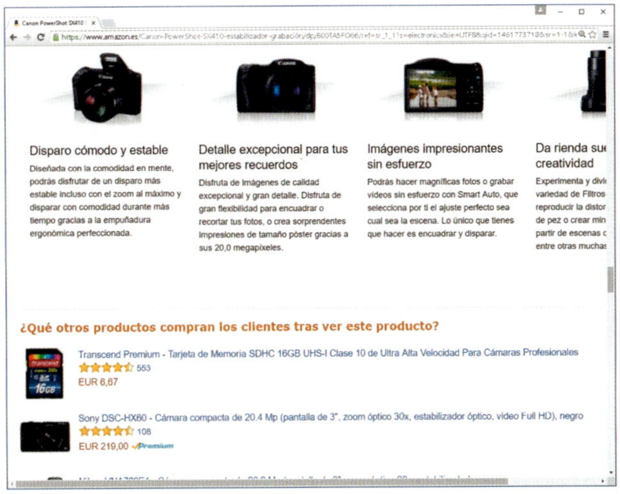

Figura 5.57. Sugerir productos relacionados según la clasificación del catálogo *online* y de las experiencias de compras de anteriores clientes puede incrementar el volumen de compras del cliente actual. *Fuente:* http://amazon.es.

- **Incluir opiniones reales de otros usuarios:** las opiniones de clientes proceden directamente de consumidores que detallan su experiencia de compra voluntariamente. Este tipo de valoraciones tienen gran influencia y son consideradas más fiables por parte de los potenciales nuevos clientes, lo cual favorece directamente la actividad de la venta *online*. Incluso las opiniones negativas pueden generar una sensación positiva en el cliente. El 65 % de los compradores *online* da más crédito a una web que tenga tanto opiniones positivas como negativas (https://es.trustpilot. com). Cuando todas las opiniones son positivas, el 30 % de los consumidores tiende a pensar que son falsas. Igualmente, se deben agradecer desde la empresa las opiniones y comentarios, especialmente las negativas, ofreciendo soluciones y alternativas para satisfacer al cliente y a los usuarios que leen la crítica. Por tanto, se debe contar con un equipo de moderadores que examine las opiniones de los clientes, elimine las opiniones falsas u ofensivas y garantice la respuesta por parte de la empresa.

- **Ofrecer siempre el precio final y real del producto:** se debe mostrar desde el principio el precio real que tendrá que pagar el usuario por el producto. Muchos clientes podrían abandonar en el último momento el proceso de compra al ver que el precio aumenta a la hora de introducir la forma de pago o los gastos de envío.

En cuanto a las herramientas disponibles para implementar un catálogo *online*, existen diversas aplicaciones para la gestión del catálogo en particular y de la tienda *online* en general:

- **Magento:** es muy potente, aunque algo compleja de manejar. Facilita el diseño adaptativo de la web. Se trata del líder en el ámbito mundial de las plataformas para gestión del comercio electrónico. https://magento.com.
- **Shopify:** tiene gran integración con Drupal. Especialmente indicado para pequeños proyectos. https://www.shopify.com.
- **Prestashop:** se trata de una aplicación de fácil manejo indicada solo para comercios sin demasiada complejidad en su gestión electrónica. https://www.prestashop.com/es.
- **ShopFactory:** se trata de una pequeña aplicación de fácil manejo, solo para comercios sin demasiada complejidad. http://www.shopfactory.com/es.
- ***Plugins* para WordPress:** WooCommerce sigue ganando cuota de mercado (https://www.woothemes.com/woocommerce), mientras que Easy Digital Downloads es otra alternativa algo menos potente (https://easydigitaldownloads.com).
- ***Plugins* para Joomla!:** Virtuemart (http://virtuemart.net) se adapta a las necesidades de pequeñas y medianas empresas.
- ***Plugins* para Drupal:** Ubercart (http://www.ubercart.org) y Drupal Commerce (https://drupalcommerce.org). Ubercart se basa en un diseño modular para integrar la gestión del catálogo *online*. Drupal Commerce es más complejo y sofisticado que Ubercart, e incorpora mayor número de funcionalidades.

En el ámbito mundial, las aplicaciones más usadas son Magento, Shopify y WooCommerce (Figura 5.58), mientras que en España se añade PrestaShop como una de las opciones más populares.

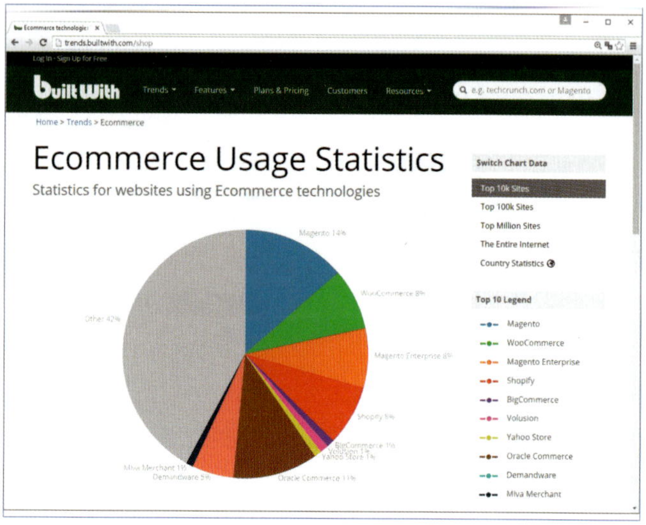

Figura 5.58. Uso de las diferentes aplicaciones de apoyo al comercio electrónico para los 10 000 principales sitios web comerciales en internet (febrero de 2016). *Fuente:* http://trends.builtwith.com/shop.

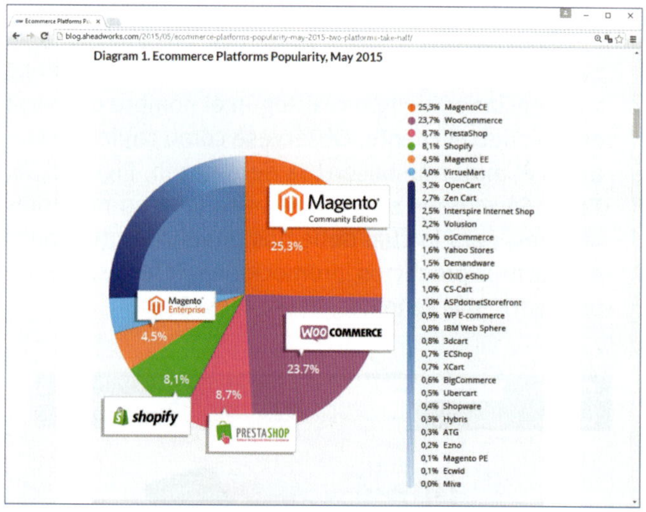

Figura 5.59. Uso de las diferentes aplicaciones para la implementación de comercio electrónico en mayo de 2015. *Fuente:* http://ecommerce.aheadworks.com/.

Actividad propuesta 5.5

Acceso al catálogo *online* de una tienda deportiva

Accede al catálogo *online* de la cadena de tiendas de material deportivo Decathlon (www.decathlon.es). Supón que quieres equiparte por completo para practicar tenis con un presupuesto total máximo de 300 euros. Consulta el catálogo para seleccionar el equipamiento deseado.

5.5.2. Flujos de caja y financiación de la tienda *online*

Al igual que cualquier otra empresa tradicional, la tienda *online* se debe someter a un control exhaustivo sobre los gastos e ingresos, tanto pasados como estimaciones de futuro. Un flujo de caja presenta en forma de tabla y en cifras las entradas y salidas producidas por todos los factores que se hayan identificado. El objetivo fundamental del flujo de caja es determinar para un periodo determinado el resultado neto de ingresos menos gastos, a fin de tomar decisiones sobre posibles necesidades de financiación.

La tabla del flujo de caja se construye organizando en columnas los periodos de tiempo (semanas, meses o años) para los que se quiere apreciar el movimiento de dinero y el resultado de este. A su vez, se detalla por filas, los tipos de personas, empresas o instituciones con las que la empresa realiza operaciones que involucran movimiento de dinero. La Figura 5.60 muestra el diagrama del cálculo del descuento de flujos de caja (DFC) para una gran empresa tecnológica como es el caso de Yahoo!

Nota técnica

El **flujo de caja *(cash flow)*** expresa la capacidad de un negocio de generar fondos en un espacio de tiempo y viene determinado básicamente por la diferencia entre ingresos y gastos en ese determinado periodo.

Diagrama de Cálculo del DFC para Yahoo

(MN US$)	1999	2000	2001	2002	2003	2004	Valor Terminal
Mercado publicidad (EE.UU.)	3.600	7.000	15.000	25.000	35.000	47.500	
% Yahoo	11,4%	11,0%	9,0%	9,0%	9,0%	9,0%	
Ingresos publicidad Yahoo	411	770	1.343	2.250	3.150	4.275	
Mercado comercio electrónico (EE.UU.)	24.000	44.000	83.000	112.000	145.000	195.000	
% Yahoo	0,7%	0,7%	0,7%	0,7%	0,7%	0,7%	
Ingresos eCom Yahoo	178	308	548	784	1.015	1.365	
Total ingresos Yahoo	**589**	**1.078**	**1.890**	**3.034**	**4.165**	**5.640**	
CMV	92	167	284	394	500	620	
Beneficio bruto	496	911	1.607	2.640	3.665	5.020	
Margen bruto	84,3%	84,5%	85,0%	87,0%	88,0%	89,0%	
Total gastos operativos	**308**	**512**	**851**	**1.274**	**1.666**	**2.143**	
EBIT	**188**	**399**	**756**	**1.365**	**1.999**	**2.876**	
EBIT (después de impuestos)	**143**	**267**	**507**	**915**	**1.339**	**1.927**	
Inversión fondo maniobra	-30	-40	-50	-60	-70	-80	
Inversión inmovilizado	-10	-11	-12	-13	-14	-15	
Flujo libre de caja	103	216	445	842	1.255	1.832	190.086
Valor presente flujos		191	346	579	762	982	89.898
Descuento FCL	**92.758,3**						
Deuda neta	-600,0						
Valor de los fondos propios	**93.358,3**						
Tasa libre de riesgo (Rf)		6,3%	Coste de la deuda (Rd=Rf+S)				8,3%
Prima riesgo Bolsa (Rm)		4,0%	% RR.PP.				100,6%
Beta (ß)		1,74	% Deuda				-0,6%
Prima riesgo Yahoo PR = ßx(Rm-Rf)		7,0%	WACC				13,3%
Coste capital (Rf+ PR)		13,3%	Crecimiento a largo plazo (g)				12,7%

Fuente: BSCH.

Figura 5.60. Diagrama del cálculo del descuento de flujos de caja (DFC) para la empresa tecnológica Yahoo! en el periodo 1999-2004. *Fuente:* http://ecommerce.aheadworks.com/.

5.5.3. Conocer al usuario: mapas de calor y zonas calientes de una web

Una vez que nuestro sitio web está recibiendo visitas y que se están generando transacciones económicas, es interesante conocer qué partes de nuestra web captan en mayor medida la atención de los usuarios. De esta forma, podemos concentrar los mensajes publicitarios o productos a la venta en esas zonas y descartar emplazamientos en los que el usuario no fija su atención.

A través de **mapas de calor** *(heat maps)* podemos observar gráficamente cuáles son las áreas de un anuncio, imagen o página web que captan la atención del usuario. Un mapa de calor es un gráfico que emplea un código de colores para resaltar zonas concretas del sitio web, denominadas **zonas calientes,** en las que los usuarios concentran su atención y que corresponden a las zonas con un color más intenso o de mayor brillo según el tipo de gráfico. Según la forma en que estemos recabando los datos para la generación del mapa de calor, podemos clasificar dichos mapas en diferentes tipos.

- **Mapas de calor de profundidad de desplazamiento *(scroll)*:** en páginas largas, indican básicamente dónde dejan de leer los usuarios, es decir, hasta dónde se van a desplazar o hacer *scroll*. Si un usuario no va a leer una página hasta el final, no conviene situar información importante en ese punto.

Figura 5.61. Mapa de calor de *scroll* o profundidad de desplazamiento. Se puede observar hasta qué punto el usuario va a inspeccionar el contenido completo de una página. *Fuente:* www.luckyorange.com.

- **Mapas de calor por clic:** el gráfico destaca las zonas de la web donde los usuarios pulsan el botón del ratón con más frecuencia o tocan en dispositivos táctiles. Adicionalmente, estos gráficos suelen incluir interesantes datos de referencia, como el número exacto de clics, número de visitantes únicos, tipo de dispositivo de origen, etc.

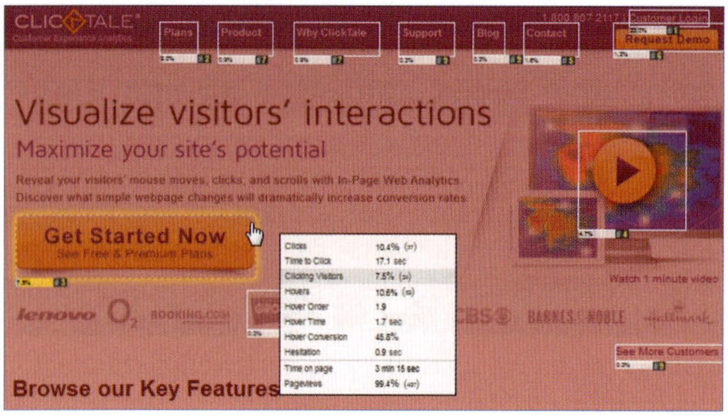

Figura 5.62. Mapa de calor por clic. De este tipo de mapas se puede deducir cuáles son los enlaces y botones que más se usan dentro de una página web. *Fuente:* www.clicktale.com.

- **Mapas de calor por movimiento de ratón:** este tipo de gráficos indica las zonas por las que el usuario pasa el puntero del ratón u otro dispositivo apuntador, destacando aquellas en las que pasa más tiempo y con mayor frecuencia. En efecto, el movimiento del cursor está correlacionado con el movimiento del ojo, por lo que es una medida práctica del grado de atención que un determinado elemento suscita al usuario. De esta forma, podemos evaluar si los usuarios están focalizando su interés en los puntos clave de la página web que queremos destacar.

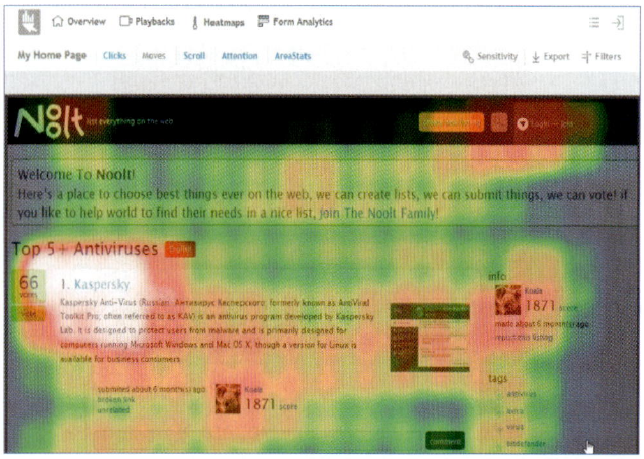

Figura 5.63. Mapa de calor por movimiento del ratón. Este tipo de mapas son los más parecidos a los originales mapas generados a través de técnicas de seguimiento de ojos. *Fuente:* www.mousestats.com.

- **Mapas confeti:** es una modalidad de mapa de calor por clic en la que aparece un punto en la zona seleccionada de color diferente según el origen del buscador o sitio web del que proviene el usuario de la web monitorizada.

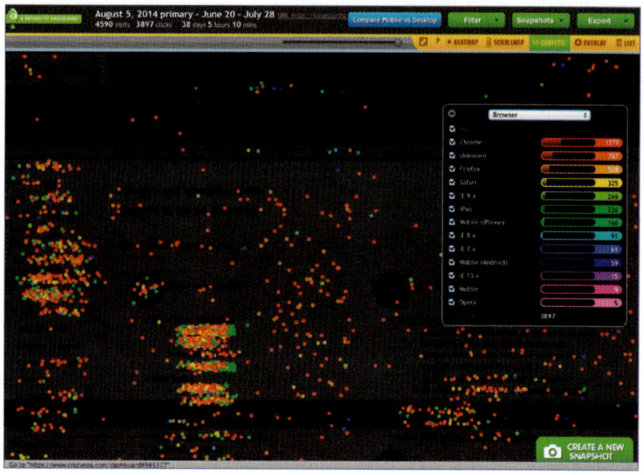

Figura 5.64. Mapa de calor por clic tipo confeti, en el que se muestra el origen del que proviene el usuario. *Fuente:* www.crazyegg.com.

Nota técnica

Los mapas de calor provienen de la técnica de *"eye tracking"* (seguimiento de ojos) usada en los estudios de psicología y marketing para detectar dónde se fija la mirada al presentar un determinado estímulo visual. Originalmente, el seguimiento de ojos se ha implementado mediante sensores en el nervio óptico que miden el potencial eléctrico evocado a través de técnicas de electrooculografía. En el marketing web, el seguimiento de ojos se simula mediante el rastreo de la actividad de los periféricos como el ratón, teclado o las pantallas táctiles.

Los mapas de calor son por tanto una importante herramienta en la analítica web y nos pueden ayudar a optimizar el diseño de una web respondiendo preguntas como "¿qué es relevante para mis usuarios?", "¿dónde debo ubicar el contenido más importante?", "¿debo cambiar secciones de mi página web?", "¿debo acortar ciertos contenidos de mis páginas web?", etc. Al saber dónde concentran su atención los clientes, podremos rediseñar las páginas para que el usuario haga lo que nosotros esperamos que haga, y de esa forma guiar la navegación para conseguir nuestros objetivos.

Los grandes sistemas de gestión de contenidos como WordPress, Joomla! y Drupal incluyen diferentes aplicaciones que nos permitirán generar mapas de calor a partir de las visitas a nuestro sitio. Google Analytics, de momento, no genera mapas de calor directamente, aunque es posible obtener gráficas similares con los datos que extrae del sitio web monitorizado. Existen diversas herramientas de analítica web para generar mapas de calor de una página web. Una de las opciones más populares es CrazyEgg (www.crazyegg.com). Se trata de una aplicación de pago, aunque se puede utilizar gratuitamente durante 30 días. Otras herramientas similares son Clicktale (www.clicktale.com) y Lucky Orange (www.luckyorange.com).

Actividad propuesta 5.6

Diferentes tipos de mapas de calor

Accede a los sitios webs de las diferentes aplicaciones para la generación de mapas de calor y obtén un ejemplo de los cuatro tipos de mapas descritos en esta sección.

5.5.4. Zona de usuario y fidelización del cliente

De acuerdo con varios estudios (Krug, 2012; Weinschenk, 2011), el coste de adquirir un nuevo cliente es de 5 a 10 veces mayor que el de fidelizar uno ya existente. Además, un cliente fidelizado va a gastar entre un 60-70 % más que uno nuevo. Estos datos demuestran la importancia que tiene para los intereses de cualquier negocio retener a sus clientes existentes a través de la implementación de programas de fidelización dirigidos específicamente a reafirmar su lealtad y fidelidad.

En el caso del comercio electrónico, la creación de una **zona de usuario** o área de cliente a la que este accede mediante acceso identificado de forma segura permite crear un espacio privado en el que podemos ofrecer exactamente lo que el cliente necesita a través del conocimiento de su experiencia pasada. Entre otras posibilidades, desde la zona de usuario se debe facilitar al cliente la posibilidad de:

- Gestionar sus datos personales, dirección de envío y métodos de pago de forma segura.
- Acceder al detalle de sus compras anteriores y emitir opiniones sobre los productos adquiridos.
- Realizar nuevas compras de forma rápida y directa, sin tener que rellenar de nuevo largos formularios con los detalles de envío y pago.
- Acceder a ofertas exclusivas y personalizadas que fortalezcan la fidelización del cliente.
- Ejercer los derechos legales que lo amparan como cliente, facilitando la devolución de productos en caso de que no esté satisfecho, habilitando vías para la apertura de reclamaciones y posibilitando la baja y consecuente eliminación de sus datos personales de la base de datos de la empresa.
- Personalizar el catálogo *online* de acuerdo al perfil de cliente y a su historial de compras, sugiriendo productos que le puedan interesar y descuentos por compras anteriores.
- Acceder a ayuda y asistencia técnica personalizada.

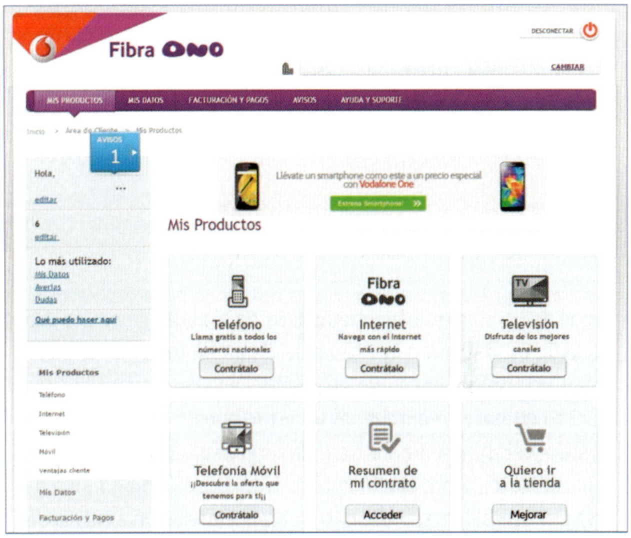

Figura 5.65. Desde la zona de usuario o área de cliente, un usuario identificado puede acceder a los detalles de transacciones anteriores, adquirir nuevos productos, obtener ayuda personalizada, etc. Todo ello encaminado a reforzar la satisfacción del usuario y fidelización del cliente. *Fuente:* www.ono.es.

Otras estrategias de fidelización específicas para el comercio electrónico son:

- Envío de correo electrónico: se debe cuidar no molestar al cliente con un envío masivo de comunicaciones que el usuario perciba como *spam* o correo basura. La creación de *newsletters* agrupadas por clientes con gustos afines puede ser buena opción, incluyendo novedades y productos de interés.
- Continua mejora del servicio de atención al cliente: llamadas a clientes, seguimiento de quejas, encuestas personalizadas, etc.
- Habilitar las redes sociales (Facebook, Twitter, LinkedIn, etc.) y potenciar la labor del *community manager* como canalizador de las relaciones de la empresa con sus clientes en el ámbito digital.
- Ofrecer descuentos y ventajas exclusivas a los clientes a través de cualquiera de los canales establecidos (correo electrónico, redes sociales, teléfono, zona de usuario, etc.).

5.5.5. El carrito de la compra

La culminación del proceso de compra tiene lugar como es lógico en el momento en que el cliente consiente en el pago del importe de los productos seleccionados. La forma típica de implementar esta acción es mediante el **carrito o cesta de la compra *online*.** El carrito *online* emula a un carrito real en el que el cliente va depositando los productos que quiere adquirir antes de pasar por la línea de caja, pudiendo añadir o descartar cualquier artículo mientras consulta las opciones que le ofrece el catálogo *online*.

> **Nota técnica**
>
> Puede que algunos sitios web ofrezcan todo los elementos típicos de un comercio electrónico, como el catálogo *online* o la zona de usuario, pero que carezcan de un mecanismo de compra y, en consecuencia, de un carrito de la compra *online*. Este caso no necesariamente es un error, puesto que puede que el sitio web simplemente trate de ofrecer al usuario información sobre los productos que pone a su disposición en el mercado, además de tratar de individualizar su relación a través de la zona de usuario. Por ejemplo, la mayoría de marcas de fabricantes de automóviles no ofrecen la posibilidad de realizar el proceso completo de compra del vehículo a través de su sitio web, lo cual no evita que el propio sitio ofrezca todo tipo de información sobre sus vehículos, configuración personalizada y creación de un usuario identificado para la fidelización del cliente.

Una vez que el cliente quiere finalizar el proceso de compra, el carrito de la compra debe incorporar un **sistema de procesamiento de pedidos** que tramita la orden de compra: suma los totales, calcula los impuestos y gastos de envío, determina el método de pago y, finalmente, realiza la transacción económica.

Las características que debe reunir el carrito de la compra son:

- **Seguridad:** un usuario que no se sienta seguro en el proceso de compra no la finalizará. Todo el proceso de transacción electrónica se debe realizar sobre plataformas seguras y cifradas.
- **Transparencia:** el usuario debe poder conocer constantemente el número de artículos que tiene en el carrito, su importe y cuáles son los gastos adicionales (impuestos, envío, etc.) que se van a aplicar.
- **Simplicidad:** el proceso de compra debe ser rápido y sencillo, sin cansar al usuario con largos formularios de petición de datos que probablemente ya se han introducido anteriormente si se trata de usuarios registrados.
- **Diseño atractivo:** el carrito de la compra debe mostrar con un diseño de calidad los productos, cantidad e importe que se encuentran seleccionados.

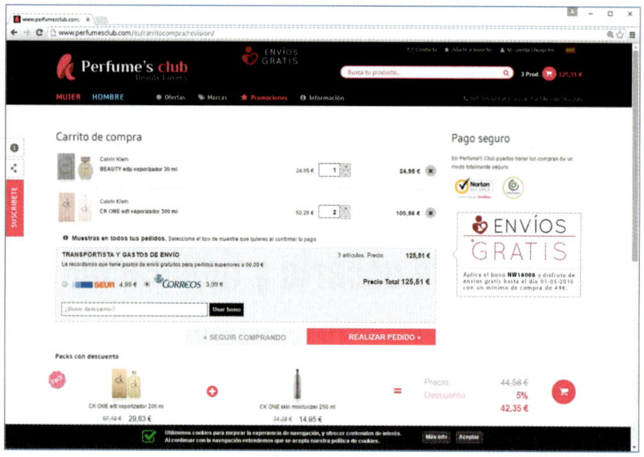

Figura 5.66. Carrito de la compra en el sitio web de perfumería y cosmética Perfume's club: el diseño muestra de forma atractiva los productos seleccionados, su cantidad e importe, los gastos de envío están claramente detallados y existe información sobre la procedencia segura del proceso de pago. *Fuente:* www.perfumesclub.com.

En definitiva, el proceso de compra en un sitio web de comercio electrónico se puede resumir mediante el diagrama de flujo de compra electrónica indicado en la Figura 5.67:

- Exposición del catálogo *online:* se exhiben todos los productos disponibles a los usuarios de forma estructurada, basándose en los criterios de búsqueda y el perfil de usuario.
- Detalles del producto: si un usuario selecciona un producto concreto, se muestran todos sus detalles, imágenes ampliadas y productos relacionados que le puedan interesar.
- Carrito de la compra: el usuario puede controlar en todo momento cuál es el estado de su carrito de la compra, añadir y quitar ítems y conocer el importe total de los productos que tiene en el carrito. Si se decide a comprar, se le ofrece una plataforma segura y sencilla para realizar la transacción.
- Módulo de *check out:* el usuario debe percibir que ya ha finalizado la compra y que su pedido se encuentra en proceso de envío. Se le debe desconectar de forma

segura y visible para que tenga la certeza de que todos sus datos sensibles están protegidos.

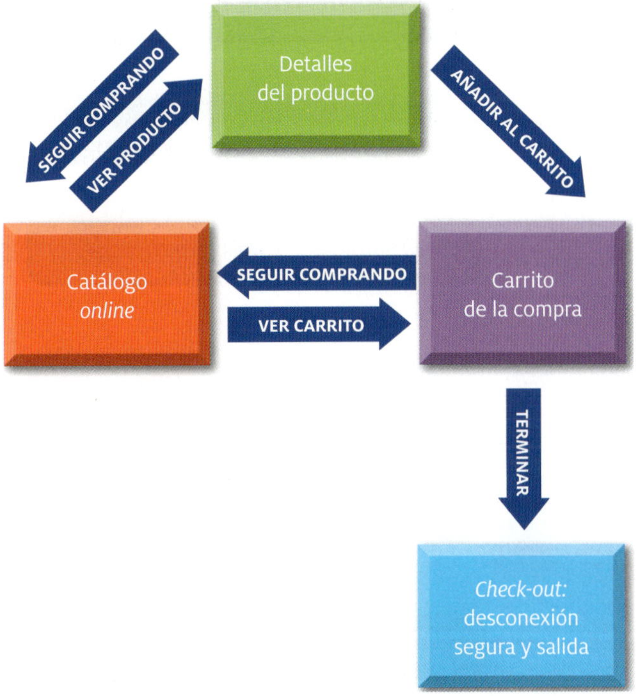

Figura 5.67. Diagrama de flujo del proceso de compra en el comercio electrónico.

Actividad propuesta 5.7

Acceder al carrito de la compra

Accede al sitio web de El Corte Inglés y añade al carrito de la compra los siguientes productos:

- Un reloj de pulsera.
- Una consola de videojuegos.
- Unos zapatos.

Comprueba los siguientes aspectos:

a) ¿Aparece en todo momento el carrito de la compra y el importe acumulado de la compra?

b) ¿El sistema de procesamiento de pedidos se realiza sobre una plataforma segura?

c) ¿Se ofrece información sobre la posibilidad de realizar devoluciones?

d) ¿Qué tipos de envío son posibles?

e) ¿Se ofrece información sobre los gastos de envío?

f) ¿Es necesario estar registrado para comenzar a usar el carrito de la compra?

Mapa conceptual

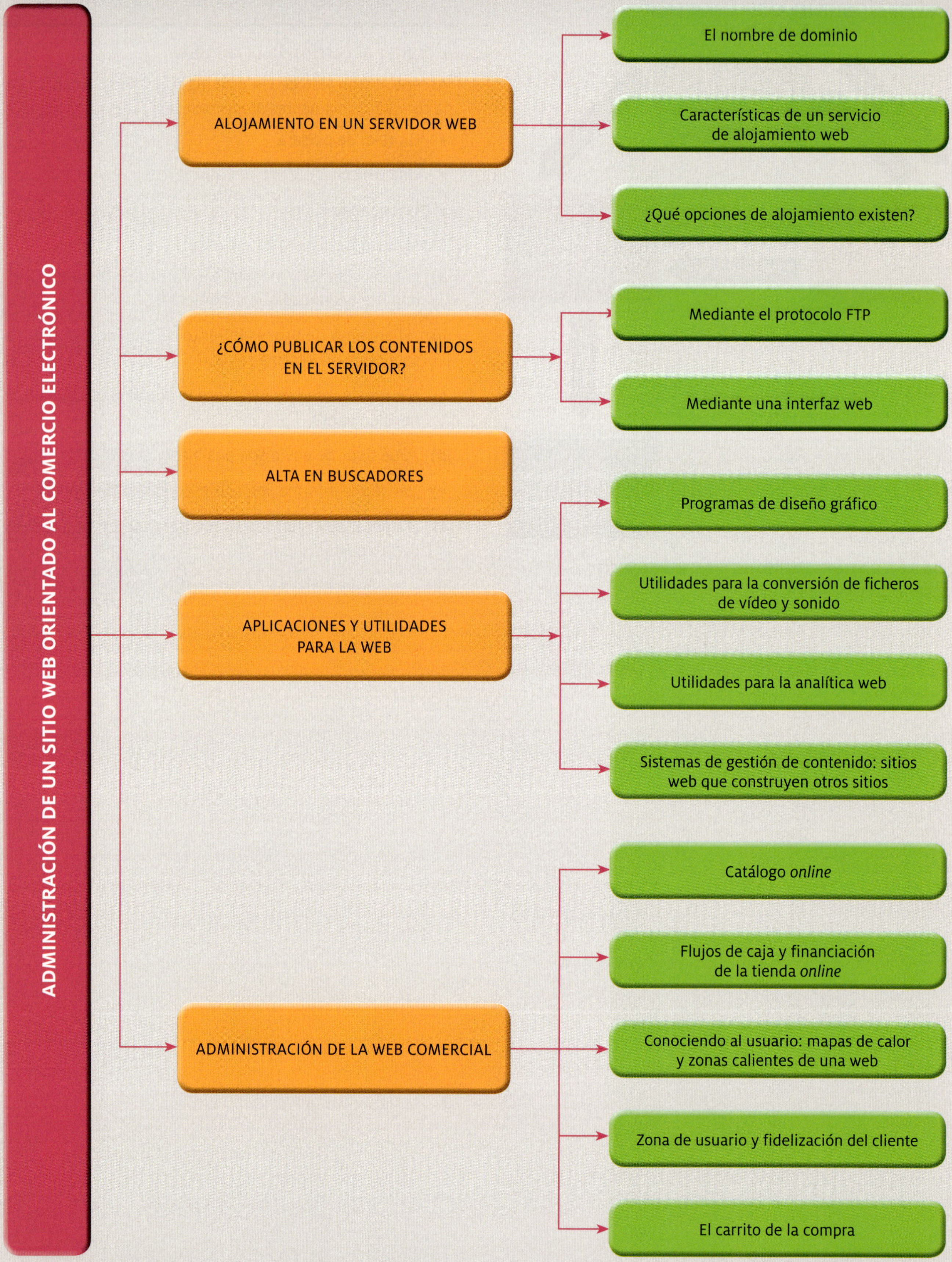

Actividades finales

De comprobación

5.1. El término *"hosting"*, en el ámbito de internet, hace referencia a:

a) El nombre de un dominio.

b) El envío de contenidos a través del protocolo FTP.

c) El alojamiento en un servidor web.

d) El proceso de alta en buscadores.

5.2. El sistema de nombres que traduce las direcciones de dominio en forma de texto a direcciones IP se denomina:

a) URL.

b) DNS.

c) FTP.

d) HTTP.

5.3. ¿Cuál de los siguientes datos no forma parte de la configuración inicial necesaria para que un cliente FTP se conecte a un servidor de ficheros?

a) Nombre del servidor.

b) Nombre del fichero que va a cargarse.

c) Identificador del usuario *(login)*.

d) Contraseña del usuario.

5.4. Una correcta estructuración del contenido semántico de una página web es importante para:

a) Optimizar los resultados de nuestro sitio web en los motores de búsqueda (SEO).

b) Facilitar la aplicación del diseño visual mediante hojas de estilos.

c) Simplificar el proceso de mantenimiento y actualización de la información contenida.

d) Todas las respuestas anteriores son correctas.

5.5. ¿Cuál de las siguientes aplicaciones para el diseño gráfico es software libre?

a) Corel Draw.

b) Adobe Photoshop.

c) Paint Shop Pro.

d) GIMP.

5.6. El formato multimedia más adecuado para reproducir un vídeo directamente en una página web es:

a) MP4.

b) MKV.

c) AVI.

d) MPG.

5.7. La analítica web tiene como objetivo:

a) Gestionar el contenido de un sitio web de forma automática.

b) Analizar las palabras clave de un sitio web para optimizar el posicionamiento en buscadores (SEO).

c) Analizar la información que proporcionan los usuarios al interactuar con un sitio web para optimizar la experiencia de navegación en el sitio.

d) Personalizar el catálogo *online* de acuerdo al perfil de cliente y a su historial de compras.

5.8. El sistema de gestión de contenidos (CMS) que goza de mayor popularidad, especialmente para la creación de blogs, es:

a) Moodle.

b) Joomla!

c) WordPress.

d) Drupal.

5.9. El mapa de calor que indica hasta qué parte de una página web suelen visualizar los usuarios es:

a) Mapa de calor por clic.

b) Mapa de calor por *scroll*.

c) Mapa de calor de movimiento de ratón.

d) Mapa de calor tipo confeti.

5.10. El último paso en el proceso de compra en una tienda de comercio electrónico es:

a) La selección del artículo del catálogo *online*.

b) La inserción de un artículo en el carrito de la compra.

c) El *check out*.

d) El acceso a la zona de usuario.

Actividades finales

De aplicación

5.11. Busca un proveedor de servicios de alojamiento gratuito en internet. ¿Crees que sería una buena idea alojar una web de comercio electrónico en los servidores de dicho proveedor? Razona tu respuesta.

5.12. Los proveedores de servicio de internet (ISP) pueden proporcionar IP estáticas o dinámicas a los dispositivos que conectan a la red. Analiza las diferencias. Si se pretende montar un servidor de alojamiento web, ¿es preferible que tenga una IP estática o dinámica?

5.13. Determina las direcciones IP de los siguientes dominios de internet en tres intervalos de 10 minutos.

Sitio web	Dominio	IP al inicio	IP a los 10 minutos	IP a los 20 minutos
Noticias de Yahoo!	news.yahoo.com			
Hotel Europa en Madrid	www.hoteleuropa.eu			
Junta de Andalucía	www.juntadeandalucia.es			
Agencia Estatal de Meteorología	www.aemet.es			
Restaurante Sergi Arola	www.sergiarola.es			

5.14. Realiza una tabla comparativa de ventajas e inconvenientes entre usar un cliente FTP o la interfaz web del proveedor de servicios para alojar los contenidos de un sitio web.

5.15. Analiza tu biblioteca personal de imágenes y selecciona tres de ellas para una supuesta publicación en internet. Utiliza un programa de diseño gráfico para optimizar su aspecto: contraste, eliminación de imperfecciones, recorte, color, filtros, etc. Finalmente, reduce sus tamaños de almacenamiento para la publicación web.

5.16. Supongamos que has creado una página web que contiene cinco imágenes con un tamaño medio en disco de 2 MB y un vídeo de 4 MB. ¿Cuánto tardaría en cargarse dicha página si se supone que la velocidad de descarga es de 1.5 MB/s? ¿Y si eliminamos el vídeo y reducimos las imágenes a un tamaño medio de 100 KB?

5.17. Busca imágenes con licencia "Creative Commons" que se puedan utilizar libremente en el diseño de una web de comercio electrónico, en concreto:

a) Una imagen para identificar la zona de usuario.
b) Un icono para el carrito de la compra.
c) Una imagen de un cliente satisfecho.

5.18. Imagina que vas a diseñar el catálogo *online* para una tienda de calzado. ¿De qué forma estructurarías el catálogo *online*? ¿Qué estrategias de venta cruzada *(cross selling)* se te ocurren?

Actividades finales

5.19. Busca en internet ejemplos reales de mapas de calor de cada uno de los siguientes tipos e indica la página web de la que proceden.

a) Mapa de calor por *scroll*.

b) Mapa de calor por clic.

c) Mapa de calor de movimiento de ratón.

d) Mapa de calor tipo confeti.

5.20. Encuentra tres sitios web de comercio electrónico que ofrezcan un catálogo *online* de sus productos pero no un proceso de compra a través del carrito *online*. ¿Qué razones sospechas que han llevado a sus correspondientes empresas a no permitir finalizar la compra en el propio sitio? ¿Podrían mejorar sus resultados de ventas si implementan el carrito de la compra *online*?

De ampliación

5.21. Supongamos que queremos pintar nuestra casa y, en lugar de acudir a la tienda bricolaje presencialmente, decidimos hacer la compra de material a través de una web de comercio electrónico, como por ejemplo Leroy Merlin (http://www.leroymerlin.es) o cualquiera que propongas. Realiza una simulación de compra a partir de un presupuesto de 300 euros para obtener todo lo necesario hasta llegar a la opción de "Tramitar el pedido". Analiza la forma en que se ha organizado el catalogo *online*, la respuesta obtenida a las búsquedas, los medios de pago ofrecidos y la facilidad para encontrar opiniones de expertos y otros usuarios.

5.22. Crea una cuenta en Google Analytics que monitorice alguno de los sitios web que has creado y alojado de forma gratuita a lo largo de esta unidad. Comprueba el número y origen de las visitas recibidas.

5.23. **Tema de debate:** ¿Qué saben de nosotros grandes empresas del sector tecnológico como Google, Facebook y Microsoft? ¿Qué mecanismos para ejercer el derecho a la privacidad en la era digital tienen a su disposición los usuarios?

Actividades finales

Enlaces web

Hyperspin	www.hyperspin.com
Cómo crear páginas web, hacer y diseñar tu página web gratis	www.comocreartuweb.com
000webhost	www.000webhost.com
Hostgator	www.hostgator.com
CuteFTP	www.cuteftp.com
FileZilla	filezilla-project.org
Stock.xchng	www.freeimages.com
Wikimedia Commons	www.wikimedia.org
Clip Converter	www.clipconverter.cc/es
Comparativa de CMS	makeawebsitehub.com/content-management-system-cms-comparison
Google Analytics	www.google.com/intl/es/analytics
Comparativa entre los formatos de imagen JPG, GIF y PNG	www.sitepoint.com/gif-png-jpg-which-one-to-use
Siete técnicas para usar fotos en imágenes en páginas web	www.ciudadano2cero.com/fotos-imagenes-paginas-web

6

Establecimiento de relaciones con otros usuarios de la red

Más allá de todas aquellas innovaciones y mejoras en el ámbito de marketing actual que han sido posibles gracias al desarrollo de las nuevas tecnologías de la información y la comunicación, de enorme importancia para la optimización de los procesos de comercialización, el aspecto que, sin duda, ha revolucionado el escenario comercial en el que las empresas desarrollan sus actividades está relacionado con la creación y perfeccionamiento de aquellos sistemas que permiten el establecimiento de relaciones interactivas y bidireccionales entre todos los actores que conviven en la web 2.0.

Por tanto, queremos dedicar esta unidad a realizar un repaso pormenorizado de los distintos sistemas existentes hoy en día, diferenciando entre aquellos que se basan en la transmisión de información a través de texto y aquellos otros, más recientes y novedosos, donde el establecimiento de la comunicación permite la utilización de elementos audiovisuales.

Objetivos

- Profundizar en la conceptualización de la web 2.0 y de las implicaciones que está teniendo en el establecimiento de relaciones de carácter personal, profesional o comercial entre usuarios.
- Definir los distintos sistemas disponibles actualmente para el establecimiento de procesos de comunicación entre usuarios a través de texto, prestando especial atención a las comunidades virtuales y los servicios de mensajería instantánea.
- Contemplar las principales características diferenciales de los distintos sistemas concebidos para el establecimiento de procesos de comunicación entre usuarios a través de medios audiovisuales, centrando nuestra atención tanto en el desarrollo de la telefonía a través de internet como en las redes sociales.

Contenidos

6.1. Definición e implicaciones de la web 2.0

6.2. Sistemas para el establecimiento de comunicación mediante texto

6.3. Sistemas para el establecimiento de comunicación audiovisual

6.1. Definición e implicaciones de la web 2.0

Como hemos reflejado a lo largo de las distintas unidades que componen este libro, actualmente nos encontramos ante lo que se ha dado en llamar como la web 2.0.

En la Unidad 1 de este libro ya se ofrecieron una serie de pinceladas sobre la inmensa importancia de este nuevo escenario en el ámbito del marketing, a través de la consideración de conceptos como *marketing 2.0* o *prosumidor*. Pero, ¿qué elementos definen la web 2.0 y cuáles son sus implicaciones en el diseño y desarrollo del comercio electrónico?

Al hablar de la web 2.0, más allá de referirnos a una nueva concepción innovadora del desarrollo de las tecnologías de la información y la comunicación a través de internet, nos estamos refiriendo a una nueva forma de entender las relaciones en la red.

Así, mientras que la web 1.0 estaba concebida para la exposición estática y unidireccional de información desde la persona o entidad responsable de un sitio web hacia un conjunto más o menos numeroso de receptores de esta, sin capacidad de respuesta o retroalimentación, la web 2.0 está concebida como un entorno colaborativo en el que las empresas y demás organizaciones, por un lado, y los consumidores, usuarios y población en general, por el otro, están en disposición de compartir información y conocimientos y, en consecuencia, incorporar dicha información a su planteamiento estratégico de marketing o su proceso de decisión de compra, respectivamente.

Recuerda que

En consecuencia, la web 2.0, como se comentó en la Unidad 1, ha contribuido a una transformación del perfil de consumidor, pasando de un papel meramente pasivo, limitado a la aceptación o no de la propuesta de compra de una organización, a adquirir un protagonismo activo a través de la posibilidad de crear y generar información para el resto de usuarios.

En este sentido, el nacimiento de la web 2.0 ha sido posible gracias a la coincidencia de una serie de factores que han posibilitado su desarrollo en el ámbito global:

- La generalización del acceso de la población a internet en unas condiciones de calidad adecuadas, mediante la introducción de las conexiones de banda ancha y el paulatino abaratamiento de los costes asociados a su adquisición.
- La aparición y desarrollo de sistemas de analítica web cada vez más potentes, útiles y accesibles, que han facilitado el seguimiento, por parte de los responsables de marketing de las organizaciones, de su presencia y visibilidad en internet, así como para la medición de la eficacia de sus campañas de comunicación y la correspondiente retroalimentación para establecer todas aquellas medidas que permitan corregir o perfeccionar su estrategia de marketing *online*.
- La tendencia acentuada hacia la uniformidad de los lenguajes y protocolos de intercambio de información *online*, lo que ha simplificado espectacularmente la capacidad de integración de funcionalidades y la posibilidad de compatibilidad de los sitios web, contribuyendo a mejorar la experiencia del usuario en internet.

Figura 6.1. El desarrollo de la web 2.0 ha hecho posible la interconexión entre todos los habitantes del planeta, con independencia de su ubicación geográfica.

A partir de la contribución de estos avances en el desarrollo y eclosión de la web 2.0, las organizaciones que pretendan alcanzar la consolidación del comercio electrónico como una vía prioritaria en sus procesos de comercialización están llamadas a tomar en consideración las implicaciones asociadas a este nuevo marco de actuación:

- La necesidad de fomentar la trasparencia y calidad de servicio en su relación con su mercado de referencia, ya que la web 2.0 implica la posibilidad de que los consumidores compartan información entre ellos en relación a sus experiencias comerciales.
- La importancia estratégica de integrar a nuestros consumidores y usuarios dentro del propio proceso de generación de contenidos en el ámbito digital, otor-

gándoles un protagonismo activo que permita convertirlos en los mejores prescriptores de nuestra marca, ya que su objetividad hace que gocen de un nivel de credibilidad sensiblemente superior al que puede alcanzar una organización a través del desarrollo de actuaciones de marketing, ya sea en el ámbito *online* u *offline*.

Recuerda que

Esta necesidad de contar con la opinión de nuestros clientes actuales como parte de nuestra estrategia de comunicación ha llegado hasta tal punto que se suele desconfiar de aquellas empresas que no muestran públicamente las opiniones y comentarios de sus clientes, incluso más que de aquellas que dan luz a estas valoraciones aun cuando se puedan encontrar consideraciones negativas.

El razonamiento que explica este fenómeno se basa en que los usuarios prefieren tomar una decisión de compra con el mayor volumen de información posible antes que correr el riesgo de sentirse engañados en el futuro.

Figura 6 . La opinión de nuestros clientes sobre nuestros productos y servicios debe ser considerada como un elemento más en la planificación estratégica de la comunicación comercial de las empresas.

En definitiva, y a modo de resumen, la expresión "web 2.0", por tanto, hace referencia a la implementación de innovaciones tecnológicas que están permitiendo la creación de espacios en los que es posible el desarrollo de una comunicación bidireccional e interactiva entre los responsables de dicho sitio web y sus usuarios, así como entre los propios usuarios entre sí.

Por tanto, el desarrollo de la web 2.0 se asienta en la concepción y diseño de una serie de sistemas de comunicación *online* que han ido facilitando progresivamente la creación de un entorno digital cada vez más participativo y colaborativo.

Actividad propuesta 6.1

Implicaciones de la web 2.0

¿Crees que el desarrollo actual del marketing digital y el comercio electrónico sería posible si nos encontrásemos todavía inmersos en la web 1.0? Justifica tu respuesta.

En este sentido, a lo largo de esta unidad vamos a tratar de profundizar en los diferentes sistemas de los que disponen los usuarios para el establecimiento de distintas tipologías de procesos de comunicación, para lo cual tomaremos como criterio para el establecimiento de una clasificación práctica la diferenciación entre:

- Aquellos sistemas concebidos para el establecimiento de un proceso de comunicación mediante texto.
- Aquellos sistemas dirigidos al establecimiento de una comunicación de carácter audiovisual.

6.2. Sistemas para el establecimiento de comunicación mediante texto

A pesar de la evolución que se está experimentando en los últimos años en el desarrollo y perfeccionamiento de la comunicación *online* a través de contenidos audiovisuales, sobre los que profundizaremos con detenimiento en el próximo apartado de esta unidad didáctica, internet ha sido y sigue siendo una red basada eminentemente en la comunicación textual.

De hecho, si echamos un vistazo a los contenidos web que obtenemos como resultado de cualquier proceso de búsqueda en la red mediante buscadores, podremos observar fácilmente que la inmensa mayoría de ellos, por no decir la práctica totalidad, han sido elaborados en formato texto.

Más allá de los aspectos que explican la preferencia de los motores de búsqueda hacia la mejora del posicionamiento natural de los contenidos diseñados a través de este formato, sobre la que ya profundizamos con detenimiento en la Unidad 2, existen otros factores que justifican la importancia actual de los sistemas de comunicación mediante texto:

- Tradicionalmente, la transmisión de saber y de los conocimientos culturales se ha desarrollado a través de medios escritos, por lo que solemos otorgar mayor validez a esta tipología de información.

- El diseño y elaboración de información escrita, así como el acceso a esta, implica la necesidad de menor cantidad de recursos que la información de carácter audiovisual, lo que la convierte en un medio con una capacidad de difusión netamente superior.
- El peso de los archivos en formato texto sigue siendo muy inferior a su equivalente en formato audiovisual, lo que contribuye a una difusión más ágil y rápida.

Además, desde una perspectiva bastante más simplista, basta con reflexionar sobre el hecho de que la evolución de los primeros ordenadores personales a partir de las antiguas máquinas de escribir supone que todos los ordenadores y dispositivos análogos dispongan de un teclado, mientras que no todos tienen los medios necesarios para la elaboración de contenidos audiovisuales, aunque, como hemos comentado, este escenario está cambiando notablemente en la actualidad.

Figura 6 .. Las antiguas máquinas de escribir tienen "gran parte de culpa" en el hecho de que los primeros sistemas de comunicación asociados a la web 2.0 se realizasen a través de texto.

En suma, en las próximas páginas vamos a repasar los principales sistemas existentes en la actualidad para el establecimiento de comunicación mediante texto y que se pueden agrupar, a grandes rasgos, en dos categorías:

- **Comunidades virtuales;** asociadas a la creación de plataformas tecnológicas dirigidas al establecimiento de un espacio común para la interacción libre de los usuarios.
- **Servicios de mensajería instantánea;** basados en el desarrollo de sistemas que facilitan el envío de mensajes de texto en tiempo real.

Nota técnica

Dentro de este ámbito habría que considerar la inclusión de blogs, ya que fomentan la interacción de aquellas personas suscritas a su publicación, a partir de la aportación de comentarios y valoraciones en relación al texto publicado.

No obstante, dada la magnitud de este sistema de comunicación mediante texto, se ha decidido su consideración de forma específica tanto en la Unidad 2 (Apartado 2.2.2, sobre blogs corporativos) como en la Unidad 7 (Apartado 7.2.1, sobre bitácoras o blogs).

6.2.1. Comunidades virtuales

Para comenzar con el análisis de los distintos sistemas disponibles en el entorno digital para el desarrollo de procesos de comunicación a través de texto, es preciso comenzar por todos aquellos grupos de conversación y chats que podemos englobar dentro del concepto de "comunidad virtual".

En relación a este término, como hemos podido observar a lo largo de este libro, se pone de manifiesto uno de los aspectos más relevantes para la explotación de la información disponible en la red por parte de las distintas organizaciones, ya que implica la concentración de un nutrido grupo de usuarios para tratar sobre aquellos temas que les interesan y los unen, ofreciendo un punto de encuentro en el que conocer las opiniones de otros usuarios y sus sugerencias.

A grandes rasgos, se puede definir una **comunidad virtual** como un sitio web creado por uno o varios usuarios para el establecimiento de un espacio común que sirva para dialogar, discutir y opinar sobre aquellos temas de interés para ellos y que constituyen la razón de ser de ella.

De este modo, las comunidades virtuales aprovechan las posibilidades que les ofrece la web 2.0 para que aquellas personas que presentan ciertas inquietudes sobre un tema en concreto puedan interactuar en tiempo real con otros individuos afines a ellas, salvando la existencia de barreras asociadas a su ubicación geográfica.

Esta eliminación de obstáculos para la agrupación de personas con unos intereses, actividades y valores comunes es la que ha hecho posible que, en nuestra sociedad actual, se esté produciendo una revolución considerable en lo que se refiere al poder de negociación en la relación tradicional entre las empresas y su mercado de referencia, ya que está desembocando en un gran incremento de la capacidad de nuestro público objetivo para hacer "oír su voz"', convirtiéndose en una interesantísima fuente de información para las empresas y organizaciones que guardan relación con los temas de debate de una comunidad virtual.

Figura 6.4. Las comunidades virtuales suponen un punto de encuentro para aquellas personas que comparten los mismos intereses e inquietudes en los ámbitos personal, profesional o comercial.

Por tanto, desde la perspectiva del comercio electrónico, la existencia de comunidades no debe tomarse como un problema, sino más bien como una estupenda oportunidad para conocer cuál es el nivel de conocimiento y la percepción que tiene el mercado sobre nuestra marca y, de forma análoga, detectar los cambios que se están produciendo en nuestro mercado de referencia y poder anticiparnos a ellos a través del desarrollo de decisiones estratégicas de marketing *online* orientadas a partir de dicha información.

Así, a la hora de conseguir el aprovechamiento máximo de todo aquello que las comunidades virtuales pueden aportar al desarrollo estratégico de las organizaciones, será preciso tener presentes dos aspectos fundamentales:

1. Dado que las comunidades virtuales, al igual que las comunidades físicas tradicionales, están basadas en un interés común, las organizaciones deberán definir con claridad los conceptos y características que definen su marca para identificar y analizar la información desarrollada en aquellas comunidades relacionadas con estos, o incluso fomentar su creación si todavía no existe.
2. Un deseo expreso de interactuación de sus miembros. En relación a este segundo aspecto, a la hora de fomentar la creación de una comunidad deberemos ser conscientes de la existencia de supuestos sobre los que las personas no desean interactuar y tratar públicamente, como puede ser el caso de aspectos que consideren íntimos, por ejemplo en el caso de una empresa farmacéutica dedicada al tratamiento de la impotencia.

En estos casos deberemos actuar con ciertas dosis de creatividad para reorientar la temática de nuestra comunidad virtual hacia aquellos aspectos con "mayor capacidad de visibilidad" del tema en cuestión.

Actividad propuesta 6.2

Comunidades virtuales

En la actualidad, ¿formas parte de alguna comunidad virtual?

- Si tu respuesta es positiva, ¿podrías especificar su temática?
- Si tu respuesta es negativa, ¿consideras interesante, a nivel de usuario, la existencia de comunidades virtuales? Justifica tu respuesta.

Si bien, como veremos a continuación, existe una amplísima variedad de tipologías de comunidades virtuales, que pasaremos a tratar más adelante, cada una de ellas con sus propias características técnicas, la base de estos grupos estriba en la creación de un perfil público visible para el resto de usuarios de la comunidad, facilitando así el desarrollo de procesos de comunicación en los niveles individual o grupal.

Figura 6.5. El perfil público constituye la representación de la presencia y visibilidad de cada uno de los usuarios que participan en la web 2.0.

Por tanto, a pesar de las peculiaridades específicas de cada tipología de comunidad virtual, sí es posible identificar una serie de componentes básicos que se encuentran presentes en el diseño de cualquier comunidad virtual, entre los que debemos destacar los siguientes (Carrillo Marqueta y Sebastián Morillas, 2010: 115):

- Las comunidades virtuales están conformadas por un conjunto de personas que interactúan socialmente, con el fin de satisfacer sus necesidades personales o profesionales.
- Dentro de cada comunidad virtual, además, podemos encontrar la presencia de diversos usuarios que desarrollan roles especiales, como puede ser el de moderación de la propia comunidad.
- El sentido y razón de ser de una comunidad virtual radica, en consecuencia, sobre la existencia de un propósito común y compartido por todos sus miembros, como puede ser el intercambio de información o la satisfacción de una necesidad.
- Para que una comunidad virtual funcione correctamente y pueda perdurar en el tiempo, es preciso el establecimiento, expreso o tácito, de una serie de reglas, protocolos o normas básicas de comportamiento y actuación, que deberán ser asumidas por las personas que la componen, con el fin de facilitar el desarrollo de la interacción entre ellas de la mejor forma posible.
- Las comunidades virtuales necesitan contar con unas plataformas tecnológicas que permitan soportar y mediar en el proceso de interacción social, contribuyendo a la existencia de un sentido de unidad entre sus integrantes.

Según este último componente esencial para el diseño de una comunidad virtual, en la actualidad nos encontramos ante una gran variedad de plataformas tecnológicas, sobre las que profundizaremos a continuación:

- Grupos de conversación o chats.
- Grupos de discusión o foros.

Grupos de conversación o chats

Bajo esta denominación se agrupan aquellas tipologías de comunidades virtuales que se encuentran estructuradas para la comunicación a través de la red mediante la transmisión de texto en tiempo real entre un emisor y uno o varios receptores de la información.

La principal utilidad de los grupos de conversación o chats está asociada a su concepción como servicios dirigidos al desarrollo de una comunicación rápida y fluida, caracterizada habitualmente por la transmisión de mensajes de reducido tamaño, asemejándose en cierto modo al desarrollo de una conversación oral entre dos o más interlocutores.

Esta es, por tanto, la principal característica que diferencia los chats de otras vías de comunicación en el entorno digital, como el correo electrónico o los foros de internet, sobre los que incidiremos seguidamente.

Así, podemos encontrar gran cantidad de servicios definidos para el desarrollo de conversaciones a través de la red, y que suelen tener como denominador común la utilización de un protocolo denominado **IRC *(Internet Relay Chat)*,** que facilita (Moro Vallina y Rodés Bach, 2014: 82):

- El desarrollo de una comunicación abierta o grupal.
- El envío de mensajes privados.
- La posibilidad de compartir archivos a través de este mismo canal.

Figura 6.6. El desarrollo de los grupos de conversación o chats, como medio para la comunicación fluida entre usuarios, supuso el inicio de lo que hoy se conoce como web 2.0.

Grupos de discusión en internet o foros

Los *grupos de discusión* o *foros de internet* consisten en la configuración de sistemas que permiten la comunicación de los usuarios a través de entradas o intervenciones, relativos a una determinada temática, y que en su conjunto forman lo que se conoce como hilos.

La estructura de los foros todavía mantiene un cierto carácter rudimentario, ya que se trata de una de las primeras herramientas de comunicación 2.0 que se implantaron y tuvieron éxito en el entorno digital.

Esto explica que, en cierto modo, su organización y apariencia visual sea bastante menos intuitiva que la de otras comunidades virtuales y otros medios de comunicación 2.0, como las redes virtuales.

De hecho, los foros siguen una estructura que podríamos denominar como jerárquica, ya que a partir de la definición de un tema genérico se puede ir procediendo a la creación de diversos subtemas, ofreciendo una red temática en forma de árbol, donde diversos hilos de conversación pueden haber surgido de un mismo "tronco temático".

En este tipo de sistema, donde la participación de los usuarios puede ser anónima o requerir de una identificación expresa para evitar el desarrollo de malas prácticas, adquiere enorme protagonismo la figura del moderador o administrador del foro, ya que es la persona que cuenta con la autoridad para gestionar las conversaciones del resto de usuarios, proponer nuevos temas de conversación y, sobre todo, velar por el cumplimiento de las normas de comportamiento y participación establecidas y comunicadas públicamente a los usuarios del foro.

Figura 6.7. La administración de grupos de discusión en internet o foros es esencial para que mantengan su utilidad tanto para sus usuarios como para las empresas que desean obtener información sobre su público objetivo.

Los administradores ejercen todas las tareas relativas al mantenimiento técnico de todos aquellos foros sobre los que tienen atribuida esta responsabilidad, llevando a cabo las tareas relativas a su actualización técnica y desarrollo de copias de seguridad, así como en lo referente a la gestión de la participación de los usuarios y asignación de roles y privilegios en función de sus méritos.

Además, la actuación del administrador de un foro es, por desgracia, esencial para el desarrollo y supervivencia de estos sistemas de comunicación, ya que evita la presencia de entradas basura o *spam*, establece penalizaciones a aquellos usuarios que no respetan las normas de participación y educación y ejerce el control sobre la aparición de mensajes malintencionados.

Argot técnico

En el lenguaje propio de internet y las redes sociales se conoce como **trol** a aquella persona que participa en los foros con una intención manifiesta de molestar y provocar una respuesta emocional negativa de sus usuarios, alterando la conversación normal sobre un tema de discusión mediante la publicación de mensajes provocadores y de mal gusto.

En este sentido, es bastante habitual que en diversos foros se anime a sus participantes a no responder a estas provocaciones, a través del lema "no alimentes al trol".

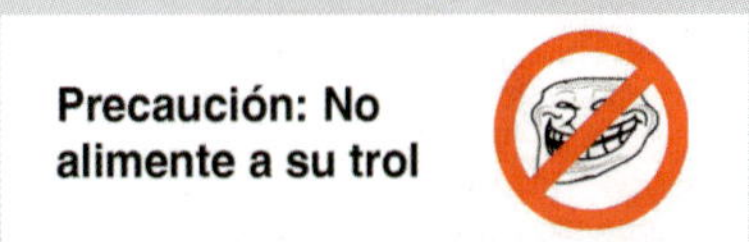

Figura 6.8. Numerosos foros y chats recomiendan explícitamente a sus usuarios que no presten atención a las posibles intervenciones de trols.

Actividad propuesta 6.3

Grupos de discusión o foros

Según la información contenida en este apartado, ¿consideras importante la figura del administrador de foro? Justifica tu respuesta.

En definitiva, tanto los grupos de conversación o chats como los grupos de discusión en internet o foros gozan de una contrastada vigencia y difusión en la actualidad, si bien el desarrollo de nuevos avances en el ámbito de las telecomunicaciones ha posibilitado la aparición e implantación de otros sistemas de comunicación mediante texto, sobre los que profundizaremos a continuación.

6.2.2. Servicios de mensajería instantánea

De forma análoga a la proliferación de los servicios para el establecimiento de procesos de comunicación asociados a comunidades virtuales, aunque con una difusión entre los usuarios de internet algo más tardía, debemos destacar la presencia en la web 2.0 de los servicios de mensajería instantánea.

La **mensajería instantánea** se puede definir como una tipología específica de chat que permite el envío en tiempo real de mensajes de texto, de reducido tamaño, a través de internet, estableciendo así un canal de comunicación directo y bidireccional entre dos o más partes.

Los servicios de mensajería instantánea se caracterizan por la inmediatez de la comunicación, posibilitando el desarrollo de una conversación textual a distancia con una enorme facilidad. De hecho, estos servicios suelen presentar en su diseño una tecla u opción bastante visible para agilizar el proceso de envío de mensajes entre los usuarios.

Figura 6 . Los servicios de mensajería instantánea han basado gran parte de su éxito y aceptación entre los usuarios en el espectacular desarrollo y perfeccionamiento de los dispositivos móviles.

Para garantizar la privacidad y el derecho a la intimidad de los usuarios de los servicios de mensajería instantánea, se requiere la autentificación previa de cada usuario y la conformidad de ambas partes para el inicio de una conversación.

De hecho, la principal diferencia existente entre los sistemas IRC, como los chats tradicionales, y los servicios de mensajería instantánea se basa en que en los sistemas IRC no es preciso que los usuarios accedan de forma expresa a establecer la comunicación previamente al inicio de esta, de tal forma que todos los usuarios que se encuentran en un canal IRC pueden comunicarse entre sí, aunque no hayan tenido ningún contacto anterior. Esto no es posible en el caso de los sistemas de mensajería instantánea.

Recuerda que

Actualmente, el servicio de mensajería instantánea con mayor difusión en el ámbito mundial es, sin duda, WhatsApp, gracias a su impresionante implantación en los dispositivos móviles o teléfonos inteligentes.

WhatsApp permite enviar mensajes de texto de un tamaño considerable, imágenes y archivos multimedia, además de ofrecer otros servicios gratuitos como llamadas o envíos de ubicación.

WhatsApp

Figura 6.10. WhatsApp ha revolucionado el escenario actual de la comunicación directa, bidireccional y en tiempo real entre usuarios, apostando por su desarrollo y difusión inicial a través de dispositivos móviles (teléfonos inteligentes y tabletas) para pasar posteriormente, debido a su éxito, a estar disponible para su acceso a través de ordenadores personales. *Fuente:* https://www.whatsappbrand.com.

Según los datos publicados por la propia compañía a finales del año 2015, WhatsApp cuenta con 1000 millones de usuarios, lo cual lo convierte, sin ninguna duda, en un canal de comunicación interpersonal de alcance global.

Actividad propuesta 6.4

Servicios de mensajería instantánea

Si tenemos en cuenta que las comunicaciones de los servicios de mensajería instantánea, al tratarse de grupos cerrados, no pueden ser analizadas por las organizaciones, ¿qué utilidad pueden tener en el ámbito del marketing digital y el comercio electrónico?

6.3. Sistemas para el establecimiento de comunicación audiovisual

Una vez que en el apartado anterior hemos realizado un repaso de los sistemas existentes en la actualidad para el establecimiento de comunicación mediante texto, muchos de los cuales constituyeron el germen de lo que posteriormente se ha convertido en la web 2.0, ahora vamos a concentrar nuestra atención en aquellos sistemas cuya configuración ha sido contemplada específicamente para el establecimiento de una comunicación de carácter audiovisual.

Es preciso aclarar en este sentido que el diseño de estos sistemas, mucho más recientes en el tiempo y concebidos a partir del desarrollo y la implementación de las últimas tecnologías en el ámbito de la transmisión de datos, voz e imagen, no ha estado orientado a la sustitución de los sistemas expuestos en el apartado anterior, sino más bien a su complementación.

Por ello, como podremos observar a continuación, estos sistemas también contemplan la posibilidad de contar con la transmisión de contenidos en formato texto en caso de que esta sea requerida por el usuario.

No obstante, tomando como referencia para el desarrollo de esta clasificación la capacidad para la transmisión y recepción de contenidos audiovisuales, se pueden establecer dos tipologías de sistemas:

- Los sistemas diseñados para la transmisión de voz y datos, conocidos popularmente como telefonía a través de internet.
- Las redes sociales.

6.3.1. Telefonía a través de internet: la videoconferencia

Los avances en el ámbito de las telecomunicaciones han permitido que, desde hace ya algún tiempo, sea posible el envío y recepción de llamadas de voz a través de internet, aunando en una misma red los servicios de transmisión de voz y datos.

De esta forma, no es necesario contar con una red telefónica que administre la transmisión, ya que los paquetes de datos se dirigen a la dirección IP del destinatario de esta por medio de una única red, que se denomina TCP/IP.

Así, con el desarrollo de los medios e infraestructuras dirigidas a optimizar el desarrollo de las nuevas tecnologías de la información y la comunicación, permitiendo cada vez mayor velocidad de transmisión de los datos y mayor capacidad en el flujo de transmisión simultánea, los sistemas de telefonía a través de internet han ido evolucionando hacia las videoconferencias.

Figura 6.11. La videoconferencia ha incrementado exponencialmente la sensación de contacto y cercanía entre aquellos usuarios de la web 2.0 que además valoran el desarrollo de una conversación "cara a cara".

Una **videoconferencia** está basada en el desarrollo de un servicio de telecomunicaciones que permite la posibilidad de comunicación entre dos o más partes mediante la transmisión simultánea de voz, vídeo y, en caso de que sea necesario, datos.

Por tanto, la videoconferencia ha terminado de cerrar el proceso para la eliminación de aquellas barreras para la comunicación entre dos partes que comenzó con la invención del teléfono convencional y ha ido evolucionando a lo largo de años, en gran medida durante las últimas décadas con los continuos y vertiginosos avances experimentados en el desarrollo de las tecnologías de la información y la comunicación.

Argot técnico

En numerosas ocasiones, los conceptos **videoconferencia** y **videollamada** suelen ser utilizados indistintamente como sinónimos.

No obstante, para ser precisos, una videollamada se refiere estrictamente a la comunicación mediante voz y vídeo entre dos partes, mientras que cuando hablamos de videoconferencia estamos reflejando, de forma implícita, la posibilidad de establecer una comunicación entre varios interlocutores, ubicados en distintas localizaciones.

De hecho, si bien el desarrollo de videoconferencias fue ideado para el ámbito académico y profesional relativo a grandes corporaciones, en la actualidad se ha convertido en un servicio habitual en el desarrollo de nuestra vida diaria, y aún más con la aparición de redes de telefonía más potentes, como la tecnología 4G, que permiten el desarrollo de videoconferencias desde nuestros propios dispositivos móviles, lo que ha supuesto la absoluta "democratización" de este servicio.

Recuerda que

En la actualidad, la plataforma con mayor difusión en el ámbito mundial para el desarrollo de llamadas IP y videollamadas es, sin lugar a dudas, **Skype**.

Esta multinacional de origen europeo, adquirida por Microsoft en 2011, proporciona otros servicios adicionales como mensajería instantánea, posibilidad de compartir archivos o la gestión integral de contactos.

Figura 6.12. Skype es el servicio de telefonía a través de internet con mayor difusión. *Fuente:* http://blogs.skype.com/skype-logo-feb_2012_rgb_500.

Actividad propuesta 6.5

Videoconferencia

Crea un perfil de usuario en la plataforma Skype (si no cuentas todavía con él), agrega a tus compañeros de clase y establece una comunicación con ellos a través de texto y mediante una videollamada.

6.3.2. Redes sociales

Por encima de todos los sistemas para el establecimiento de una comunicación *online* comentados a lo largo de esta unidad didáctica, que han tenido una influencia espectacular en el desarrollo de un mundo más global e interactivo en el entorno de la web 2.0, si tenemos que destacar una herramienta que ha supuesto la democratización definitiva de las tecnologías de la información y la comunicación, y que está definiendo y revolucionando el modo en que se relacionan las empresas con su público objetivo, así como las personas entre sí, con toda seguridad nos estaremos refiriendo a las redes sociales.

Nunca en la historia de la humanidad se había conseguido tanta capacidad de información e interactividad, y menos que dicha potencialidad de establecer y mantener relaciones fuese accesible a todas y cada una de las personas que residen en cualquier lugar del planeta.

Las redes sociales están suponiendo, por tanto, la culminación de todo un proceso de acercamiento en el ámbito global que comenzó con el desarrollo de los primeros ordenadores personales y cobró fuerza con la aparición de los primeros sistemas asociados a la web 2.0, hasta el punto de que, hoy en día, cualquier organización que pretenda que su presencia trascienda siquiera en grado mínimo del ámbito local y de proximidad estará obligada a considerar dentro de su planteamiento estratégico de marketing el desarrollo de actuaciones en la ámbito de lo que a lo largo de este libro hemos ido conceptualizando bajo el término *social media marketing* o marketing en los medios sociales.

Figura 6.13. No sabemos qué nos deparará el futuro, pero hoy por hoy las redes sociales son el máximo exponente de los avances de las tecnologías de la información y la comunicación, y de su aplicabilidad en la web 2.0.

¿Pero a qué nos estamos refiriendo exactamente cuando hablamos de redes sociales? A lo largo de este apartado vamos a tratar de dar respuesta a esta cuestión.

Mediante el concepto de redes sociales se agrupan todos aquellos espacios o plataformas presentes en internet que han sido desarrollados específicamente para que los usuarios, incluyendo, cómo no, a las organizaciones, puedan crear su propio perfil o perfiles y conectarse e interactuar con otros usuarios, creando así su propia red personal de contactos.

En este sentido, las redes sociales no se limitan al establecimiento de un escenario que permita la interrelación pasiva entre usuarios, sino que contribuyen activamente al desarrollo de estas relaciones a través de la existencia de múltiples herramientas dentro de su propia plataforma, para facilitar la difusión e intercambio de archivos de todo tipo, así como la interconexión con los espacios web de otros usuarios, prácticamente sin la necesidad de utilizar otras herramientas externas.

Recuerda que

La verdadera fortaleza que han adquirido las redes sociales, por su regeneración constante y capacidad de adaptación a las necesidades reales de sus usuarios, se ha conseguido gracias a las facilidades ofrecidas por estas plataformas a multitud de desarrolladores web independientes para que incorporen e integren sus avances tecnológicos a la interfaz de la propia red social.

Argot técnico

En el ámbito de los sitios web y las redes sociales, se denomina **interfaz** a todos aquellos elementos visibles en la pantalla que permiten al usuario la realización de acciones dentro del propio sitio web o plataforma de la red social.

En definitiva, en relación a esta Unidad 6, hablaremos de interfaz para referirnos a la apariencia y funcionalidades de una red social.

Así, en la actualidad podemos encontrarnos con diversas tipologías de redes sociales, atendiendo al perfil específico de usuarios y actividades para las que han sido creadas primordialmente, pudiendo diferenciar tres categorías esenciales (Liberos *et al.*, 2011:236):

- **Redes sociales horizontales:** son aquellas redes sociales que podríamos considerar de carácter generalista, es decir, que abarcan o están orientadas a la publicación de todo tipo de contenidos.

  Dentro de esta categoría de redes sociales podemos encontrar a dos de las de mayor difusión en el ámbito mundial, como son Facebook y Twitter.

- **Redes sociales verticales:** son aquellas redes sociales orientadas a un público más específico, ya que se especializan en la publicación y difusión de contenidos relacionados con una temática específica.

  A pesar de que, *a priori*, presentan menor influencia en el ámbito global, se asemejan a las comunidades virtuales en cuanto a las oportunidades que ofrecen de acceder con mayor facilidad a un nicho o segmento concreto de usuarios.

  Existen multitud de ejemplos de redes verticales, en función de su temática, como pueden ser las redes sociales profesionales (LinkedIn), las redes sociales de carácter educativo (Brainly o Edmodo) o las redes sociales orientadas al establecimiento de relaciones personales (Meetic o Badoo).

- **Redes sociales mixtas:** son aquellas redes sociales que tratan de aunar las ventajas de las dos tipologías anteriores en una única plataforma, a través de la integración de ambos conceptos por medio de dos estrategias de expansión:

  — **Integración hacia arriba:** cuando una red social vertical se plantea su crecimiento mediante la agregación de contenidos relacionados o complementarios a su temática originaria y principal.

  — **Integración hacia abajo:** cuando una red social horizontal favorece la creación de subcategorías dedicadas a temáticas específicas dentro de su plataforma genérica, para atraer a segmentos de usuarios específicos.

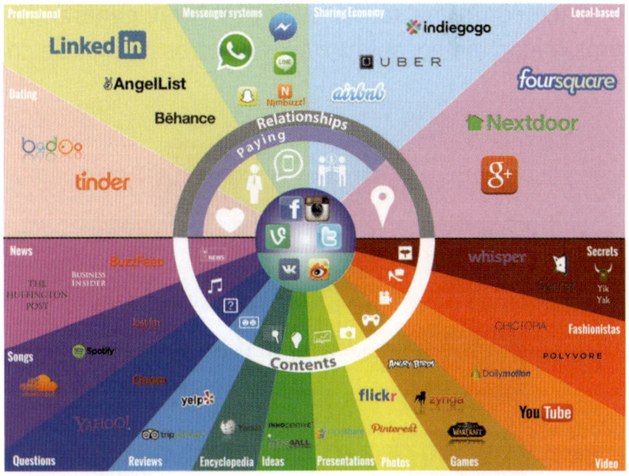

Figura 6.14. Mapa de los medios sociales 2015. *Fuente:* José A. del Moral para Alianzo – Blog de Redes Sociales, blogs.alianzo.com.

En este punto, cabría preguntarnos cuál es el objetivo que guía a las redes sociales para la prestación de sus plataformas, de forma aparentemente altruista, para el desarrollo de la interrelación entre usuarios.

Así, a través del establecimiento de su plataforma y el desarrollo de funcionalidades complementarias para incrementar la experiencia del usuario, las redes sociales buscan aumentar el interés de los usuarios para participar activamente e incrementar su participación, y también fomentar el acceso de su entorno cercano, con el fin de convertirse en un espacio enormemente atractivo para que las organizaciones y empresas consideren su presencia en dicha red social, así como para justificar el desarrollo de estrategias de comunicación *online*.

Nota técnica

Según la American Marketing Association (AMA), las redes sociales se han convertido en el máximo impulsor del comercio electrónico, muy por encima del resto de canales existentes en la actualidad.

Además, su influencia no solo se limita al crecimiento en términos absolutos del comercio electrónico, sino también a su capacidad para concretar y modificar las decisiones de compra de los usuarios.

La principal ventaja que presentan las redes sociales para las distintas organizaciones y empresas en el ámbito institucional se basa, sin duda alguna, en la oportunidad de comunicarse e interactuar con su mercado de referencia, tanto con sus clientes actuales como con aquellas personas que conforma su mercado potencial, generando una proximidad impensable a través de otros medios de comunicación.

Figura 6 15. Las redes sociales son un escenario ideal para el desarrollo de todo tipo de estrategias de marketing digital, a partir de las aplicaciones del *social media marketing*.

La propia estructura de las redes sociales, como máximo exponente de la filosofía promulgada por la web 2.0, facilita el desarrollo de una comunicación totalmente interactiva y bidireccional entre las organizaciones y su público objetivo, de gran utilidad y valor en ambos sentidos:

- **Desde la organización hacia los usuarios que componen su público objetivo:** las redes sociales cumplen una finalidad de enorme valor en todo lo referente al incremento de la notoriedad de marca, ya que contribuyen a la integración de todos aquellos contenidos dispersos por la red referentes a una organización, facilitando así el aumento de su visibilidad y difusión, como puede ser el caso de:
  - La publicación periódica sincronizada de las entradas ofrecidas por una organización en su blog o red de blogs corporativos.
  - El aviso a los usuarios de las novedades que se han integrado en la web corporativa de la organización.
  - La inserción de notificaciones relacionadas con el lanzamiento de nuevos productos y servicios y el desarrollo de las promociones más atractivas que ofrece la empresa en su tienda *online*.
  - El fomento de la venta cruzada, ya que permite el incremento de la visibilidad y repercusión comercial de productos o servicios complementarios.

Recuerda que

Como se puso de manifiesto en la Unidad 2, los motores de búsqueda valoran muy positivamente, en términos de posicionamiento SEO, la integración y sincronización de los contenidos entre una web corporativa y su correspondiente perfil en las distintas redes sociales.

- **Desde las personas que componen su mercado de referencia hacia la propia organización:** las redes sociales ofrecen tanto a los consumidores y usuarios de una marca como a aquellas personas que se están planteando introducirla, entre las alternativas que considerar en su proceso de decisión de compra, la oportunidad de contar con un hilo directo a través del cual realizar todo tipo de consultas y sugerencias, así como para la resolución de cualquier tipo de dudas o reclamaciones.

Figura 6.16. El desarrollo de una comunicación bidireccional e interactiva, que alcanza su máxima expresión en las redes sociales, influye muy positivamente en el establecimiento de una relación estable entre una organización y su mercado de referencia.

Del mismo modo, las redes sociales constituyen un espacio inmejorable para la interrelación entre usuarios, pues les ofrece un lugar para comentar y difundir sus experiencias de consumo.

Por ello, las organizaciones deberán prestar especial atención a todo aquello que se comente en las redes sociales sobre ellas, con el fin de:

- Considerar la idoneidad de incorporar todas aquellas mejoras que sus consumidores y usuarios expresen en las redes sociales, y muy especialmente aquellas que alcancen cierta repercusión.
- Potenciar y ofrecer la mayor visibilidad posible a aquellas opiniones y valoraciones positivas que expresen los usuarios en sus conversaciones en las redes sociales.
- Establecer la actuación más adecuada posible para contrarrestar aquellas opiniones y valoraciones negativas reflejadas por los usuarios en sus conversaciones en las redes sociales.

Argot técnico

En los últimos años están adquiriendo gran resonancia todos aquellos aspectos relacionados con la expresión *"social shopping"*, que hace referencia al desarrollo de opiniones de compra de los usuarios dirigidas a aconsejar o recomendar a otros usuarios sobre sus decisiones de compra futuras.

Un ejemplo de la importancia del *social shopping* para evaluar la calidad de los servicios ofrecidos en el sector de la hostelería y la restauración (bares, cafeterías y restaurantes) puede encontrarse en la notoriedad alcanzada por entidades dedicadas específicamente a este ámbito, como el portal **TripAdvisor**.

tripadvisor®

Figura 6.17. TripAdvisor se ha convertido en una referencia para medir la calidad de los establecimientos de hostelería y restauración. *Fuente:* http://www.brandsoftheworld.com/logo/tripadvisor.

Actividad propuesta 6.6

Social shopping

¿Has realizado alguna vez *social shopping*? Profundiza en tu respuesta.

Para finalizar esta Unidad 6, y con el propósito de ofrecer una visión general de la situación actual de las redes sociales, vamos a realizar a continuación un breve resumen sobre las posibilidades y aportaciones potenciales que nos pueden ofrecer cada una de las principales redes sociales de mayor difusión en el ámbito global, en cuanto al desarrollo de actuaciones relacionadas con el *social media marketing* y el comercio electrónico (Moro Vallina y Rodés Bach, 2014: 87-90).

Facebook

Gracias a su carácter marcadamente generalista, Facebook se ha convertido en la red social con mayor aceptación entre el conjunto de la población en el ámbito mundial, tal y como se refleja en el hecho de que es utilizada diariamente por alrededor de 1000 millones de personas.

facebook.

Figura 6.18. Facebook se ha convertido en la red social de mayor difusión en el ámbito mundial. *Fuente:* https://www.facebookbrand.com.

La filosofía de Facebook es bastante sencilla: cada usuario dispone de un perfil en el que tiene plena libertad para la publicación y difusión de todos aquellos contenidos que sirvan para expresar su estado de ánimo y contar a su red de contactos todas aquellas situaciones que le suceden en su vida diaria, ofreciendo la posibilidad de enviar mensajes de carácter privado, que solamente serán visibles para aquellas personas que el usuario considere, así como con un servicio de chat integrado dentro de la propia plataforma.

La verdadera utilidad de Facebook como herramienta de comunicación en el ámbito del *social media marketing* reside en la capacidad de las organizaciones para la creación de páginas o perfiles corporativos para el desarrollo de sus actuaciones de marketing *online*, facilitando a través de sus diversas funcionalidades la interactividad con sus clientes actuales y potenciales.

Figura 6 19 Facebook permite a las organizaciones gozar de mayor presencia en la web 2.0 y fomentar la interactividad con su público objetivo.

Twitter

Twitter constituye el máximo exponente en el ámbito mundial de las redes sociales basadas en el *microblogging*, hasta el punto de que hoy en día se consideran inseparables.

Figura 6 . 2 Twitter ha revolucionado el ámbito del *microblogging*, convirtiéndose en la red social más extendida en el ámbito mundial para la transmisión de información, valoraciones y opiniones personales mediante textos de reducido tamaño. *Fuente:* https://about.twitter.com/es/company/brand-assets.

En esencia, el *microblogging*, como su propio nombre indica, se basa en la elaboración y publicación de textos muy breves —en el caso de Twitter se denominan *tweets* (o tuits) y no pueden superar los 140 caracteres— con la finalidad de difundirlos entre aquellas personas que deciden seguir nuestro perfil.

La recepción de un *tweet* de aquellos perfiles a los que seguimos nos ofrece la posibilidad de contestarlo o retuitearlo, es decir, volver a publicar el contenido íntegro de su mensaje, con objeto de que sea visible para nuestra red de contactos.

Por tanto, la principal característica de Twitter, y al mismo tiempo su principal elemento diferenciador, radica en la sintetización de ideas en un espacio reducido y de la forma más creativa posible, con objeto de llamar la atención del resto de usuarios y facilitar de este modo su viralización.

Este aspecto es, además, el que convierte a esta red social en una plataforma tremendamente atractiva para aquellas empresas y organizaciones interesadas en que su comunicación alcance al mayor número de usuarios de la forma, *a priori*, más simple.

La asociación entre Twitter y la idea de viralización de los contenidos llega hasta tal punto que esta plataforma fue la precursora de la inclusión de etiquetas o *hashtags*, a través de la selección de aquel término o palabra que resume la idea esencial del mensaje y la inclusión al inicio de este del símbolo "almohadilla" (#), aumentando así su visibilidad para aquellos usuarios que decidan utilizar en el futuro dicha etiqueta en sus búsquedas.

De hecho, si la plataforma identifica que una etiqueta específica está siendo objeto de una cantidad de menciones considerable, pasará a ser identificada como *trending topic* ("tendencia" o "tema del momento").

Por último, si en un *tweet* queremos mencionar directamente a otro usuario de Twitter y que este reciba una notificación del mensaje, bastará con incluir su nombre en el texto precedido del símbolo "arroba" (@).

La posibilidad de mencionar expresamente a otro usuario es de una enorme utilidad para aquellos que quieran hacer llegar sus opiniones y comentarios a las distintas organizaciones y empresas presentes en Twitter, convirtiéndose por tanto en un hilo directo entre una entidad y su público objetivo.

Figura 6.2 .1 Twitter es el ejemplo más claro de cómo las redes sociales pueden contribuir a la viralización de los contenidos elaborados por una organización.

LinkedIn

LinkedIn representa el mejor ejemplo de red social vertical, ya que está concebida como una red social con un marcado carácter profesional, dirigida básicamente a optimizar la visualización de nuestro perfil profesional en la red, generando además una valiosísima red de contactos y facilitando el intercambio público de contenidos relacionados con nuestro ámbito de actividad.

Figura 6 . 2 Actualmente, LinkedIn es la principal red social profesional del mundo. *Fuente:* https://brand.linkedin.com/downloads.

Cada usuario de LinkedIn dispone de un perfil en el que puede sintetizar los aspectos más relevantes de su trayectoria profesional. Además, el hecho de tratarse de perfiles públicos facilita su indexación y posicionamiento en los distintos motores de búsqueda, y muy especialmente en Google.

Si bien LinkedIn, dada su filosofía, presenta mayores limitaciones que otras redes sociales para el desarrollo de campañas de marketing en el entorno digital, supone una de las principales herramientas para la mejora de lo que podríamos denominar como marketing personal, desde una óptica eminentemente profesional.

Figura 6 . 2 LinkedIn, como red social de carácter profesional, está incidiendo muy positivamente en la toma de conciencia de las organizaciones sobre el marketing de carácter personal.

Redes sociales multimedia

Dentro de esta categoría de redes sociales hemos considerado todas aquellas redes sociales especializadas en lo que podríamos denominar como marketing visual, es decir, en la publicación y difusión de contenidos audiovisuales, especializándose en formato imagen (Instagram y Pinterest) o formato vídeo (YouTube).

Figura 6.24. Las redes sociales multimedia están suponiendo una redefinición de la forma en que los usuarios se comunican e interaccionan a través de las redes sociales.
Fuente Instagram: https://www.instagram-brand.com.
Fuente Pinterest: https://business.pinterest.com/en/brand-guidelines.
Fuente YouTube: https://www.youtube.com/yt/brand/es/downloads.html.

Así, tanto Instagram como Pinterest, cada una de ellas con sus características distintivas, se basan en una plataforma para la gestión de archivos de imagen, que permiten además el tratamiento digital de las imágenes o su registro y clasificación por temáticas específicas.

Por el contrario, YouTube, a la que hicimos mención en la Unidad 2, es la principal plataforma para visualización de vídeos *online*, diferenciándose del resto de redes sociales de este tipo por la sencillez en la publicación y retoque de archivos audiovisuales, permitiendo además la creación de canales específicos, algo de enorme utilidad para la difusión de toda clase de información por parte de las organizaciones.

Figura 6.25. Las redes sociales multimedia, entre las que destacan Instagram, Pinterest o YouTube, ofrecen a las organizaciones la posibilidad de desarrollar campañas de marketing visual más atractivas y creativas.

Actividad propuesta 6.7

Redes sociales

¿En qué redes sociales cuentas con un perfil de usuario?

¿Qué te aporta cada una de ellas? Profundiza en tu respuesta.

Mapa conceptual

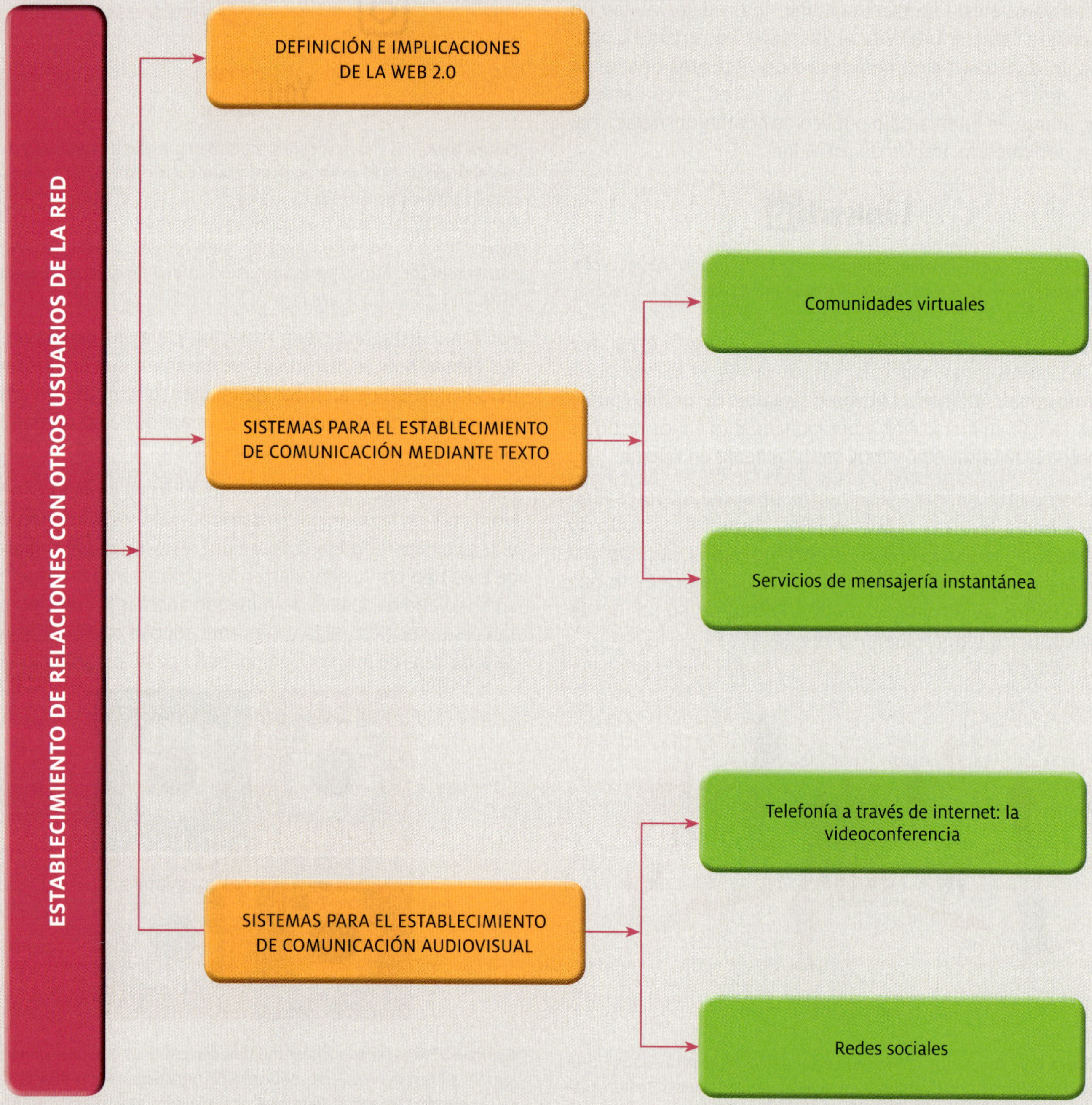

Actividades finales

D ecomprobación

6 1. El nacimiento de la web 2.0 ha sido posible gracias a:

a) La generalización del acceso de la población a internet.

b) La aparición y desarrollo de sistemas de analítica web cada vez más potentes, útiles y accesibles.

c) La tendencia acentuada hacia la uniformidad de los lenguajes y protocolos de intercambio de información *online*.

d) Todas las respuestas anteriores son correctas.

6 .. : Aquel sitio web creado como un espacio común para dialogar, discutir y opinar sobre temas de interés para sus usuarios se denomina:

a) Comunidad virtual.

b) Página web corporativa.

c) Tienda *online*.

d) Página web de marketing.

6 .. : Aquellas comunidades virtuales estructuradas para la comunicación a través de la red mediante la transmisión de texto en tiempo real entre un emisor y uno o varios receptores de la información se denominan:

a) Servicio de mensajería instantánea.

b) Grupo de discusión o foro.

c) Grupo de conversación o chat.

d) Videoconferencia.

6 .. ‹ Aquellos sistemas de transmisión de comunicación mediante texto que permiten la comunicación de los usuarios a través de intervenciones, sobre una determinada temática que, en su conjunto, forma lo que se conoce como hilos se denominan:

a) Servicio de mensajería instantánea.

b) Grupo de discusión o foro.

c) Grupo de conversación o chat.

d) Videoconferencia.

6 .. 1 La principal red en el ámbito mundial para el desarrollo de llamadas IP o videollamadas es:

a) WhatsApp.

b) IRC.

c) Facebook.

d) Skype.

6.6. Aquella tipología específica de chat que permite el envío y recepción de mensajes de texto, en tiempo real y a través de internet, permitiendo una comunicación directa y bidireccional entre dos o más partes se denomina:

a) Servicio de mensajería instantánea.

b) Grupo de discusión o foro.

c) Grupo de conversación o chat.

d) Videoconferencia.

6.7. La red mediante la cual llegan los paquetes de datos procedentes de una llamada telefónica a través de internet a la dirección IP del destinatario se denomina:

a) Red TPC/IC.

b) Red IRC/IP.

c) Red TCP/IP.

d) Red PCP/IP.

6.8. Aquellas redes sociales que están orientadas a un público de carácter generalista se denominan:

a) Redes sociales horizontales.

b) Redes sociales verticales.

c) Redes sociales mixtas.

d) Redes sociales multimedia.

6.9. Las redes sociales profesionales son un claro ejemplo de:

a) Redes sociales horizontales.

b) Redes sociales verticales.

c) Redes sociales mixtas.

d) Redes sociales multimedia.

6.10. Entre las principales redes sociales multimedia debemos destacar:

a) Instagram.

b) Pinterest.

c) YouTube.

d) Todas las respuestas anteriores son correctas.

Actividades finales

D eaplicación

6 11. Enumera las principales diferencias existentes entre la web 1.0 y la web 2.0.

6 12 ¿Cuáles son las principales implicaciones asociadas al nuevo marco de actuación en el ámbito del comercio electrónico, que se han establecido a partir del desarrollo de la web 2.0?

6.13. Enumera los principales factores que justifican la importancia actual de los sistemas de comunicación mediante texto.

6 14. Resume los componentes básicos que se encuentran presentes en el diseño de cualquier comunidad virtual.

6 15. ¿Qué acciones posibilita la utilización del protocolo IRC en los grupos de conversación o chats?

6 16 ¿Cuáles son las funciones principales de un administrador de foro?

6 17. ¿Cuál es la principal diferencia existente entre los chats tradicionales y los servicios de mensajería instantánea?

6.18. Describe brevemente las tres categorías esenciales de redes sociales que podemos encontrar en el entorno de la web 2.0.

6 19 Analiza las diferentes utilidades que las redes sociales tienen en el desarrollo de una comunicación bidireccional e interactiva entre una organización y su público objetivo.

6 . 2¿A qué hace referencia la expresión *social shopping*?

D eampliación

6 . .: Profundiza sobre la figura del *community manager*, a través de la búsqueda de información en internet. ¿Cuáles son sus funciones?

6 . : ¿Qué objetivos motivan la necesidad de que una organización preste especial atención a lo que se dice sobre ella en las redes sociales? Desarrolla tu respuesta.

6 . .: **Tema de debate:** Presente y futuro de las redes sociales.

Actividades finales

Enlaces web

Asociación Americana de Marketing (AMA) *(Organización internacional)*	www.ama.org
WhatsApp *(Servicio de mensajería instantánea)*	www.whatsapp.com/?l=es
Skype *(Servicio de telefonía a través de internet)*	www.skype.com/es
Facebook *(Red social)*	es-es.facebook.com
Twitter *(Red social profesional)*	twitter.com/?lang=es
LinkedIn *(Red social)*	es.linkedin.com
Brainly *(Red social educativa)*	brainly.lat
Edmodo *(Red social educativa)*	www.edmodo.com/?language=es
Meetic *(Red social orientada al establecimiento de relaciones personales)*	www.meetic.es
Badoo *(Red social orientada al establecimiento de relaciones personales)*	badoo.com/es
Instagram *(Red social multimedia)*	www.instagram.com
Pinterest *(Red social multimedia)*	es.pinterest.com
YouTube *(Red social multimedia)*	www.youtube.com/?hl=es&gl=ES
TripAdvisor *(Portal especializado en social shopping para el sector de hostelería y restauración)*	www.tripadvisor.es
Más que redes *(Portal web que, bajo un formato de blog, recoge las noticias de actualidad más destacadas en el ámbito de las redes sociales)*	www.masqueredes.es

7

La evolución de internet: web 2.0

El concepto de la web 2.0 se puede definir como la realización de la idea primitiva de los precursores de internet (Tim Berners-Lee, Robert Cailliau, etc.) en la que la red se convierte en un espacio con cabida para todas las capas sociales, capaz de formar una verdadera sociedad de la información, la comunicación y el conocimiento.

En esta unidad se describirá qué es la web 2.0, sus funcionalidades y objetivos, cómo deben diseñarse las estrategias de marketing en este nuevo escenario y de qué herramientas se dispone, el papel de las redes sociales y la importancia de la seguridad informática para garantizar la privacidad y bloquear intentos de robo de datos.

Objetivos

- Definir el concepto de web 2.0, sus modelos y funcionalidades.
- Describir y utilizar recursos gratuitos y libres incluidos en los sitios web 2.0.
- Hacer uso de la retroalimentación de los usuarios en el entorno web 2.0 para conectar con las personas de la manera más eficaz y personalizada posible.
- Detallar los mecanismos para la presencia de la empresa de comercio electrónico en buscadores, redes sociales, blogs, chats, foros y otras herramientas del entorno web 2.0, implementando una estrategia de marketing en medios sociales.
- Detectar y neutralizar los elementos de vulnerabilidad implícitos al entorno web 2.0, analizando las posibilidades de prevención, detección y corrección frente a estos ataques.

Contenidos

7.1. ¿Qué es la web 2.0?
7.2. Marketing *online* en la web 2.0: *Social Media Marketing* (SMM)
7.3. Sitios web integrados
7.4. Redes sociales en la web 2.0
7.5. Seguridad informática en el comercio electrónico

7.1. ¿Qué es la web 2.0?

Normalmente cuando hablamos de la versión 2.0, 3.1 o 4.5 pensamos en un determinado programa informático o *software* al que se le han depurado los fallos que tenía y al que se han añadido nuevas funcionalidades. Este código numérico indica su nivel de desarrollo: se incrementa el número mayor cuando el *software* sufre grandes cambios y mejoras y el menor cuando el *software* sufre pequeños cambios o correcciones de errores. Así por ejemplo, Apple lanzó en septiembre de 2015 la versión 9.0 de su sistema operativo iOS, al suponer una notable modificación de la última versión (8.4) de la octava generación de versiones de iOS.

Desde un paralelismo con el sistema de control de versiones del *software*, la idea de "web 2.0" nos hace pensar en una segunda fase de internet en la que el foco se centra en el propio usuario como creador de contenidos. Con la web 2.0 nace una nueva manera de interpretar internet y con ella nuevas tecnologías para su desarrollo, nuevos entornos y aplicaciones, nuevos sistemas de marketing y políticas de publicidad. Todo ello ha provocado un renacer de las empresas tecnológicas.

Figura 7.1. La web 2.0 integra a los usuarios de forma bidireccional, consumiendo y produciendo contenidos a través de diferentes tecnologías y herramientas.

En la web 2.0, el protagonista es el usuario y los contenidos se crean de forma colaborativa. La portada de la revista *Time* en diciembre de 2006 anunciaba quién era el personaje de dicho año: "Tú: sí, tú. Tú controlas la era de la información. Bienvenido a tu mundo". De esta forma, la editorial de la publicación hacía partícipes a todos los millones de usuarios de internet de este premio honorífico como personajes del año.

Figura 7.2. En la portada de la revista *Time* de diciembre de 2006 se declaraba al usuario de internet personaje del año.

La web 2.0 ha modificado definitivamente la visión que el usuario tiene de internet y su forma de utilizarla. Sin duda, el comercio electrónico también ha tenido que cambiar su dirección y se habla igualmente de marketing 2.0 para adaptarse a las nuevas tecnologías. En este nuevo enfoque, las acciones de marketing se dirigen a cada usuario particular, ofreciéndole información personalizada y creando relaciones directas basadas en las experiencias, en la confianza, valores y cultura de los clientes (Gabriel i Eroles, 2010).

Nota técnica

La prestigiosa revista de actualidad general *Time*, publicada en Estados Unidos, elige en su número de final de año quién ha sido el personaje del año que concluye. Protagonistas de la actualidad como Angela Merkel (2015), los luchadores anónimos contra el virus ébola (2014) y el papa Francisco (2013) han sido nombrados "Personajes del año" recientemente. Sin embargo en 2006 el personaje del año eres "tú", en referencia a los millones de usuarios de internet que han pasado a colaborar de forma activa en la creación de contenidos e información en la red.

7.1.1. Origen

La expresión "web 2.0" fue presentada públicamente por Tim O'Reilly, fundador y presidente de O'Reilly Media, durante el desarrollo de una conferencia en el año 2004 en San Francisco. Sin embargo, el origen de la web 2.0 hay que buscarlo unos años atrás, a lo largo del año 2001, cuando se produjo el estallido mundial de la burbuja tecnológica. El índice bursátil más representativo de las empresas tecnológicas en todo el mundo, correspondiente a la bolsa de valores Nasdaq, cayó en picado en esas fechas. Esta crisis está derivada por otra crisis anterior de los mercados financieros en EE. UU. y que, a su vez, causó una crisis económica a nivel mundial cuyos efectos aún acusamos hoy en día.

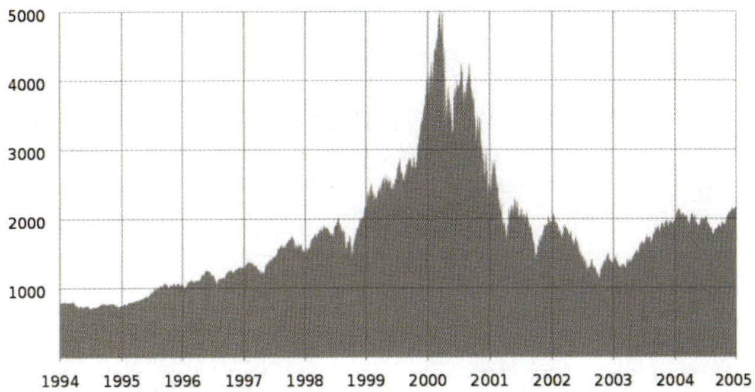

Figura 7.3. Evolución del índice Nasdaq Composite en el periodo 1994-2005, que incluye de forma ponderada a las más de 5000 empresas que cotizan en el mercado Nasdaq. Se puede observar el efecto del estallido de la burbuja tecnológica desde mediados del año 2000 hasta el otoño de 2001. *Fuente:* https://commons.wikimedia.org/wiki/File:Nasdaq_Composite_dot-com_bubble.svg.

El índice Nasdaq Composite llegó en marzo del año 2000 a cotizar por encima de los 5000 puntos, pasando en poco tiempo a cotizar a 3500, y en octubre de 2002 su valor era de aproximadamente 1300 puntos, con lo que se situó en valores similares a los de diciembre de 1996 (Figura 7.3).

No es la primera vez que una crisis económica es la característica propiciatoria para una revolución tecnológica. En palabras del propio Tim O'Reilly, "las crisis económicas marcan típicamente el punto en el cual una tecnología en ascenso está lista para ocupar su lugar en el escenario económico. Se descarta a los impostores, las historias de éxito verdaderas muestran su fortaleza y comienza a comprenderse qué separa a los unos de los otros".

Figura 7.4. La crisis de las "puntocom" o empresas tecnológicas ocasionó probablemente el surgimiento con mayor fuerza de la necesidad de refundar la web 1.0 en la web 2.0.

7.1.2. Características

La web 2.0 surgió como un concepto para englobar a un conjunto de nuevos sitios web que se diferenciaban de los sitios web tradicionales (web 1.0). La característica diferencial es la participación colaborativa de los usuarios, mientras que en la web 1.0 el foco de atención son los contenidos.

El ejemplo paradigmático de web tradicional que se planteó en la conferencia de 2004 sobre web 2.0 es el de la *Enciclopedia Británica* en su momento, donde los usuarios podían consultar en línea los contenidos elaborados por un equipo de expertos. La alternativa web 2.0 se encuentra en el sitio web de Wikipedia (www.wikipedia.org), en el que los usuarios que lo deseen pueden participar en la construcción y revisión de contenidos para toda la comunidad.

Las principales características que definen la web 2.0 son las siguientes (Cordón García, 2012):

- **La web como plataforma:** la mayoría de aplicaciones y utilidades no van a ser programas informáticos que instalamos localmente en nuestro ordenador, sino que serán aplicaciones que se ejecutarán en la red directamente. De esta forma la red se convierte en una plataforma que ofrece servicios y no en un medio para descargarlos.

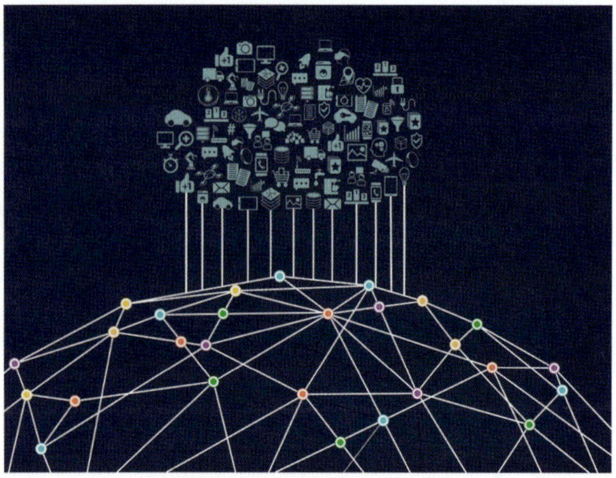

Figura 7.5. La web 2.0 se concibe como una plataforma que facilita aplicaciones y contenidos directamente accesibles.

- **Beneficio de la inteligencia colectiva:** como señala O'Reilly (2005): "El principio fundamental que se esconde detrás del éxito de los gigantes nacidos en la era de la web 1.0 que han sobrevivido para liderar la era de la web 2.0 parece ser este, que han abrazado el poder de la web para explotar la inteligencia colectiva". Aunque es imposible que todos seamos expertos de todo, sí podemos serlo en una pequeña área. De esta manera, integrando todos esos "microsaberes", crearemos una inteligencia colectiva. Se trata de implementar una nueva gestión de usuarios en la que se los invita a participar con opiniones, votos, edición y creación de contenidos.

Figura 7.6. "La inteligencia colectiva es una inteligencia repartida en todas partes, revitalizada constantemente, coordinada y movilizada en tiempo real" (Pierre Levy, 1956, filósofo y escritor que acuñó la expresión "inteligencia colectiva").

- **Reutilización de contenidos:** ¿quién es el dueño de los datos? La información de un sitio web tiene un valor mucho mayor si dicha información se utiliza en muchas otras fuentes. Se produce una transición, donde la empresa pasa de guardar celosamente la información y proteger sus contenidos con todo tipo de *copyrights* a permitir la utilización de sus datos, posibilitando a otros sitios web crear nuevos servicios a partir de aquellos. Por ejemplo, hoy en día ninguna aerolínea dudaría en poner sus datos de disponibilidad de vuelos en internet, de forma que otros servicios como buscadores de vuelos puedan usarlos y realizar propuestas de viaje buscando en cientos de compañías simultáneamente. Otra forma de reutilización de contenidos se da en el etiquetado social, consistente en compartir palabras clave a través de etiquetas o *tags* que enlazan con contenidos de otros usuarios.

Figura 7.7. La reutilización de contenidos en la web 2.0 hace que cualquier usuario pueda utilizar la información generada por otros usuarios en forma de imágenes, textos, etiquetado, etc.

Argot técnico

El neologismo ***folcsonomía*** proviene etimológicamente de la unión de las palabras "folk" (pueblo) y "taxonomía" (clasificación de nombres); por tanto significa literalmente "clasificación de nombres gestionada por el pueblo". En definitiva, se trata del proceso de ordenación y clasificación natural que sobreviene por el propio uso de los contenidos a medida que van siendo creados, editados y compartidos por la sociedad.

En el año 2005, Tim O'Reilly definió y ejemplificó el concepto de web 2.0 utilizando el mapa conceptual elaborado por Markus Angermeier. Este mapa conceptual define el proceso de tormenta de ideas *(brainstorming)* y de aparición de nuevos términos que poco a poco se incorporan a nuestro lenguaje habitual en torno al desarrollo de la web 2.0.

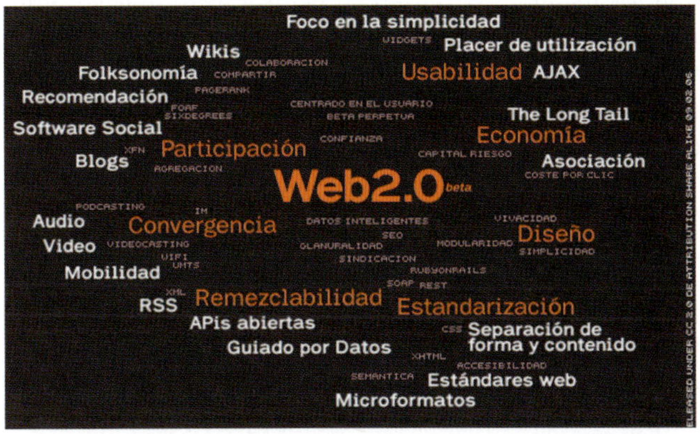

Figura 7.8. Mapa conceptual alrededor de la web 2.0, creado por Markus Angermeier, 2005. Traducido por Josep M. Ganyet. *Fuente:* https://commons.wikimedia.org/wiki/File%3AWeb20memeES.png.

Actividad propuesta 7.1

Neologismos en la web 2.0

Analiza los términos relacionados con la web 2.0 empleados en el mapa conceptual de Angermeier (Figura 7.8). Busca una definición para aquellos conceptos que desconozcas.

7.1.3. Funcionalidades: opiniones y foros de usuarios

Si volvemos al enfoque hacia el comercio electrónico de la web 2.0, las referencias son los métodos de marketing más antiguos que existen (Lopata, 2012). Muchas veces resultan más valiosas las recomendaciones de un amigo o de un contacto de confianza que escuchar los anuncios de los vendedores. Con la web 2.0 surgen nuevos procedimientos para generar referencias que permiten obtener recomendaciones de manera mucho más rápida, económica y valiosa. Cualquier empresa que pretenda triunfar en el mundo digital debe aprender a relacionarse con sus usuarios y sacar partido de dichas relaciones.

En este sentido, la retroalimentación o *feedback* que el usuario proporciona a las empresas es fundamental. El análisis y las medidas derivadas de la retroalimentación de los usuarios ayudan a encontrar a los prescriptores de marca (Apartado 7.4.3), que son agentes primordiales para la creación de vínculos de confianza entre la empresa de comercio electrónico y sus clientes.

Figura 7.9. La retroalimentación *(feedback)* por parte de los usuarios es un aspecto clave en la funcionalidad de la web 2.0.

Los foros de usuarios establecen un lugar para compartir información entre consumidores y, a su vez, recibir información de expertos por parte de la propia empresa. De esta forma, se fomenta que los compradores de un producto o usuarios de un servicio puedan compartir experiencias y se generen vínculos de confianza entre los usuarios y la empresa de comercio electrónico.

Figura 7.10. Los foros de usuarios aportan a la empresa de comercio electrónico información sobre sus usuarios y establecen vínculos de confianza que pueden convencer a futuros clientes. *Fuente:* http://foro.vodafone.es/.

7.1.4. Reputación corporativa *online*

La **reputación corporativa** se refiere al conjunto de percepciones que los diversos grupos de interés con que se relaciona una empresa, tanto internos (trabajadores y *partners*) como externos (clientes, medios de comunicación, competencia), tienen sobre ella. Estas percepciones se basan en el comportamiento desarrollado por la empresa a lo largo del tiempo en su capacidad para satisfacer las expectativas de los diferentes grupos.

En el ámbito empresarial general, pero de forma particularmente decisiva en el caso del comercio electrónico en el nuevo entorno de la web 2.0, las empresas deben tener claro que pueden tener unos productos y servicios excepcionales, unas estrategias claras, o los empleados con mayor talento, pero todos estos aspectos pueden no servir de nada si son incapaces de gestionar su reputación (Carrió Sala, 2013). La reputación es uno de los activos más importantes para cualquier organización e incide directamente sobre los resultados.

Figura 7.11. La gestión de la reputación corporativa se ha convertido en una prioridad para las empresas. Es necesario responder a la pregunta "¿qué piensan los demás sobre mí?".

De manera específica para el escenario de las nuevas tecnologías, se define la **reputación corporativa *online*** como la valoración alcanzada por una empresa a través del uso de los servicios que ofrece internet. Para una empresa basada en el comercio electrónico, la gestión de la reputación *online* es uno de los principales aspectos que debe cuidar.

El principal aspecto de la reputación *online* en las empresas radica en que su valoración no está bajo el control absoluto de la marca, sino que está formada por las opiniones de los usuarios de la red. Esta participación global no quiere decir que la organización no pueda gestionar y mejorar su reputación *online* argumentando que la opinión de los usuarios está fuera de su alcance.

Las empresas disponen de poderosas herramientas para que los usuarios perciban su valor y gestionar su reputación corporativa *online*, agrupadas bajo el acrónimo de ORM (*Online Reputation Management*). El ORM se basa en una estrategia de tres pasos para mejorar la reputación *online*:

- **Conocer la propia empresa:** conocer las opiniones existentes sobre la empresa y sus productos en la red, especialmente las negativas.
- **Corregir los errores o problemas detectados:** junto a ello, conocer cuál ha sido el origen de esos errores o problemas con el fin de evitar que vuelvan a suceder.
- **Comunicar los logros:** dar a conocer a la comunidad de usuarios las soluciones implementadas, de forma que se valore positivamente la actitud proactiva de la empresa respecto a las opiniones de los usuarios.

Figura 7.12. Las herramientas de ORM centran sus esfuerzos en atender las opiniones y sugerencias de los usuarios en foros, blogs, redes sociales, sitios de opinión, notas de prensa y sitios web de los competidores.

7.1.5. Objetivos

El perfil del usuario de internet sin duda ha cambiado, y hoy en día busca una serie de valores que la web 2.0 trata de satisfacer. El nuevo modelo sitúa al usuario en el centro de cualquier modelo de negocio, aportando el mayor valor añadido, integrando contenido y funcionalidades de forma utilizable y fomentando la participación de los usuarios y la escucha activa de la voz del cliente (Maciá, 2009).

Las características que el usuario de internet reclama a una empresa basada en el comercio electrónico hacen que los objetivos principales sean:

- **Transparencia:** el usuario demanda poder interactuar de igual a igual con los responsables de los comercios electrónicos. No se va a fiar de un sitio en el que se oculte o filtre información o en el que no aparezcan opiniones de los usuarios renovadas continuamente. La credibilidad del sitio se basa en que el usuario perciba que tiene la posibilidad real de incidencia en la toma de decisiones a través de sus opiniones y actuaciones.
- **Utilidad:** el sitio web debe ofrecer al usuario una combinación de productos y servicios que le aporte la máxima utilidad y beneficio. Por esta razón, la web 2.0 se presenta como una plataforma que ofrece servicios útiles para el usuario y no meramente como un simple escaparate publicitario.
- **Participación:** hoy en día prácticamente ningún cliente va a contratar un alojamiento en un hotel sin leer las opiniones de huéspedes anteriores. La web 2.0 facilita a los usuarios la posibilidad de generar información y también de acceder a la información generada a su vez por otros usuarios. El usuario debe ser concebido como parte integral del sistema, productor de contenidos y valor para la organización.
- **Fidelización:** el usuario quiere formar parte de una comunidad con intereses parecidos y también espera un trato personalizado y humano por parte de los servicios ofrecidos por la web 2.0. Una empresa de comercio electrónico debe aprovechar los vínculos que crea un usuario con su comunidad digital y con la propia empresa para fidelizar al cliente y lograr que este siga produciendo beneficios en el negocio mediante compras directas y recomendaciones.

Nota técnica

Cuando la web 2.0 ya es una realidad y está universalmente aceptada como modelo, ya se habla de **web 3.0** e incluso de **web 4.0**. De hecho, la web 3.0 ya está implementada en muchos aspectos como una web que añade significado (web semántica).

Las características principales de la web 3.0 (2010-2020) son:

- Web semántica.
- Independencia de los dispositivos.
- Interconexión de aplicaciones.
- Intercambio de datos entre aplicaciones web.
- Federación de identidades en las redes sociales.

Y las de la web 4.0 (2020-2030) son:

- Sistemas de cómputo equiparables a un cerebro humano.
- Generación e interconexión del conocimiento.
- Sistemas operativos web.

7.2. Marketing *online* en la web 2.0: *Social Media Marketing* (SMM)

Existen múltiples herramientas, servicios y aplicaciones en la web 2.0 que se pueden aprovechar desde el punto de vista del marketing para identificar y satisfacer las necesidades y deseos del mercado objetivo, que al fin y al cabo es la comunidad de usuarios de internet. En esta sección describiremos las herramientas más típicas y su orientación hacia el comercio electrónico.

El **marketing en medios sociales *(Social Media Marketing*, SMM)** es una nueva estrategia corporativa en la que se integran para una empresa concreta los objetivos de marketing con los servicios que ofrece la web 2.0, tales como blogs, páginas colaborativas, foros, redes sociales, etcétera. Es decir, los aspectos relacionados con el marketing, como son la publicidad, la comunicación, el desarrollo del producto, la atención al cliente y su fidelización, se implementan a través de las nuevas oportunidades que ofrece internet en su versión más social y colaborativa.

Figura 7.13. "¡El marketing en medios sociales trata sobre las personas! No acerca de tu negocio. Cuida de la gente y la gente cuidará de ti" (Matt Goulart, CEO de Ignite Digital (http://www.ignite.digital), empresa de SMM).

7.2.1. Bitácoras o blogs

Una bitácora o blog es un portal web que se actualiza periódicamente y proporciona información sobre un tema determinado. Los artículos son normalmente escritos por un solo autor, aunque pueden ser comentados por cualquier usuario de internet. Al grupo de usuarios que siguen con asiduidad un determinado blog se los denomina seguidores o *followers*. Podemos distinguir los siguientes tipos de blogs, clasificados según quién es el creador del blog y los contenidos que alberga:

Tabla 7.1. Clasificación de los distintos tipos de blogs según los criterios de origen y contenidos

Clasificación	Tipo de blog	Descripción
Por origen	Blog personal	Se trata de un blog en el que una persona expresa sus sentimientos, reflexiones y forma de pensar. No tiene, al menos en origen, una motivación económica.
	Blog profesional	El creador del blog comparte su conocimiento en algún tema concreto del que se considera experto (moda, bricolaje, diseño, viajes, etcétera). Trata de rentabilizar sus visitas a través de inclusión de publicidad, venta de productos relacionados, programas de afiliados o la creación de un sitio web asociado en torno al blog.
	Blog corporativo	Se trata de un blog empleado por una determinada empresa para mejorar la comunicación y las relaciones públicas con sus clientes.
Por contenidos	Blog tradicional o weblog	Incluye en su mayor parte texto, aunque también puede ir ilustrado con contenido multimedia.
	Microblog	En lugar de compartir artículos completos, se difunden pequeños fragmentos de texto, imágenes o vídeos de corta duración.
	Videoblog/*vlog*	El contenido principal del blog son vídeos. Eso sí, permite añadir comentarios por el autor o seguidores en forma de texto.
	Audioblog	Es un tipo de blog en el que la información se facilita en forma de narración sonora. Está especialmente enfocado a su suscripción mediante podcast y reproducción en dispositivos móviles.
	Fotoblog	Es un blog donde la principal fuente de información se proporciona en forma de imágenes.

Figura 7.14. El papel de los blogs como complemento a un sitio web corporativo es fundamental como generador de confianza y comunicación con los usuarios. La actividad y popularidad de un blog pueden ser factores decisivos en el posicionamiento respecto a los sitios web de la competencia.

Argot técnico

En el ámbito de los blogs surgen muchos términos nuevos, algunos un tanto extraños y otros que poco a poco se incorporan a nuestro argot social:

- **Bloguero o *blogger*:** persona que escribe en un blog.
- **Blogosfera:** es un término que se utiliza para englobar al subconjunto de internet dedicado al mundo de los blogs como comunidad digital o red social.
- **Seguidor o *follower*:** usuario que sigue un determinado blog con asiduidad, normalmente registrado para recibir notificaciones cuando el blog se actualiza.
- **Trol:** usuario que publica mensajes provocadores, irrelevante o fuera de las líneas de interés en que se ubica el blog.

La aplicación de estrategias de marketing en blogs es muy amplia: los videoblogs pueden resultar especialmente útiles para las empresas como ejemplo de promoción de productos, servicios y actividades corporativas (Maqueira y Bruque, 2009). Por su parte, los microblogs pueden ser utilizados como tablones de anuncios electrónicos donde comunicar a los clientes noticias y promociones puntuales.

Actividad propuesta 7.2

Tipos de blogs

Según la clasificación de los distintos tipos de blogs descritos en esta sección, busca en internet ejemplos representativos de cada uno de ellos, atendiendo tanto a la clasificación por origen como por tipo de contenido.

7.2.2. Páginas web colaborativas o wikis

Wiki (rápido en hawaiano) es un tipo de sitio web que permite a los visitantes de sus páginas cambiar el contenido mediante la edición *online* de las páginas en un navegador estándar. No es necesario tener conocimientos avanzados de programación web para colaborar en la creación de contenidos para un sitio wiki. El ejemplo paradigmático por excelencia es la Wikipedia (www.wikipedia.org): la enciclopedia libre y creada por la comunidad de usuarios en internet.

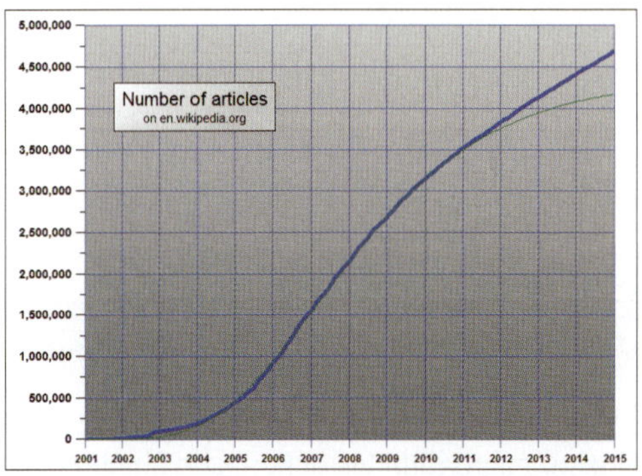

Figura 7.15. Número de artículos publicados en la versión inglesa de Wikipedia (en.wikipedia.org). *Fuente:* https://commons.wikimedia.org/wiki/File%3AEnwikipediaGom.PNG.

Como estrategia de marketing, un wiki en una página corporativa aporta un valor adicional al sitio web, y resulta especialmente útil en redes de empresas que requieran trabajo colaborativo y potencia las relaciones entre los empleados y clientes, tanto en el ámbito interno como externo. Además, un wiki puede resultar ser una potente herramienta de cara a la atención al cliente: los empleados y expertos pueden ir creando entradas para los problemas e incidencias más típicos y describir las soluciones propuestas. Estos wikis pueden terminar siendo un manual de preguntas frecuentes (FAQ, *Frequently Asked Questions*) sobre los servicios ofrecidos por una empresa. Finalmente, un wiki corporativo puede convertirse en una eficaz plataforma para el *E-learning* (aprendizaje electrónico).

7.2.3. Diseño publicitario: *banners*

El significado de ***banner*** en español es "bandera/banderola" o "pancarta", aunque se suele usar directamente el término sin traducir. Se trata de un formato publicitario que se inserta en una página web, diseñado con la intención de llamar la atención, resultar notorio y comunicar el mensaje deseado. Suelen presentarse en las páginas con contenidos relacionados con la información que se esté visitando o basándose en el historial de búsquedas y perfil de compras del usuario.

Actualmente los *banners* no suelen ser imágenes fijas (*banners* estáticos), sino que incluyen animaciones, vídeos o incluso cierto grado de interactividad para captar la atención del usuario (*banners* dinámicos). Existen diferentes tipos de *banners*, de acuerdo a su formato y comportamiento:

- ***Banner* y *megabanner*:** se trata del tradicional *banner* horizontal. Generalmente se encuentra en la parte superior de las páginas.
- **Rascacielos (*skyscrapers*):** anuncios extralargos y delgados que se desplazan hacia abajo en el lado derecho o izquierdo de una página.
- **Anuncios *pop ups* o anuncios ocultos:** se trata de *banners* que se abren de manera repentina en la zona de atención del usuario para captar su interés. Su abuso puede molestar al usuario, que incluso puede llegar a abandonar el sitio web.
- ***Interstitials*:** se trata de mensajes publicitarios a pantalla completa, presentados en la ventana activa mientras se carga una nueva página con contenido. Según su duración y frecuencia de aparición, pueden resultar molestos durante la navegación del usuario de internet.

- **Robapáginas:** se trata de un *banner* vertical emplazado en la columna central de una web. Se integra en mitad de los contenidos de páginas y sitios estratégicos, y cuenta con una notable visibilidad gracias a su gran tamaño.

Argot técnico

Se denomina **página de aterrizaje o *landing page*** a la página web a la que una persona llega tras pulsar sobre cualquier tipo de *banner*. Generalmente, esta página web es una extensión del anuncio de promoción, en el que se explica más detalladamente la oferta del producto o servicio en cuestión.

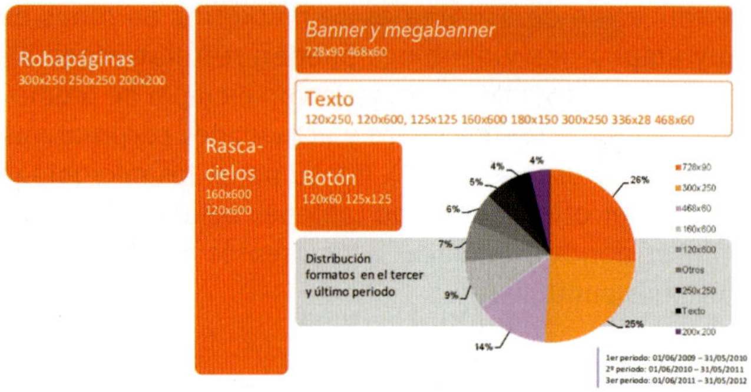

Figura 7.16. Formatos habituales de *banners* y su uso en publicidad. *Fuente:* Estudio de Formatos Publicitarios realizado por Adpv.com. http://blog.adpv.com/ve-la-luz-nuestro-iii-estudio-de-formatos-publicitarios-display.

Actividad propuesta 7.3

Coste de la publicidad a través de *banners*

Analiza las diferentes opciones que existen para el pago de publicidad mediante *banners*. En concreto, define los modelos CPM (coste por mil impresiones), CPC (coste por clic) y CPA (coste por acción). ¿En qué casos interesa más un tipo de pago respecto a otros? Utiliza como referencia la información existente en Google AdWords (www.google.es/AdWords).

Actividad resuelta 7.1

Creación de un *banner online*

Existen algunas páginas web que nos permiten crear sencillos *banners* de forma gratuita. Una de ellas es http://www.123-banner.com, que ofrece la posibilidad de crear un *banner* en Flash. Flash es una tecnología para mostrar animaciones en páginas web mediante un *plugin* llamado Adobe Flash Player. Supongamos que se pretende crear un *banner* para anunciar una empresa de alquiler de material para esquiar. Obtén una imagen representativa del negocio que se quiere publicitar y crea un *banner* desde el anterior sitio web a partir de dicha imagen.

Solución:

1. En primer lugar, debemos pensar en una imagen representativa del negocio de alquiler de material para el esquí: nieve, montañas, *snowboard*, esquiador, etc. Cualquiera de esos términos nos puede proporcionar una imagen que el usuario identifique con el negocio que queremos publicitar.

2. Visitamos el sitio web de imágenes de uso libre Wikimedia (https://commons.wikimedia.org) y buscamos *"snowboard"* y términos relacionados con el esquí.

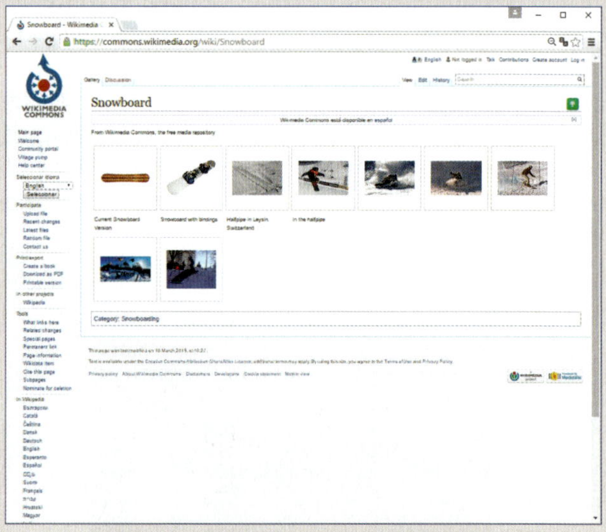

Figura 7.17. Búsqueda de imágenes gratuitas en Wikimedia Commons.

3. Una vez que se muestran los resultados de búsqueda, podemos ir guardando los ficheros de imagen que seleccionemos si hacemos clic en las miniaturas para obtener la imagen a la resolución que mejor se adapte a nuestras necesidades.

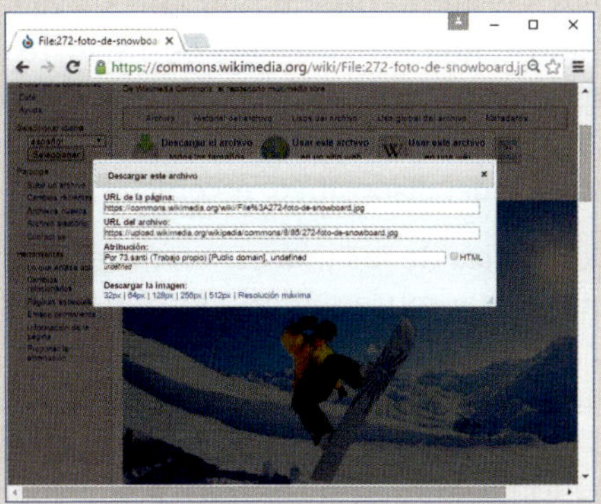

Figura 7.18. Ventana de guardado del fichero de imagen seleccionado.

4. Ahora abrimos la página web para el diseño de *banners* http://www.123-banner.com. Seleccionamos la opción "picture" para crear un *banner* a partir de fotografías.

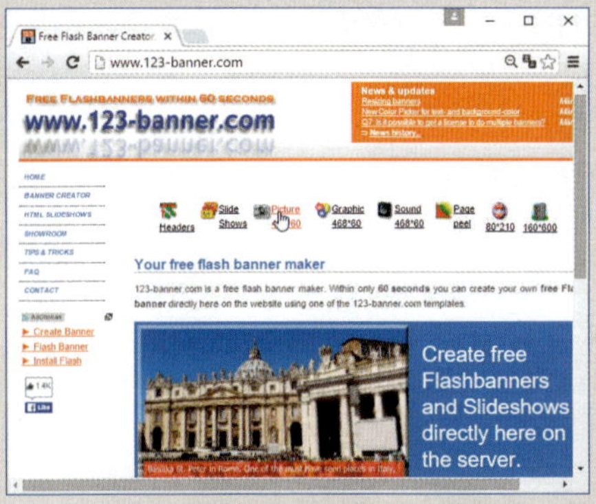

Figura 7.19. Página de inicio de 123-banner para la creación de *banners*.

5. Elegimos la plantilla para el tipo de *banner* que queremos crear y seguidamente vamos cargando las tres imágenes que se irán alternando en el *banner*. Como se trata de un *banner* horizontal, tendremos que elegir la zona recortada de la fotografía que se mostrará en el *banner*.

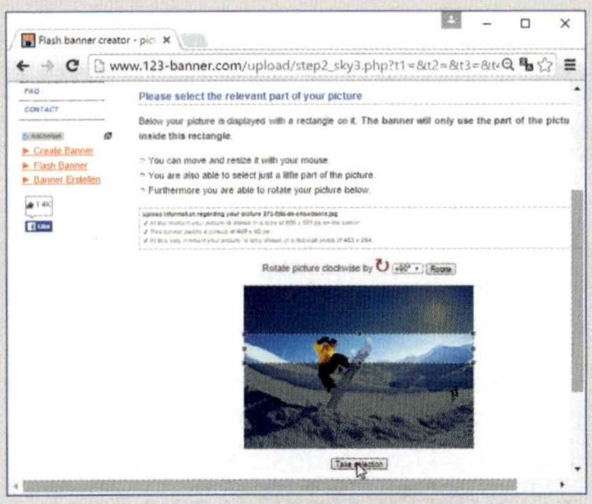

Figura 7.20. Selección de imágenes que compondrán el *banner*.

6. A continuación, introducimos en el formulario el texto que queremos que aparezca en el *banner*. Se trata de introducir mensajes cortos que capten la atención de potenciales clientes. También introduciremos la dirección de la página de aterrizaje a la que llevará el *banner* si el usuario hace clic sobre él. Se pueden ajustar otras características como la transparencia, el color de fondo, la calidad de las imágenes, etcétera.

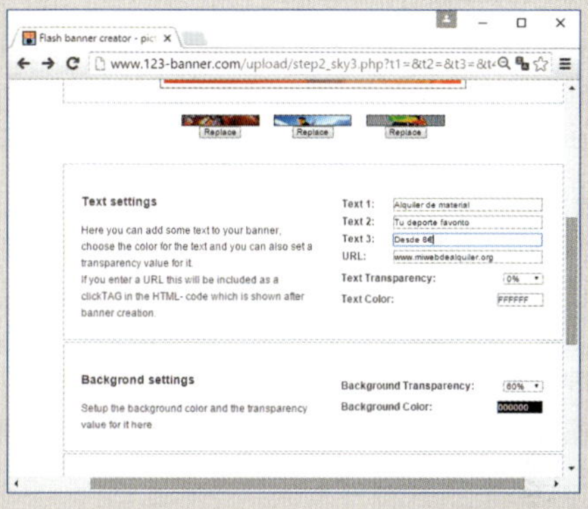

Figura 7.21. Edición del texto que mostrará el *banner*. Se pueden publicar hasta tres líneas, que irán rotando durante la presentación del *banner*. Es especialmente importante incluir una URL correcta en el campo correspondiente, ya que es la dirección a la que se dirigirá al usuario si hace clic sobre el *banner*.

7. Por último, podemos ver el resultado obtenido y guardar el fichero SWF (formato de las animaciones Flash) con el contenido de nuestro *banner*. También nos facilita el código HTML que habría que copiar y pegar en la web en la que queramos emplazar el *banner*. Eso sí, para eliminar la publicidad de *123-banner* habría que pagar una pequeña cantidad.

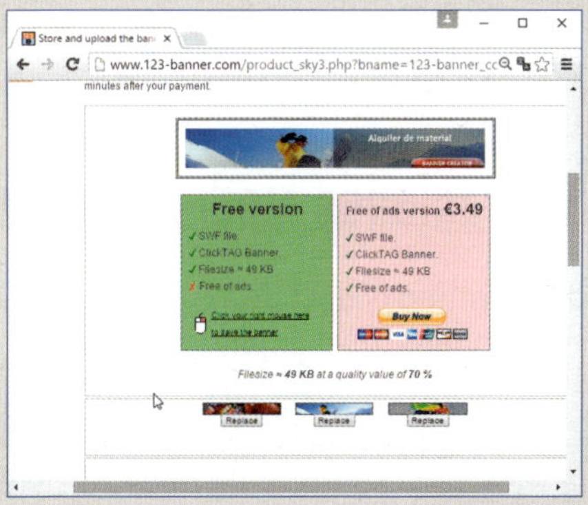

Figura 7.22. Resultado final con la previsualización del *banner* y las opciones de adquisición gratuita o de pago. Como muchos otros productos y aplicaciones *online*, se ofrece una versión gratuita que incluye publicidad y otra libre de anuncios mediante pago.

7.2.4. Pequeños dispositivos electrónicos: *gadgets*

Un ***gadget*** se refiere generalmente en la jerga tecnológica a un dispositivo que destaca por su tecnología avanzada, diseño innovador y carácter práctico. Ejemplos de *gadgets* tecnológicos son los relojes inteligentes *(smart watches)*, reproductores MP3, gafas de visión artificial y realidad aumentada, etcétera. Un *gadget* cumple una función específica, que es la de suplir alguna necesidad comunicativa, de navegación o entretenimiento, pero siempre dejando impronta de un carácter tecnológicamente innovador.

Los *gadgets* también cubren las necesidades de dos segmentos de mercado muy específicos y en constante evolución: la de los innovadores y los visionarios *(early adopters)*. En cierta forma, adquirir un *gadget* significa estar a la moda y reforzará la imagen social de un cliente con una constante necesidad de renovación.

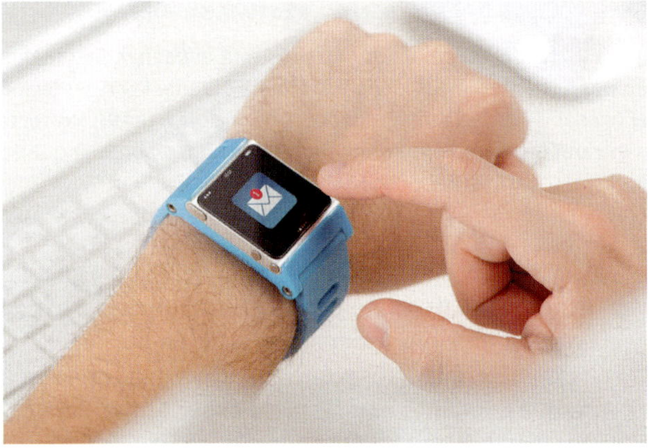

Figura 7.23. La tecnología y la electrónica de consumo cada día aportan más a la personalidad del propio consumidor. Los *gadgets* destacan por su tecnología y diseños innovadores, diferenciándose del resto de productos tradicionales.

7.2.5. Aplicaciones modulares: *widgets*

En realidad el término *gadget* descrito en la sección anterior también se aplica en el ámbito de internet, sistemas operativos y dispositivos móviles para denominar a pequeñas aplicaciones que se pueden agregar como módulos a una página web o al escritorio de nuestro sistema operativo. Para evitar la confusión con los *gadgets* tecnológicos, algunas compañías como Apple y Yahoo! optaron por denominar a este tipo de pequeñas aplicaciones ***widgets,*** como resultado de la unión de los términos *"window"* y *"gadget"* (*gadget* de ventana).

Los *widgets* permiten interactuar con servicios e información distribuida en internet: desde vistosos relojes mundiales, notas tipo pósit, calculadores, cotizaciones en bolsa, información meteorológica en tiempo real basada en la ubicación del dispositivo, etcétera.

Una característica de los *widgets* en navegadores web es su modularidad y reusabilidad, permitiendo que con la simple inclusión de un pequeño trozo de código HTML se pueda utilizar un determinado *widget* desde el propio sitio web que lo solicita. Portales con repositorios de *widgets* como iGooglePortal (http://www.igoogleportal.com) o Dashboard Widgets de Apple (https://www.apple.com/downloads/dashboard) permiten buscar y descargar novedosos *widgets* de forma habitualmente gratuita.

Figura 7.24. Los *widgets* proporcionan en pequeñas ventanas y de una forma visual información que el usuario consulta con frecuencia.

7.2.6. Redifusión o sindicación de contenidos web

La abrumadora cantidad de información que encontramos en internet de forma desestructurada hace surgir la necesidad de organizar una parte de dicha información relacionada con nuestros sitios web favoritos, agrupándola por categorías y avisándonos cuando se genera nuevo contenido. Uno de los formatos más usados para este fin es **RSS *(Really Simple Syndication),*** mediante el cual determinados sitios en internet ofrecen su información. Este formato permite que, mediante un programa informático o servicio web específico, llamado **agregador de contenidos** o **lector RSS,** podamos recibir todas las novedades que se vayan produciendo en el sitio sin necesidad de tener que visitarlo. A la acción de suscribirse a ese tipo de fuentes de información se la denomina **sindicación de contenidos.**

El funcionamiento de los agregadores de contenidos es parecido al de un programa para la gestión del correo electrónico: cada vez que se produce una nueva entrada en alguno de los sitios suscritos aparece resaltada la cabecera que contiene el título de la nueva página. El usuario puede ir marcando las nuevas páginas como leídas y abrir su contenido mediante un doble clic sobre la cabecera.

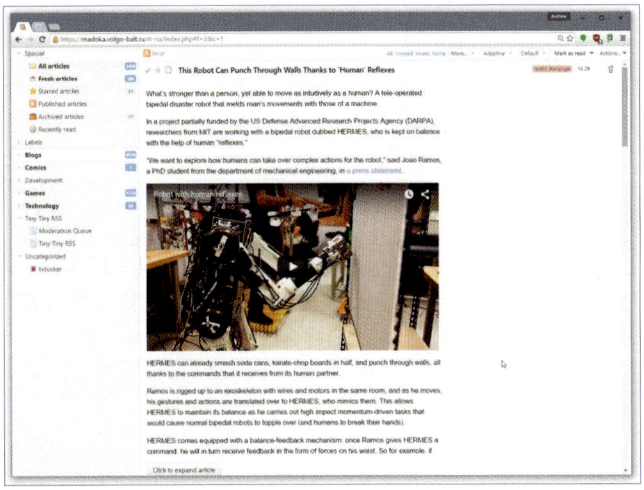

Figura 7.25. Interfaz típica de un agregador de contenidos: se muestra en una cortina a la izquierda las categorías de los sitios web a los que se ha suscrito el usuario y su contenido en una ventana central. Se trata del agregador "Tiny Tiny RSS", de código abierto y que funciona en cualquier navegador web. *Fuente:* tt-rss.org.

El declive de la sindicación de contenidos RSS como herramienta de aviso sobre la actualización de los contenidos web y de los agregadores de noticias se debe una vez más al cambio que supone la web 2.0 de lo estático a lo dinámico, de lo jerarquizado a lo social. Se puede considerar que las herramientas basadas en redes sociales (Twitter, Facebook, Instagram, etc.) propagan y estructuran de una forma más democrática las noticias y novedades. En julio de 2013, Google dejó de proporcionar soporte a su lector y agregador de contenidos Google Reader (Figura 7.26). Como alternativa, algunos agregadores como Feedly (feedly.com) se han reinventado, integrando también subscripción a contenidos multimedia, tal como se muestra en la Actividad resuelta 7.2.

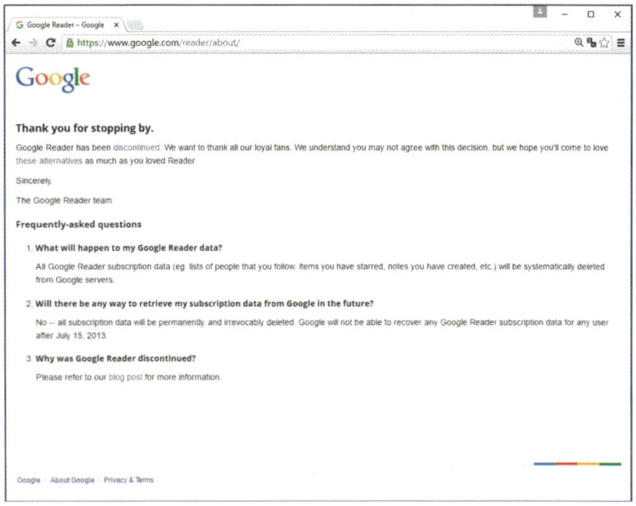

Figura 7.26. Sitio web del agregador de contenidos Google Reader, con el aviso de su interrupción de servicios permanente. *Fuente:* www.google.com/reader.

7.2.7. Redifusión de contenidos multimedia: *podcasting*

Si bien la redifusión de contenidos en páginas web tuvo que ceder ante el auge de las redes sociales como vehículos para la propagación de la actualidad, la redifusión de contenidos mediante RSS encuentra actualmente su utilidad en la suscripción a contenidos multimedia en forma de audio o vídeo. La razón para su supervivencia es que este tipo de servicios permite la descarga de los contenidos (fundamentalmente en dispositivos móviles) cuando estos disponen de conexión a internet de alta velocidad (wifi, por ejemplo) para una posterior reproducción *offline* en cualquier momento. Un usuario puede descargar su programa preferido de radio y escucharlo a cualquier hora y todas las veces que quiera sin necesidad de estar conectado a internet.

De esta forma, surge el término *"podcasting"* en 2004, en pleno auge de los dispositivos iPod de Apple, como unión de las palabras iPod y *broadcasting* (radiodifusión). Al igual que con la sindicación de contenidos web, el usuario puede suscribirse opcionalmente a ciertos contenidos que se emiten de forma periódica, como por ejemplo un programa de radio o un audioblog, que se denominan canales de podcasts. Cuando se produzcan nuevos contenidos, el *software* que gestiona los podcasts podrá descargar automáticamente el nuevo material o avisar al usuario de que hay novedades en el canal.

Una de las formas más simples de crear un canal de podcast es a través de iTunes (http://www.apple.com/es/itunes/podcasts/specs.html), donde podemos ubicar contenido propio en forma de audio y vídeo gratuitamente, obviamente después de que el material haya sido revisado por el personal de iTunes y ubicado en la tienda de iTunes (Figura 7.27).

Figura 7.27. Crear un canal de podcasts es sencillo a través de portales como iTunes. *Fuente:* www.apple.com.

Actividad resuelta 7.2

Suscripción de contenidos en webs y multimedia a través de Feedly

Feedly es un lector de RSS que permite organizar y acceder rápidamente desde un navegador web o de sus aplicaciones para teléfonos inteligentes a todas las noticias y actualizaciones de blogs y demás páginas que el sistema soporta. Es posible registrarse de forma gratuita en Feedly (http://feedly.com) y suscribirse a:

1. **Audio:** tu programa de radio favorito.
2. **Web:** tu diario generalista favorito.
3. **Web:** tu diario deportivo favorito.
4. **Web:** el portal de noticias tecnológicas Xataka.
5. **Vídeo:** el programa de RTVE para aprender inglés *TVE English.*

Solución:

1. Accedemos al sitio web de Feedly y seleccionamos el botón "Get started" para registrarnos.

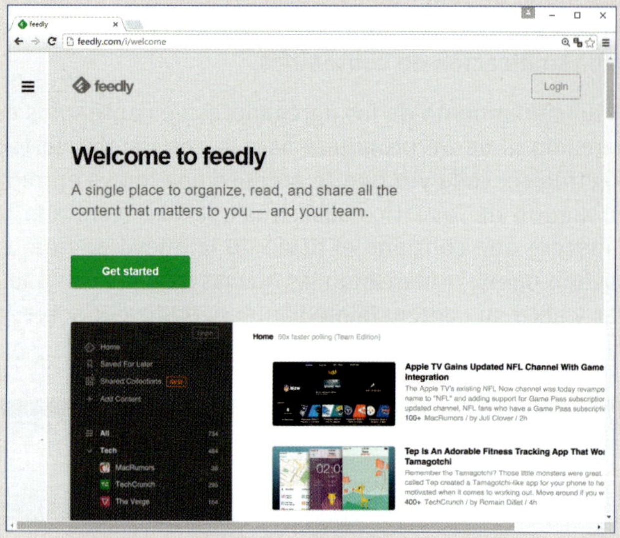

Figura 7.28. Página de inicio de Feedly.

2. Nos registramos de forma gratuita. Lo podemos hacer desde una cuenta de Google, de Facebook o introduciendo los datos para crear una nueva cuenta Feedly independiente.

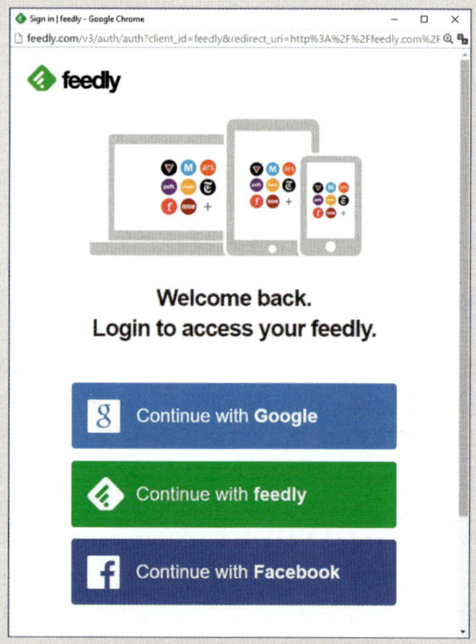

Figura 7.29. Registro de nuevo usuario en Feedly.

3. Seleccionamos el botón "Add content" para añadir suscripciones a nuevos sitios web RSS que contengan texto, audio o vídeo.

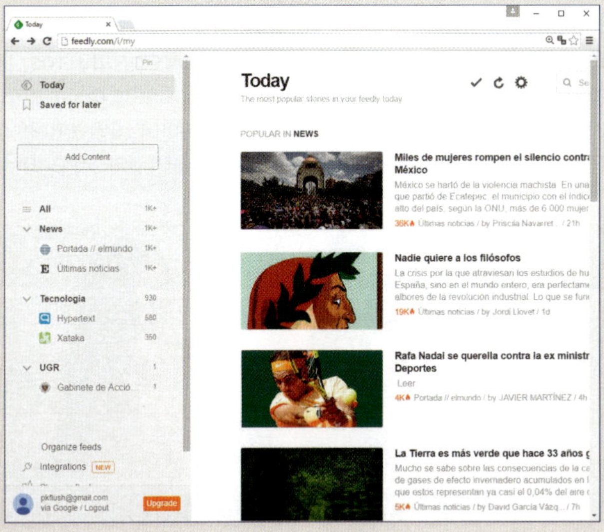

Figura 7.30. Selección del botón "Add content" para añadir nuevo contenido al agregador.

4. Realizamos la búsqueda del canal al que nos queremos suscribir mediante palabras clave y lo seleccionamos de entre los resultados.

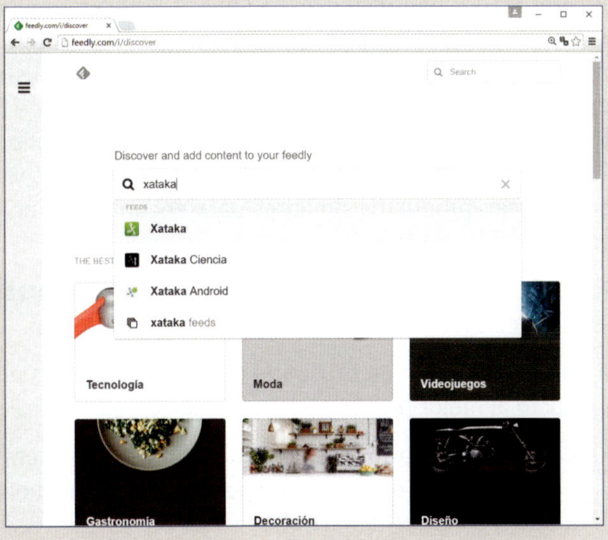

Figura 7.31. Caja de texto para la búsqueda de nuevo contenido en Feedly. Basta con incluir los términos y palabras clave que describan los contenidos que se pretenden añadir. También es posible realizar una búsqueda por categorías si esperamos unos segundos con la casilla de búsqueda en blanco.

5. En el panel de la izquierda de Feedly nos aparecerá el nuevo canal junto a los que ya están suscritos y un número que indica las nuevas entradas no leídas.

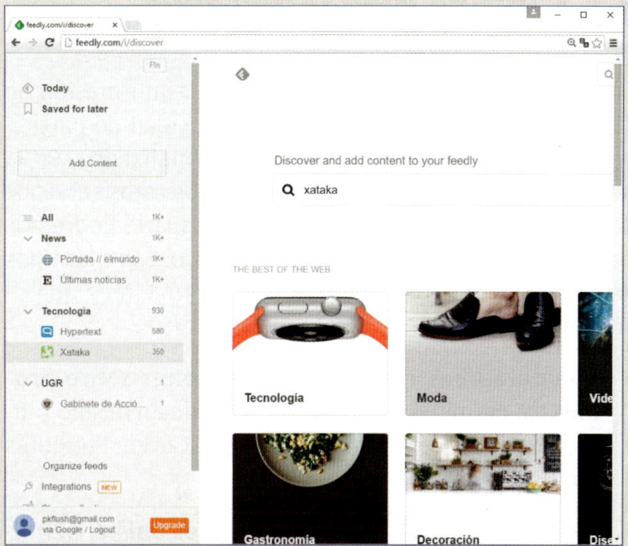

Figura 7.32. Aspecto del espacio personal de Feedly tras añadir contenidos. Se puede personalizar cómo se muestran las entradas en el panel de la derecha: únicamente título, título con miniatura, tipo revista, etcétera.

6. Para abrir cualquier entrada basta con seleccionarla en el panel de la derecha.

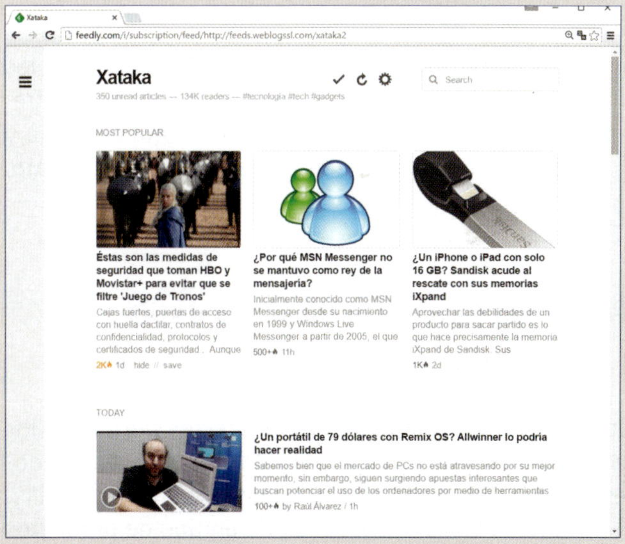

Figura 7.33. Para abrir una entrada completa basta con situar el cursor sobre dicha entrada y hacer clic con el ratón.

7. Para suscribirse a nuevos canales de contenidos basta con repetir los pasos anteriores 3 a 5. Es conveniente personalizar y clasificar las categorías en las que agrupamos los diferentes canales para facilitar su localización: radio, noticias, personal, etcétera. Feedly facilita una sencilla interfaz basada en "arrastrar y soltar" con el ratón para organizar las fuentes.

7.3. Sitios web integrados

En la web 2.0 el usuario espera encontrar información de calidad, opinión de otros usuarios, capacidad de participación y contenidos dinámicos y personalizados. En la medida de que un sitio web ofrezca todos estos servicios de forma equilibrada y transparente al usuario podremos decir que se trata de un sitio web integrado. Entre los tipos de sitios web que ofrecen servicios de forma integrada se encuentran:

- **Comparadores de precios y opiniones sobre productos:** permiten comparar el precio de un mismo producto y de los de similares características en diferentes proveedores.
- **Sitios web de subastas de productos *online:*** permiten realizar la compra de productos de manera competitiva con el resto de usuarios a través de diferentes sistemas de subasta.
- **Sitios web de compra colectiva:** a través de la unión de varios usuarios que pretenden adquirir un mismo producto, estos sitios consiguen acceder a ofertas y descuentos especiales.
- **Sitios web de compraventa entre particulares:** los usuarios actúan como vendedores y compradores ofreciendo y adquiriendo productos de segunda mano y otros servicios como alquileres, ofertas de trabajo, etcétera.

7.3.1. Comparadores de precios y opiniones

Un sitio web de comparación de precios permite a los usuarios encontrar varios precios de diferentes proveedores para un mismo artículo. Su funcionamiento es sencillo: el usuario realiza una búsqueda de un tipo de productos que genera una respuesta bajo la forma de una lista que compara el precio de venta en diferentes sitios web. Estos sitios no venden directamente los artículos, simplemente funcionan como enlace entre los clientes y las tiendas *online*. Como servicio que suma un valor añadido, estos sitios web suelen a su vez ofrecer información detallada del producto y, lo que más valoran los potenciales clientes, opiniones de compradores anteriores.

¿En qué consiste por tanto el modelo de negocio para un sitio web de comparación de precios? Habitualmente estos sitios obtienen sus ganancias de los proveedores que ofrecen los productos que publican. Las tiendas *online* acuerdan un precio por cada clic en sus productos, por su publicación o por su venta final. Podemos decir que el comparador de precios cobra por comisión de ventas del producto ofertado e incluso simplemente por su publicación en el catálogo *online*.

Figura 7.34. Los comparadores de precios ayudan a decidir al usuario entre la multitud de ofertas en internet.

El usuario accede a los comparadores de precios para simplificar el proceso de compra y tener el convencimiento de que adquiere el producto con la mejor relación calidad-precio.

El comparador de precios no se limita a ofrecer una lista ordenada por precio de productos a través de unos términos de búsqueda, sino que proporciona además al usuario un indicio de la calidad de los productos mediante las opiniones de anteriores clientes. Además, el cliente ahorra tiempo, ya que no tiene que visitar decenas de sitios web que ofrecen productos similares para encontrar el mejor precio.

Por tanto, las ventajas que aportan los sitios comparadores de precios desde el punto de vista del usuario son:

- **Ahorro:** sobre todo el usuario quiere encontrar un producto al mejor precio.
- **Calidad:** el usuario reforzará su voluntad de compra si puede avalar la calidad de dicho producto socialmente a través de la opinión de otros usuarios.
- **Integración:** el usuario no quiere perder el tiempo en búsquedas comparativas en distintas plataformas que ofrecen un determinado servicio.

La oferta de comparadores de precios en internet hoy en día es enorme, ofreciéndose buscadores especializados según el tipo de servicio que se quiera adquirir:

- **Comparadores de productos en general:** su oferta se centra sobre todo en productos tecnológicos, moda y electrodomésticos.

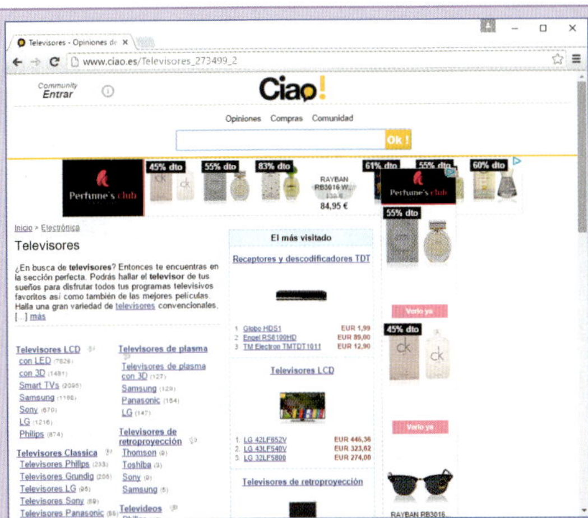

http://www.ciao.es: portal pionero en Europa en la creación de un espacio de usuarios que opinan sobre productos.

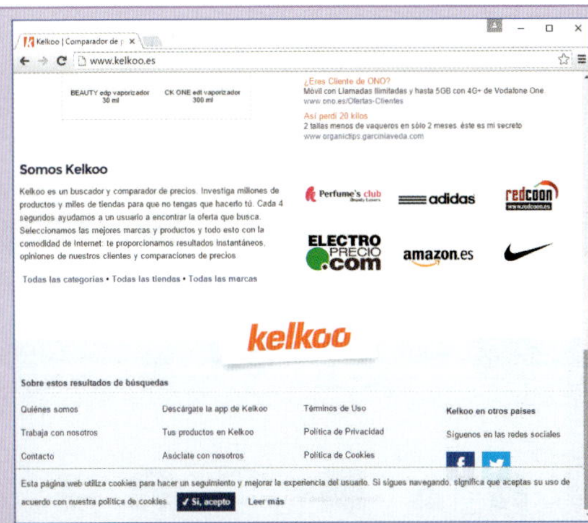

http://www.kelkoo.es: portal de comparación de precios de productos tecnológicos, moda, perfumes y electrodomésticos.

http://www.quesabesde.com: integra opiniones de usuarios con artículos especializados redactados por expertos pertenecientes a la comunidad sobre determinados productos.

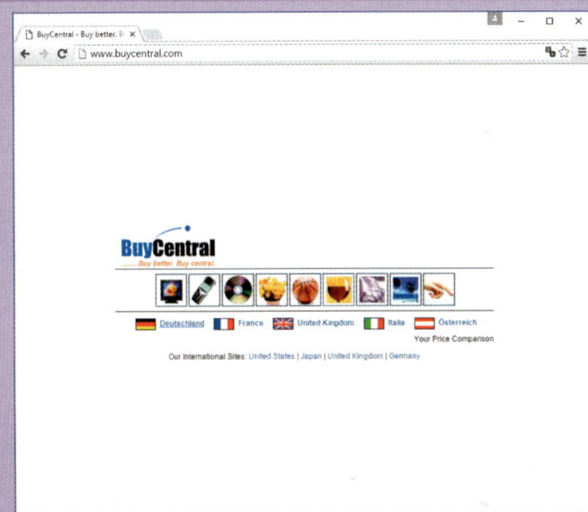

http://www.buycentral.com: comparador mundial de precios. Ofrece de forma minuciosamente clasificada todo tipo de productos.

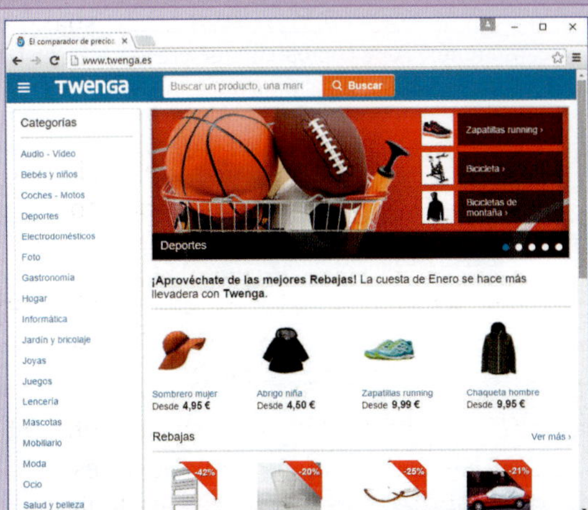

http://www.twenga.es: es un comparador de origen francés, pero que en su portal en España integra una amplia oferta de tiendas *online*.

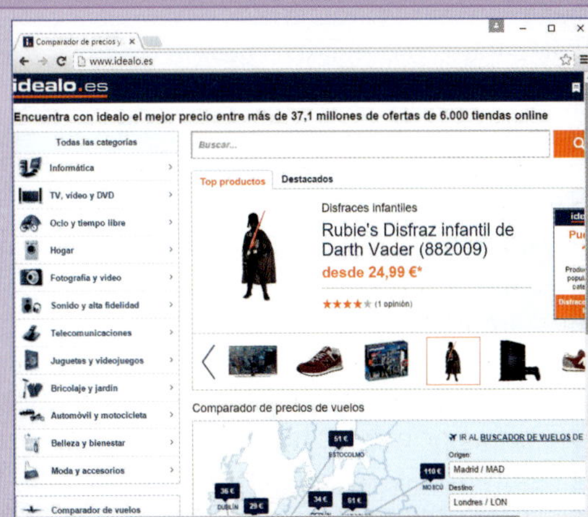

http://www.idealo.es: es un comparador de precios internacional. En su sitio web en España ofrece desde disfraces hasta vuelos, integrando al igual que sus competidores la opinión de sus clientes.

(Continúa)

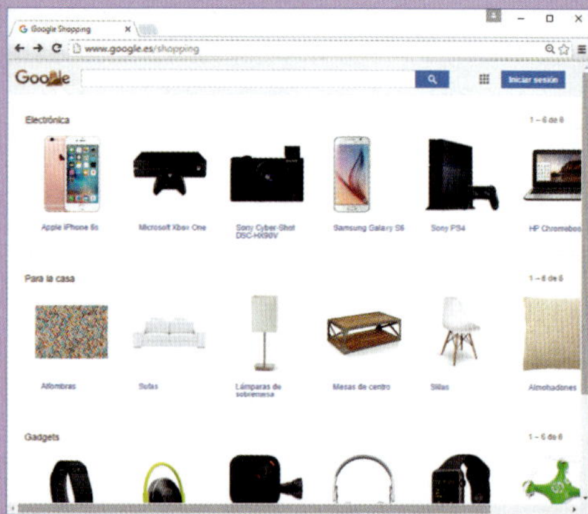

http://www.google.es/shopping: Google no podía quedar al margen de esta categoría de buscadores de precios y ofrece integrada en su buscador la posibilidad de comprar cualquier producto que se ofrezca en la red.

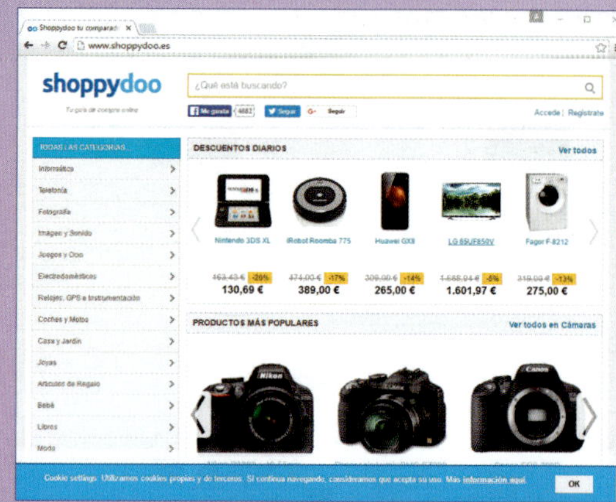

http://www.shoppydoo.es: se trata de un comparador de precios creado en España. Ofrece categorías destacadas por descuentos diarios, productos más populares, comparaciones frecuentes, etc.

- **Comparadores de supermercados:** ofrecen productos cotidianos a través de las grandes superficies más conocidas (Mercadona, Hipercor, Carrefour, Alcampo, etc.).

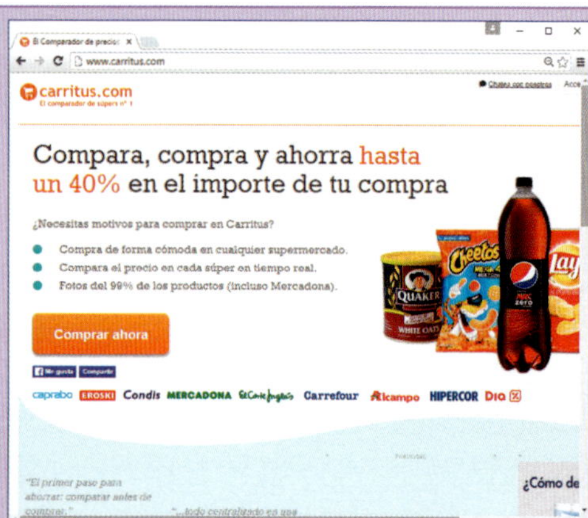

http://www.carritus.com: compara productos cotidianos entre las grandes superficies más conocidas.

http://www.mumumio.com: comparador de precios especializado en productos ecológicos, adquiridos directamente del productor.

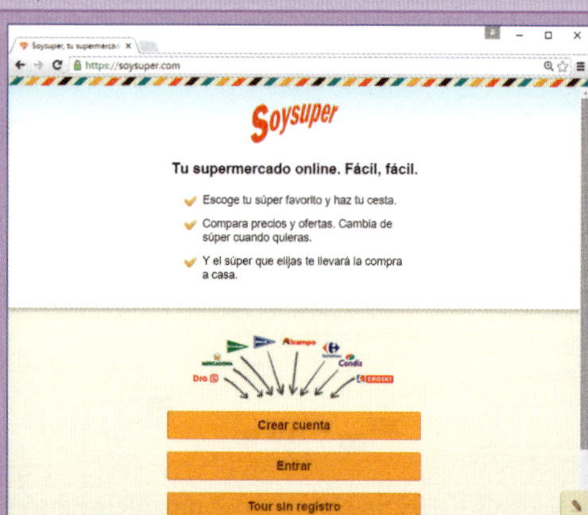

https://soysuper.com: integra los productos y precios de las grandes superficies en España.

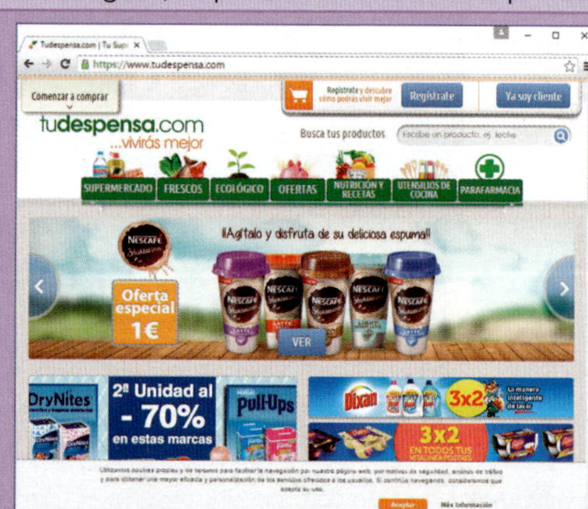

https://www.tudespensa.com: además de la oferta de productos habituales, ofrece secciones especializadas en productos ecológicos y dietéticos.

- **Comparadores de seguros, telefonía y proveedores de servicios de internet:** este tipo de comparadores orientan al usuario sobre todo tipo de servicios relacionados con la gestión del hogar y vehículos.

  Comparan los precios y características de la contratación de seguros de coche, hogar y vida, telefonía móvil y fija, acceso a internet, tarifas eléctricas, etcétera.

  Muchos de ellos comenzaron únicamente como comparadores de seguros de automóvil y han ido añadiendo nuevos servicios que comparar.

http://www.rastreator.com: comenzó ofreciendo una comparativa de seguros de coche, pero actualmente también compara ofertas de telefonía e internet, viajes y productos financieros, entre otros. Gracias a su presencia masiva en los medios publicitarios es muy conocido entre los usuarios.

http://www.kelisto.es: comparador de precios de seguros, comunicaciones y energía.

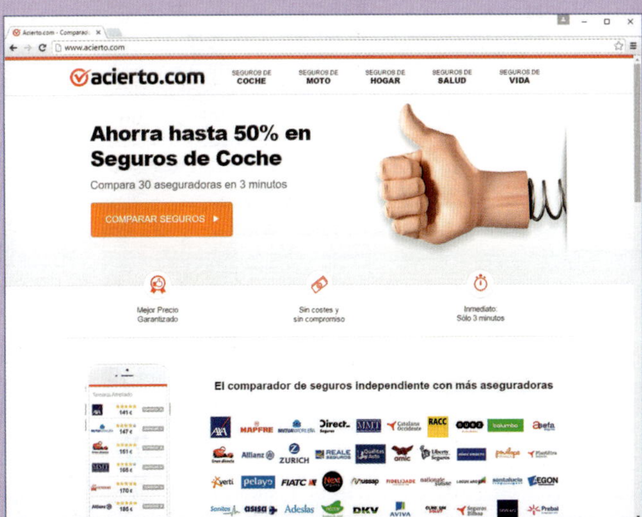

http://www.acierto.com: se trata de un comparador especializado en seguros de todo tipo.

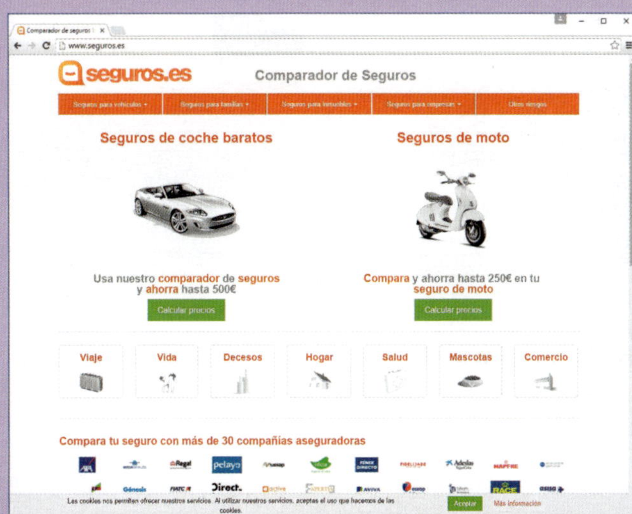

http://www.seguros.es: es un comparador de seguros que además ofrece un blog de expertos.

- **Comparadores de viajes:** en este tipo de comparadores, el usuario busca todo tipo de servicios relacionados con la realización de un viaje: el medio de transporte, el alojamiento y otros detalles como restaurantes, lugares de interés y eventos en el lugar de destino. En este tipo de comparadores, la opinión de otros usuarios es muy influyente debido al posible desconocimiento del lugar de destino por parte del usuario, por lo que los propietarios de los servicios comparados suelen estar muy atentos a los contenidos y tratan de ofrecer respuestas convincentes, especialmente en caso de opiniones negativas.

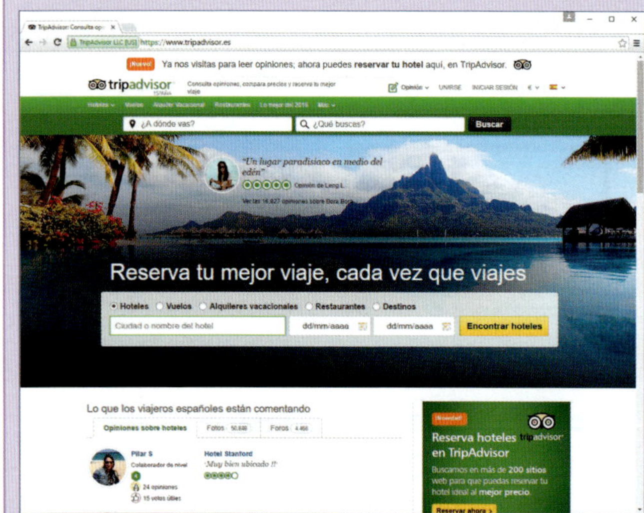

https://www.tripadvisor.es: es el pionero entre los sitios web de opinión sobre alojamiento. Hoy en día, integra en un mismo sitio web todo lo necesario en relación con un viaje: reserva de vuelos, hotel, alquiler de coche, restaurantes recomendados, etc.

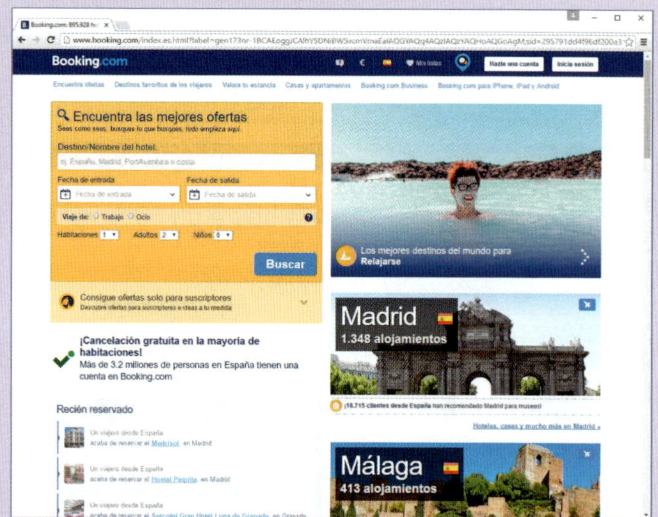

http://www.booking.com: sitio web especializado en la búsqueda y reserva de alojamiento.

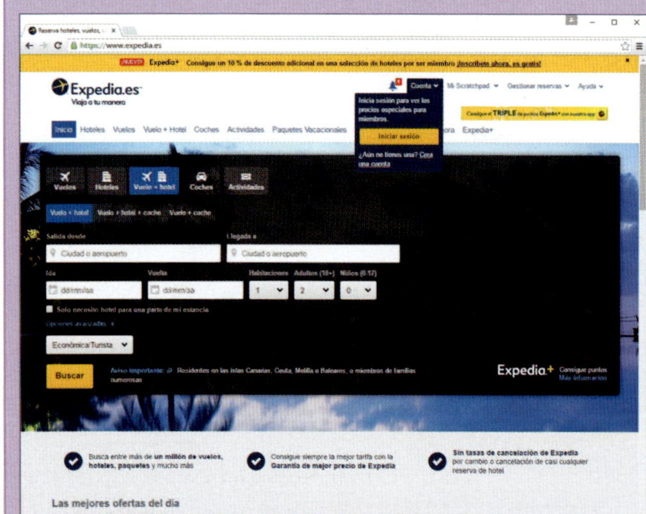

https://www.expedia.es: es uno los sitios más populares para reservar hoteles, comprar billetes de avión o alquilar automóviles. Ofrece paquetes múltiples del tipo hotel+automóvil o avión+hotel.

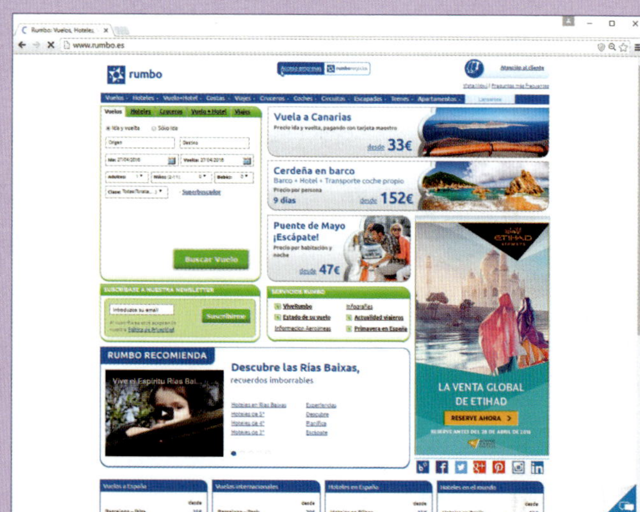

http://www.rumbo.es: Rumbo es una agencia de viajes *online* española, nacida en el año 2000. Ofrece cualquier servicio relacionado con un viaje: reserva de vuelos, hoteles, automóvil, guías de viaje, etc.

- **Comparadores inmobiliarios:** cada vez es más frecuente que un posible comprador o inquilino use los canales electrónicos que ofrecen los comparadores inmobiliarios debido a la comodidad de poder localizar un inmueble de acuerdo a sus preferencias cómodamente desde su casa y al ahorro de costes que supone evitar intermediarios.

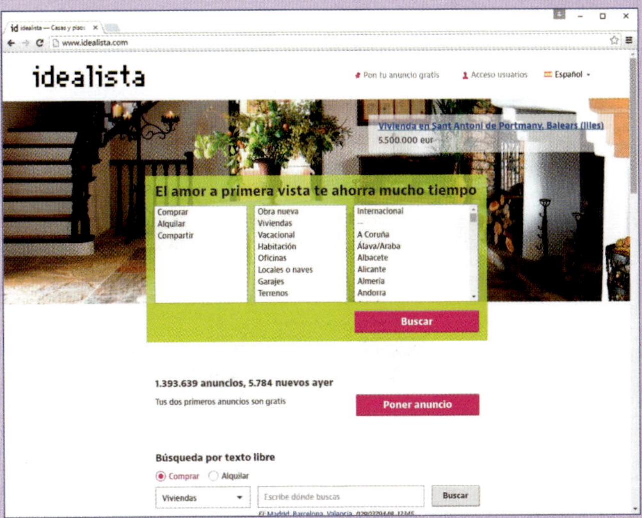

http://www.idealista.com: es un espacio común para vendedores y compradores, tanto profesionales como particulares, en el que poder encontrar mediante un buscador por proximidad una vivienda para compra o alquiler.

http://www.pisos.com: de forma similar a idealista.com, ofrece la posibilidad de comprar y vender un producto inmobiliario en una ubicación determinada.

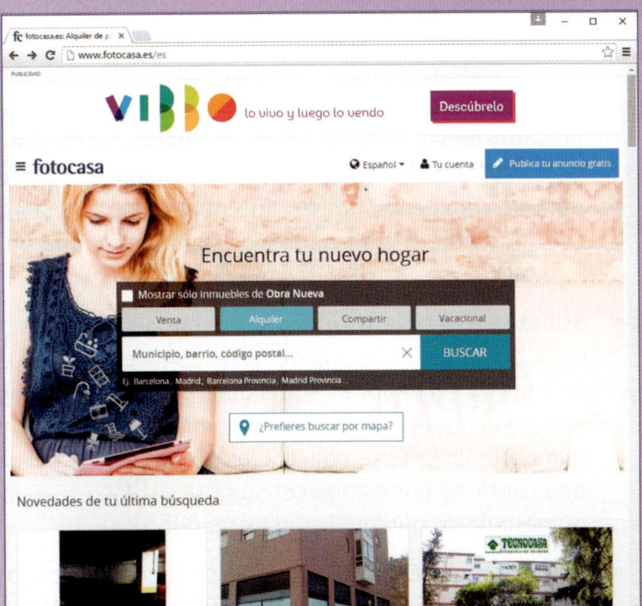

http://www.fotocasa.es: ofrece, además del servicio de búsqueda y compraventa de viviendas, otros servicios añadidos como indicadores sobre la evolución del precio de la vivienda en España, o blog con noticias sobre la actualidad inmobiliaria.

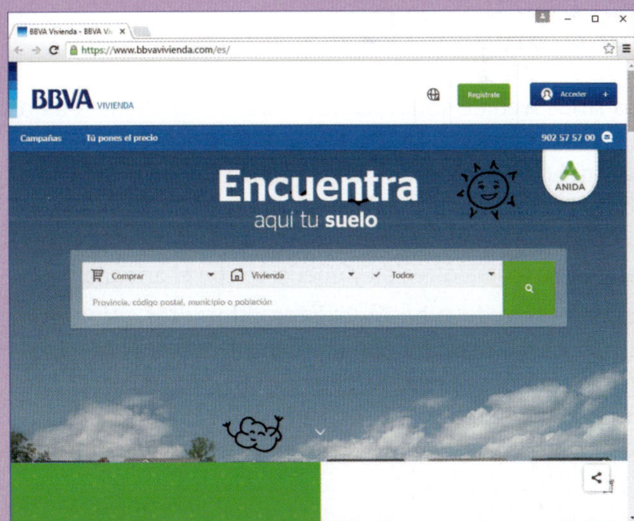

https://www.bbvavivienda.com: muchas de las grandes entidades financieras han diseñado portales web en los que su rama inmobiliaria ofrece los inmuebles que están en su poder. En concreto, este portal web pertenece al banco BBVA.

- **Comparadores de automóviles:** el usuario puede comparar varios modelos de automóvil en cuanto a prestaciones y precio. Además, una vez que elige un determinado modelo, puede acceder a los precios más bajos que ofrecen los distintos concesionarios en el territorio nacional o delimitar sus preferencias geográficas. También incluyen comparadores de vehículos de segunda mano.

http://www.coches.com: permite comparar ofertas de concesionarios en vehículos nuevos, así como coches de segunda mano y "kilómetro 0". También es posible acceder como vendedor para anunciar la disponibilidad de un vehículo propio.

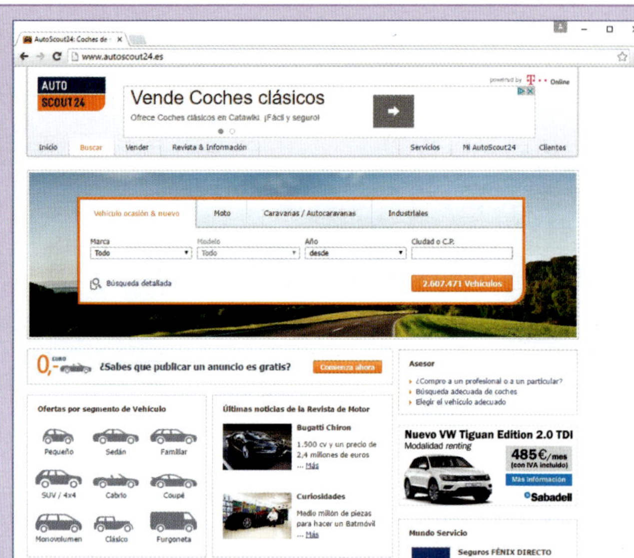

http://www.autoscout24.es: Autoscout es una empresa de origen alemán que forma parte del grupo Deutsche Telekom. Ofrece servicios en toda Europa de compraventa de vehículos nuevos y de segunda mano. Como valor añadido, ofrece a sus clientes *newsletters*, pruebas de vehículos y opiniones de expertos.

7.3.2. Sitios web de subastas

Los sitios web de subastas tratan de captar clientes bajo la idea de encontrar productos con un precio mucho más bajo del que obtendrían mediante la compra directa. En una subasta dinámica, los postores conocen las pujas de sus rivales y pueden modificar su oferta para superar la cantidad máxima ofrecida y quedarse con el artículo.

Según el tipo de subasta, existen diferentes sitios web que ofrecen la posibilidad de realizar compras por este mecanismo. Si se pretende adquirir un producto mediante subasta se debe tomar la precaución de conocer exactamente cuál es el sistema de puja y la reputación del sitio web y del vendedor que ofrece el producto.

- **Subasta ascendente o inglesa:** se trata de la subasta más típica. Los postores aumentan su oferta hasta que nadie ofrece un precio mayor a la última puja, que será la que se adjudique el producto subastado.
- **Subasta descendente u holandesa:** el subastador parte de un precio elevado, que va descendiendo hasta que uno de los postores acepta el precio.
- **Subasta americana:** en este tipo de subasta, todos los postores deben pagar la oferta que hacen, pero solo la puja más alta es la ganadora. Es una práctica peligrosa para un inexperto, puesto que puede pagar una alta cantidad y no recibir nada a cambio si hay una puja más alta.
- **Subasta a la baja o subasta inversa:** es una subasta en la que el resto de pujadores no conocen el valor de las pujas. El ganador es aquel que realiza la puja única más baja. Se trata más bien de un tipo de concurso, ya que normalmente se obliga a los participantes a pagar una cantidad por establecer su puja y solo si se da un número único mínimo resulta ganador.
- **Subasta por céntimos:** la subasta sube el precio del producto un céntimo por cada puja y termina cuando un contador de tiempo descendiente llega a cero. Se ofrecen productos habitualmente bastante caros, por una ridícula suma de dinero, entre 10 y 100 veces menos que su valor. Por lo general, en estos sitios se

necesita comprar créditos para poder pujar *online* en subastas contra otros usuarios. La "trampa" por tanto estriba en que cada vez que el usuario puja tiene que pagar, por lo que es posible que pague una elevada cantidad y no se lleve nada o que, incluso ganando la subasta, haya realizado tantas pujas que la suma del coste de las pujas y el precio final del producto superen el precio real en el mercado del artículo adquirido. Además, cada vez que un usuario puja, se suelen añadir unos segundos al contador inverso, por lo que habitualmente las subastas se prorrogan indefinidamente.

Sin duda, el sitio web de subastas más conocido es **eBay** (Figura 7.35): se apoya en el aspecto social de la web 2.0 para poner en contacto a compradores y vendedores de cualquier tipo de producto y en cualquier parte del mundo.

Cualquier persona puede registrarse en la página web de eBay y comprar o vender todo tipo de artículos disponibles, a su vez agrupados en diferentes categorías. El pago se realiza a través de una plataforma de pago propia denominada PayPal, que hoy en día es un medio utilizado universalmente para las transacciones económicas en internet, y ofrece garantía completa de devolución y seguridad a sus clientes frente al fraude y usos no autorizados. El modelo de negocio de eBay es básicamente transaccional, y se cobra al vendedor una comisión por cada venta realizada.

Figura 7.35. El pionero y principal sitio web de subastas en internet es eBay. En la imagen, cuartel general de eBay en San José, California, EE. UU. (Silicon Valley). *Fuente:* https://commons.wikimedia.org/wiki/File%3AEbay-PayPal_San_Jose.jpg.

Por lo general, se debe desconfiar de otros desconcertantes sitios de subastas como MadBid (es.madbid.com), Quibids (www.quibids.com), Pujalias (www.pujalias.com), con el sistema de puja por céntimos o similares (Figura 7.36). Como se ha comentado, se trata más bien de concursos donde entre todos los participantes hay un solo ganador y todos los demás pagan.

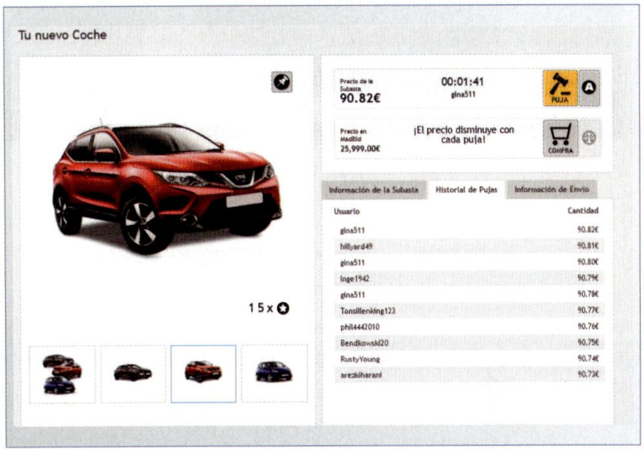

Figura 7.36. Los sitios web de subasta por céntimos ofrecen productos muy por debajo de su valor, como por ejemplo un coche nuevo por menos de 100 €. Sin embargo, el cliente debe pagar por cada una de sus pujas y el reloj de finalización de la subasta se reajusta con cada puja.

Actividad propuesta 7.4

Modelo de negocio de eBay

Accede a la página web de eBay y obtén información sobre las comisiones en la venta de productos y si estas se aplican al comprador, al vendedor o a ambos.

7.3.3. Sitios web de compraventa entre particulares

En la web 2.0 el protagonista es el usuario y, por tanto, también va a formar parte como cliente y como vendedor en las transacciones que se realicen. Existen multitud de sitios web que ponen a disposición de los usuarios sus servicios como intermediarios para realizar todo tipo de transacciones: compartir los gastos para realizar un viaje en coche, alojamiento en viviendas particulares y todo tipo de artículos de segunda mano.

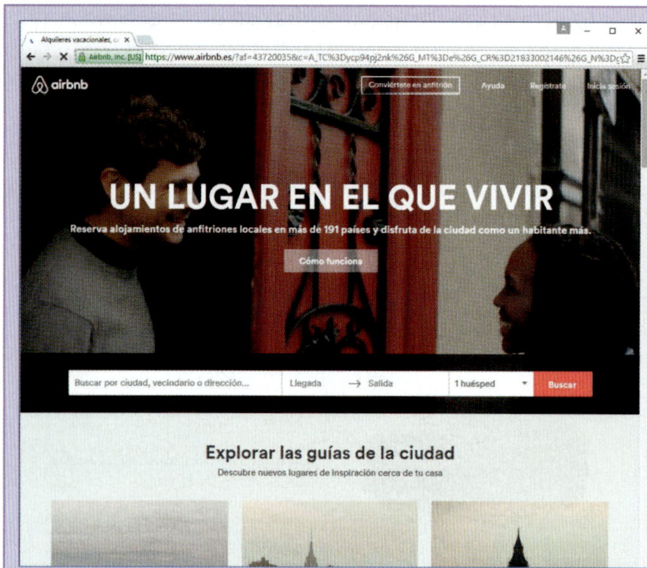

www.airbnb.es: en esta plataforma los propietarios ofrecen alojamiento en todo el mundo al servicio del turista. Para ello se puede acceder desde el perfil de redes sociales como Facebook y cada usuario es calificado tanto como huésped como anfitrión.

www.blablacar.es: tal como describe la propia web, BlaBlaCar conecta conductores con plazas disponibles con pasajeros que quieren hacer el mismo viaje. Estos pasajeros pagan una cuota prestablecida que suele ser más barata que los servicios públicos que cubren la misma ruta, aunque surge cierta controversia acerca de la competencia y seguridad en este tipo de viajes respecto a las alternativas clásicas de desplazamiento.

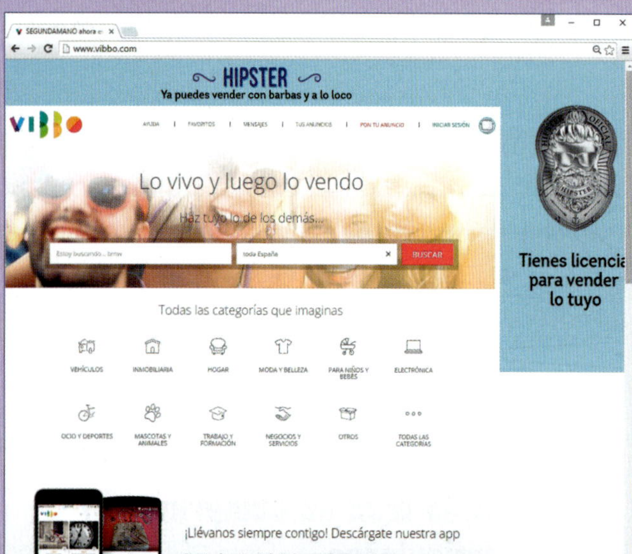

www.vibbo.com: anteriormente denominado "Segundamano.es" (cambió de denominación y dominio en noviembre de 2015). Se trata de un sitio web de compra, venta y alquiler de productos de segunda mano. Otros portales como Milanuncios (http://www.milanuncios.com) o Loquo (http://www.loquo.com) también son populares para la venta de segunda mano.

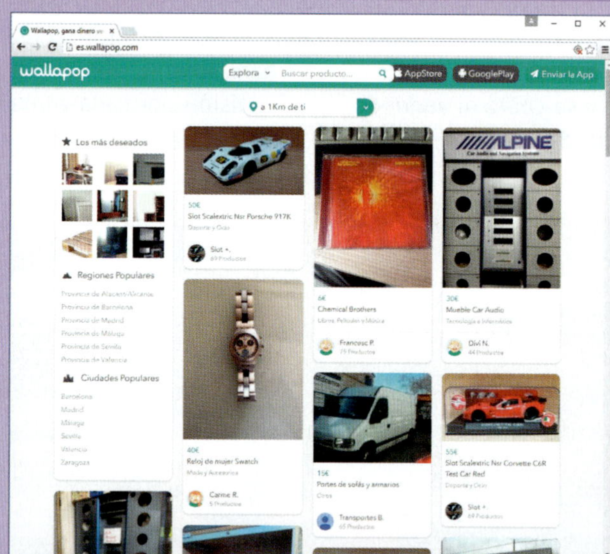

es.wallapop.com: se trata de un portal que ofrece productos de ocasión para compra y venta entre particulares. Aunque dispone de sitio web, está más orientado a su uso en dispositivos móviles a través de la instalación de una aplicación (app), disponible tanto para Android en Google Play como para iOS en AppStore. Este enfoque hacia los dispositivos móviles, junto con su intensa campaña publicitaria y útiles opciones, como la geolocalización y un sistema de comunicación propio, hacen de este portal de compraventa uno de los que más auge está teniendo entre los usuarios jóvenes.

7.4. Redes sociales en la web 2.0

Las redes sociales forman parte indisoluble de cualquier servicio basado en la web 2.0. Desde el momento en que la inteligencia colectiva y la participación activa de los usuarios son características necesarias de cualquier sitio web actual, también lo es la integración de las redes sociales de una forma simple y transparente.

La presencia de las redes sociales en todos los ámbitos de nuestras vidas hace que recientes acontecimientos de repercusión mundial encuentren sus orígenes y su coordinación en este tipo de plataformas.

Entre otros muchos hechos recientes, destacamos los siguientes por su relevancia política y el papel fundamental desempeñado por las redes sociales:

- **La Primavera Árabe (2010-2011):** hace mención a una serie de movilizaciones populares en países árabes con regímenes totalitarios. El principal reclamo es la consecución de democracia y derechos sociales básicos. Su origen se encuentra en Túnez (2010) y se propagó por Egipto (Plaza Tahrir de El Cairo, 2011), Siria, Libia y otros países árabes en un corto espacio de tiempo.

  El papel de las redes sociales (Facebook, Twitter y YouTube, principalmente) fue fundamental como medio de información y coordinación de concentraciones en países en los que los medios de comunicación tradicionales estaban en manos de gobiernos con un régimen totalitario.

- **Movimiento 15-M, España (2011):** a raíz de la profunda crisis económica, el descontento con la clase política y las elevadas tasas de desempleo se produjo un movimiento social el 15 de mayo de 2011 focalizado en las concentraciones en la Puerta del Sol de Madrid.

  El éxito de las manifestaciones en toda España tiene un apoyo fundamental en el uso de las redes sociales como medio de propagación y coordinación en una sociedad con acceso masivo a internet.

- **Ocupación de Wall Street, Estados Unidos (2011):** grupos como Anonymous y AmpedStatus llamaron a la ocupación de Wall Street el 17 de septiembre de 2011. Hasta el 9 de octubre del 2011, el movimiento creció y se extendió por todo el país, gracias a la propagación viral a través de Facebook, Twitter, Tumblr o blogs.

- **Protestas en Brasil (2013):** en vísperas de la celebración de un Mundial de Fútbol (2014) y con la reciente adjudicación de los Juegos Olímpicos para la ciudad de Río de Janeiro en 2016, se sucedió una serie de protestas entre junio y julio de 2013, en las que se demandaban mayores derechos sociales en lugar de las grandes inversiones necesarias para la celebración de dichos eventos.

  Nuevamente, la presencia de las redes sociales es fundamental en unas protestas en la que sus participantes rechazan las formas clásicas de representación social, tales como los partidos políticos y los medios de comunicación tradicionales.

Figura 7.37. La Primavera Árabe y otros sucesos basados en una protesta social dan lugar a la figura de "el manifestante" como Persona del Año para la revista *Time* en 2011. Estos movimientos de protesta global comparten sus principales instrumentos de movilización: las redes sociales. En la imagen, manifestación en Guiza (Egipto) en enero de 2011. *Fuente:* Sherif 9282.

Actividad propuesta 7.5

Actividad de las redes sociales en sucesos históricos recientes

Elige un suceso histórico reciente (15-M, Primavera Árabe, elecciones, etc.) y analiza los picos de actividad y *tags* relacionados que se sucedieron en la red social Twitter.

Puedes utilizar webs que archivan históricos de Twitter como http://www.trendinalia.com, http://trendsmap.com o http://hashtagify.me para localizar los términos más usados filtrados por fecha, hora y país.

7.4.1. Redes sociales y comercio electrónico

La cantidad de valiosa información que los usuarios proporcionan a través de las redes sociales hace que las empresas de comercio electrónico no puedan dejar pasar la oportunidad de aprovechar esta nueva fuente de beneficios. En términos informáticos, el ***big data*** describe el fenómeno mediante el cual se producen millones de datos imposibles de analizar de forma tradicional y la necesidad de recurrir a sistemas y tecnologías capaces de manipular grandes conjuntos de datos para extraer conocimiento.

Grandes compañías como Google, Facebook, Apple y muchas otras rastrean todo lo que el usuario hace a lo largo del día y que queda registrado por su conexión permanente a internet a través de todo tipo de dispositivos. Procesan toda esta información digital para averiguar quiénes son nuestros amigos, qué leemos, qué escribimos, qué nos indigna, qué compramos, dónde vamos y con quién.

Argot técnico

Se denomina **inteligencia de negocios *(business intelligence)*** a la capacidad de transformar los datos masivos y no estructurados recogidos por la propia actividad del usuario en la web 2.0 en información y conocimiento, optimizando el proceso de toma de decisiones en los negocios.

El **comercio social *(social commerce)*** es una vertiente del comercio electrónico que implica el uso de redes sociales para ayudar en la compra y venta en línea de productos y servicios. Hace referencia a las técnicas de negocio que se apoyan en las redes sociales, tales como la valoración y análisis de productos, los procesos de compra colectiva, la creación de foros y comunidades de discusión sobre productos determinados, etcétera. En definitiva, se tiende a la aparición de una nueva generación de empresas adaptadas a las posibilidades de la web 2.0 para ofrecer servicios materiales, frente a las empresas pioneras en este campo que han servido, en principio, tan solo para el entretenimiento (redes sociales, difusión de vídeos y noticias, etc.). En este sentido, las empresas basadas en el comercio social entran a competir con la economía del mundo real, lo que implica un cambio de paradigma que se defiende como una democratización de la actividad comercial e industrial.

7.4.2. Usuario productor y consumidor: *prosumidor*

Las redes sociales desempeñan papel fundamental en el proceso de implementación de la web 2.0 y, particularmente, en la integración del usuario como participante activo que no solo limita su actuación como mero receptor de la información y servicios que internet ofrece, sino que participa en la generación de nuevos contenidos.

El término *"prosumidor" (prosumer)* trata de unir en una única palabra los términos "productor" y "consumidor". Este vocablo fue acuñado en 1980 por el escritor y sociólogo estadounidense Alvin Toffler en su libro *La tercera ola* (Toffler, 1980), en el que básicamente describe la sociedad posindustrial y define su época como la "era de la información".

Las empresas de comercio electrónico deben aprovechar esta doble funcionalidad de los usuarios de internet, ofreciendo servicios que promuevan la participación e inteligencia colectiva, personalizando la relación con sus clientes y aprendiendo de la retroalimentación que los usuarios facilitan para incrementar sus beneficios.

Nota técnica

Crowdsourcing une los términos *"crowd"* (multitud) y *"outsourcing"* (recursos externos). Se trata de un modelo de trabajo colaborativo en el que se aprovecha la inspiración, ideas y conocimiento de los usuarios para mejorar los servicios que una empresa ofrece, o incluso crear nuevos servicios generados íntegramente por los *prosumidores*.

Por ejemplo, sitios web como www.adtriboo.com facilitan a las empresas la publicación de nuevos proyectos que desarrollar, mientras que los usuarios realizan propuestas para completar dichos proyectos.

A partir de ese punto, la empresa selecciona la propuesta que considera más acertada y contrata su ejecución. Un ejemplo: el músico Carlos Jean propuso la creación de una serie de canciones a través de las propuestas de ritmos, bases y voces recibidas en todo el mundo, partiendo de una base rítmica que él proporcionaba. Llamó a este proyecto de música colaborativa "El plan B" (http://www.muwom.com/plan-ballantines). Surgieron canciones de cierto éxito apoyadas en la promoción a través del programa televisivo *El Hormiguero*, como *Lead the way* o *Gimme the base (DJ)*.

7.4.3. Prescriptor de marca e influenciador

Como se mencionó en la Apartado 7.1.3, la mayoría de las veces resulta más valiosa la recomendación de un amigo o de un contacto de confianza que una costosa campaña de publicidad. El crecimiento de una empresa de comercio electrónico está directamente relacionado con la capacidad de obtener recomendaciones y referencias sólidas de usuarios de reconocida reputación y confianza (Lopata, 2012).

Si en la anterior sección destacamos el papel del usuario como productor y consumidor, el siguiente paso que debe dar una empresa de comercio electrónico es la de distinguir y potenciar a aquellos usuarios que puedan influir activamente en las decisiones de otros usuarios. A este tipo de usuarios se los denomina **defensores o prescriptores de marca** *(brand advocates)*. El prescriptor de marca responde al perfil de usuario activo en las redes sociales y no solo actúa como consumidor, sino que además proporciona retroalimentación en forma de comentarios y análisis de los productos que adquiere. Tiene cierta experiencia como cliente y el resto de usuarios valora sus opiniones.

No se debe confundir al prescriptor de marca con el **influenciador** *(influencer)*: este último es normalmente un personaje famoso o celebridad, con un nutrido grupo de seguidores que lo admiran e incluso imitan su compartimiento. La marca contrata sus servicios tratando que la imagen del influenciador se asocie al producto que ofrece, incrementando sus ventas.

Sin embargo, el perfil actual de usuario de la web 2.0 *(prosumidor)* es mucho más crítico y va a valorar más la opinión de un prescriptor de marca, anónimo, que no solo ha comprado el producto sino que lo ha utilizado y que ha verificado su utilidad y calidad, compartiendo posteriormente sus experiencias acerca de este.

La intención última de las marcas que utilizan influenciadores para su promoción es la de ampliar su público objetivo y obtener más beneficios. Para ello, recurren a personajes reconocibles y tratan de asociar su imagen a la del producto que se ofrece. Mientras tanto, los prescriptores de marca no buscan directamente la compra por parte de otros usuarios, sino que pretenden ayudar a otros a satisfacer una necesidad que a ellos les ha solucionado el producto o marca en cuestión.

Figura 7.38. Los prescriptores de marca generan confianza y fidelidad en otros usuarios a través de sus recomendaciones. Desempeñan papel fundamental en el éxito de una empresa de comercio electrónico.

7.5. Seguridad informática en el comercio electrónico

En el contexto del comercio electrónico la fase más crítica consiste en garantizar la seguridad de los pagos y la privacidad de la información facilitada. La paradoja del comercio electrónico reside en que las empresas dedicadas a este tipo de comercio deben mantener una actitud abierta y cerrada a la vez: abierta para compartir información con clientes y vendedores, y cerrada para evitar los ataques de piratas e intrusos. Promocionar una cultura de seguridad y establecer procedimientos que se extiendan a ambos lados de esta fina línea que separa una actitud de otra pueden marcar la diferencia entre el éxito y el fracaso, debido a que la base fundamental de la integridad de un negocio electrónico es su seguridad (Awad, 2007: 493-549).

La irrupción de la web 2.0 conlleva grandes cambios en la forma en que la información y el conocimiento son tratados: una página web aloja contenido e incluso programas ejecutables provenientes de múltiples fuentes, basándose en el concepto de inteligencia colectiva. En concreto, las posibilidades que ofrece la web 2.0 desgraciadamente se traducen también en oportunidades de vulnerar la seguridad de los datos que maneja:

- La oportunidad de contribuir al contenido en la web 2.0 también lo es para incluir código malicioso.

- Al no existir una estructura jerárquica, es más difícil dar crédito a las informaciones y relativamente sencillo promover información fraudulenta con fines criminales, desde la suplantación, hasta daños a la privacidad y a la reputación de las personas o entidades.
- La reusabilidad de los datos hace que estos puedan caer en poder de organizaciones con fines fraudulentos.
- La arquitectura de la web 2.0 como una plataforma que ofrece servicios hace que sea necesario proteger tanto los dispositivos de los usuarios (clientes) como los sistemas de las empresas de comercio electrónico que ofrecen los servicios y almacenan la información (servidores).

Recuerda que

Debido a su importancia para la descripción de las acciones de compraventa *online*, en la Unidad 2 se analizaron los diferentes medios de pago y la seguridad en las transacciones.

En definitiva, se clasifican las posibles vulnerabilidades y consiguientes ataques en el ámbito del comercio electrónico en tres grandes grupos:

- **Robo de datos:** se suelen utilizar programas maliciosos para acceder a equipos y robar datos personales, financieros, contraseñas, etc.
- **Suplantación de identidad:** a través de la circulación de correos fraudulentos o mediante ataques directos a los servidores que dan acceso a servicios personalizados los delincuentes acceden a la zona de usuario de un determinado cliente y pueden realizar todo tipo de acciones maliciosas (compras, transferencias económicas, robo de datos, registro de perfiles falsos en las redes sociales, etc.).
- **Propagación de virus informáticos:** a través de pequeños trozos de código y programas se trata de alterar el funcionamiento de los sistemas informáticos sin el conocimiento del usuario.

El éxito del comercio electrónico encuentra por tanto un grave inconveniente en los fallos de seguridad informática. En los siguientes apartados se describen las estrategias que se deben implementar para evitar estos tipos de ataques: robo de datos, suplantación de identidad y virus informáticos.

7.5.1. Robo de datos

El robo de datos puede tener lugar en el ordenador del cliente o a gran escala en los servidores de las compañías que almacenan los datos de sus usuarios. La mayor dificultad de la seguridad en la web 2.0 es que no existe concienciación por parte de los usuarios frente a la responsabilidad que deben tener a nivel individual. En los entornos de redes sociales los usuarios tienen la sensación de encontrarse en un sitio seguro pensando que están en una red cerrada, cuando no es así. Esto permite a los atacantes aprovecharse de ello a través de ingeniería social.

Figura 7.39. En el robo de datos, los delincuentes tratan de obtener datos personales, imágenes, contraseñas, datos bancarios, etc., que se traducen en delitos económicos o contra la intimidad.

Las herramientas informáticas que se deben implementar para evitar el robo de datos son:

- **Cortafuegos *(firewalls)*:** se trata de programas que comprueban la información procedente de internet y, dependiendo de su origen, permiten o deniegan el paso de esta al equipo, en función de la configuración del propio cortafuegos. Por tanto, evitan tanto en los dispositivos de los clientes como en los servidores que los *hackers* y *software* malintencionado obtengan acceso al equipo.
- **Protección de datos mediante cifrado:** si los datos están codificados desde el origen mediante algoritmos seguros y solo se pueden descifrar cuando llegan al destino, el robo de datos no se podría realizar durante el tráfico de dichos datos. El uso de sitios seguros HTTPS, protocolos de seguridad como SSL y otro tipo de firmas digitales garantiza el acceso protegido a los datos.

- **Conciencia social:** es importante que los usuarios sean conscientes de que todos sus datos personales se encuentran potencialmente al alcance de los atacantes. Por tanto, deben cuidar qué tipo de datos facilitan y qué plataformas seguras usan para ello.

7.5.2. Suplantación de identidad

La suplantación de identidad puede tener lugar de diversas formas: un usuario que crea una falsa identidad de un personaje conocido para difamar u obtener cualquier tipo de beneficio, un mensaje de correo electrónico que dice ser nuestra entidad bancaria y pide las claves de acceso, o la contratación de servicios a través de los datos personales obtenidos mediante el robo de datos.

Las herramientas y consejos para evitar los ataques por suplantación de identidad consisten en:

- **Usar detectores de correo electrónico basura *(spam)*:** tanto los programas clientes de correo electrónico (Mozilla Thunderbird, Microsoft Outlook, Mail de Apple) como los proveedores de cuentas de correo electrónico (Gmail, Outlook.com o Hotmail, Yahoo! Mail) suelen incluir técnicas avanzadas para detectar correos fraudulentos. Eliminar periódicamente los mensajes clasificados como *spam* ayuda a evitar una posible lectura accidental.
- **No enviar ni depositar datos personales sensibles sin cifrar a través de servicios basados en la web 2.0:** esto incluye correo electrónico, redes sociales, aplicaciones de mensajería y aplicaciones de almacenamiento de datos en la nube (Dropbox, Google Drive, etc.).
- **Utilizar contraseñas seguras:** normalmente, las contraseñas ofrecen la primera línea de defensa contra el acceso no autorizado a un equipo o a un servicio. Una contraseña segura debe constar de ocho caracteres como mínimo, combinar letras y números, no contener el nombre del usuario ni ninguna palabra completa y ser significativamente diferente de otras contraseñas anteriores.
- **Añadir técnicas de seguridad biométrica:** la utilización de técnicas de biometría, como el reconocimiento facial, análisis del iris o comprobación de huellas dactilares, ayudan a evitar una posible intrusión, en vez de la simple introducción de un nombre de usuario y una contraseña.
- **Implementar tecnologías de pago seguro:** en el apartado de seguridad, la empresa de comercio electrónico se debe centrar en generar confianza en los clientes a la hora de realizar un pago a través de internet. El uso de plataformas de pago seguro (PayPal, Alipay o Google Wallet) y la garantía de protección frente a estafas o envíos no entregados mediante la devolución inmediata del importe son condiciones imprescindibles para que el cliente compre con seguridad y confianza.

Argot técnico

La suplantación de identidad mediante ***phishing*** consiste en el envío de correos electrónicos que, aparentando provenir de fuentes fiables (por ejemplo, entidades bancarias), intentan obtener datos confidenciales del usuario, que posteriormente son utilizados para la realización de algún tipo de fraude.

Figura 7.40. Los ataques por suplantación de identidad como el *phishing* tratan de obtener datos confidenciales del usuario mediante mensajes fraudulentos.

7.5.3. Virus informáticos

El ataque más grave que un sistema informático puede recibir, tanto si se trata de un cliente como de un servidor, en el entorno de internet, es el virus. Los virus con programas maliciosos que se replican a sí mismos y que suelen atacar la estructura de la información en los soportes informáticos de los sistemas atacados. A través de un virus informático se pueden realizar fácilmente el resto de ataques basados en robo de datos y suplantación de identidad descritos en las secciones anteriores.

Figura 7.41. La protección frente a virus informáticos mediante la instalación de un antivirus es fundamental en cualquier sistema para evitar este tipo de ataques.

La herramienta principal frente al ataque por medio de virus es el uso inexcusable de un programa **antivirus.** Este tipo de programas tratan de prevenir, detectar y eliminar virus informáticos. Además, debemos cuidar que la base de datos del antivirus esté actualizada permanentemente, ya que cada día aparecen nuevas amenazas cada vez más sofisticadas. La actualización del sistema operativo y de los programas que usamos asiduamente también ayuda a protegerse frente a eventuales agujeros de seguridad que puedan surgir en las aplicaciones. Finalmente, la protección frente a virus se debe extender a cualquier dispositivo con la capacidad de conectarse a internet, no solamente el PC: cada vez es más frecuente la propagación de virus en dispositivos móviles, en los que depositamos gran parte de nuestra información personal.

En cualquier caso, por muchos esfuerzos que se hagan por detectar y eliminar virus, estos siempre serán un problema potencial debido a que los desarrolladores de virus destacan por ser personas u organizaciones de gran creatividad y conocimientos informáticos que buscan cualquier posible vulnerabilidad para atacar los sistemas. La inmunidad total frente a virus informáticos, al igual que en el caso de los virus biológicos, es imposible.

En conclusión, si bien el comercio electrónico avanza inexorablemente para reemplazar en gran medida al comercio tradicional, existen una serie de obstáculos que siguen interfiriendo en la aceptación global de la tecnología y en la generalización de los procesos de compras en internet. El crecimiento que recientemente vienen experimentando los servicios en la web 2.0 ha aumentado la conciencia de todo el mundo sobre los problemas de la privacidad, la seguridad y el miedo a que se cometan fraudes por falta de las medidas de seguridad apropiadas. Tanto el cliente como la empresa que trata de implementar una estrategia basada en el comercio electrónico deben fortalecer la confianza en los servicios de la red para ofrecer totales garantías, iguales o superiores, a las del comercio tradicional.

Actividad propuesta 7.6

Tipos de virus

Encuentra definiciones y diferencias entre los distintos tipos de virus: gusanos, troyanos, *keyloggers* y zombis.

Mapa conceptual

LA EVOLUCIÓN DE INTERNET: WEB 2.0

- **¿QUÉ ES LA WEB 2.0?**
  - Origen
  - Características
  - Funcionalidades: opiniones y foros de usuarios
  - Reputación corporativa *online*
  - Objetivos
  - Bitácoras o blogs
  - Páginas web colaborativas o wikis
  - Diseño publicitario: *banners*
  - Pequeños dispositivos electrónicos: *gadgets*
- **MARKETING *ONLINE* EN LA WEB 2.0: *SOCIAL MEDIA MARKETING* (SMM)**
  - Aplicaciones modulares: *widgets*
  - Redifusión o sindicación de contenidos web
  - Redifusión de contenidos multimedia: *podcasting*
- **SITIOS WEB INTEGRADOS**
  - Comparadores de precios y opiniones
  - Sitios web de subastas
  - Sitios webs de compraventa entre particulares
- **REDES SOCIALES EN LA WEB 2.0**
  - Las redes sociales y el comercio electrónico
  - El usuario productor y consumidor: *prosumidor*
  - El prescriptor de marca y el influenciador
- **SEGURIDAD INFORMÁTICA EN EL COMERCIO ELECTRÓNICO**
  - Robo de datos lación digital con el clie
  - Suplantación de identidad
  - Virus informáticos

Actividades finales

De comprobación

7.1. ¿En qué año fue formalmente anunciada la expresión "web 2.0"?

a) 1990.

b) 1994.

c) 2004.

d) 2010.

7.2. ¿Para qué sirve un wiki?

a) Para crear cuestionarios *online*.

b) Para crear una web con contenidos multimedia.

c) Para crear una web de forma colaborativa.

d) Para suscribirse a contenidos que se actualizan de forma periódica.

7.3. ¿Cuál de los siguientes servicios de internet no pertenece al ámbito de la web 2.0?

a) Redes sociales.

b) Correo electrónico.

c) Wikis.

d) Blogs.

7.4. En el ámbito de la web 2.0, las siglas utilizadas para describir el proceso de gestión de la reputación *online* son:

a) SEO.

b) SEM.

c) ODT.

d) ORM.

7.5. En la jerga de los blogs y foros de opinión, al usuario que publica mensajes provocadores o fuera de las líneas de interés se lo denomina:

a) Virus.

b) Trol.

c) Troyano.

d) Seguidor o *follower.*

7.6. La página de destino cuando hacemos clic sobre un *banner* se denomina:

a) Página de despegue.

b) Página de aterrizaje.

c) Página objetivo.

d) *Microsite.*

7.7. El tipo de *banner* que aparece de forma repentina en la zona de interés del usuario corresponde a un:

a) *Megabanner.*

b) *Pop up.*

c) *Interstitial.*

d) Robapáginas.

7.8. En una página web un *widget* es:

a) Un tipo de *banner.*

b) Un dispositivo tecnológico innovador.

c) Una pequeña aplicación que se muestra en un área delimitada de la página.

d) Un comentario en un wiki.

7.9. El formato habitual para la sindicación de contenidos en las páginas web es:

a) Podcast.

b) *Streaming.*

c) RSS.

d) HTTP.

7.10. Al perfil de usuario de comercio electrónico con experiencia satisfactoria de compra, reconocido en su comunidad y activo en las redes sociales, se lo conoce como:

a) Influenciador.

b) Prescriptor de marca.

c) *Prosumidor.*

d) Innovador.

Actividades finales

De aplicación

7.11. Accede al historial de personajes del año desde el año 2000 de la revista *Time* y determina cuáles de ellos están relacionados con el auge de las nuevas tecnologías.

7.12. Elabora un listado de al menos tres grandes compañías tecnológicas que cerraron a raíz del estallido de la burbuja tecnológica en 2001.

7.13. En el ámbito de la red social Twitter, ¿qué es un *trending topic*? ¿Cómo se determina si una etiqueta es o no *trending topic*?

7.14. El sitio web www.trendinalia.com facilita un listado de las tendencias de actualidad en Twitter. Visita dicha página y analiza de qué forma puede aprovecharse una empresa de comercio electrónico de los términos de actualidad que se manejan en una red social.

7.15. El fenómeno *runner* se refiere a una tendencia social que une a muchas personas en el deseo de mejorar su salud y condición física a través del ejercicio de correr *(running)*. Las nuevas tecnologías desempeñan papel muy importante en un grupo socialmente activo, que desea comunicar sus logros y controlar en todo momento los detalles sobre el resultado de su esfuerzo. Describe tres *gadgets* tecnológicos indicados para un *runner* y analiza su éxito de ventas.

7.16. Accede al sitio web de algún medio de comunicación de radio o televisión y comprueba de qué forma es posible la redifusión de contenidos ya emitidos. ¿Proporcionan alguna manera de sindicación de contenidos RSS?

7.17. Describe cuál es el modelo de subasta que implementa eBay y analiza si se podrían implementar otros tipos de subastas, como la subasta por céntimos, subasta descendente o subasta inversa.

7.18. Elige un producto que hayas adquirido recientemente a través del comercio tradicional y del que sepas su precio exacto. Utiliza alguno de los comparadores de precios descritos en esta unidad y comprueba si podrías haber ahorrado a través de la compra *online*.

7.19. Analiza cuál es el modelo de negocio de un comparador de precios como es el comparador de seguros Rastreator (http://www.rastreator.com).

7.20. Realiza una búsqueda en la central de medios *(media center)* de la empresa de seguridad electrónica Panda Security (http://www.pandasecurity.com) acerca de tres ataques recientes en relación con la seguridad en el comercio electrónico. Clasifícalos según se trate de robo de datos, suplantación de identidad o virus informáticos.

De ampliación

7.21. Accede al sitio web de la multinacional de comida rápida McDonald's (http://www.mcdonalds.es) y analiza su estrategia de marketing en medios sociales.

7.22. Ya se habla de la web 3.0 como el futuro o incluso el presente de internet. El concepto de web semántica toma fuerza a partir de la necesidad de clasificar y estructurar la ingente cantidad de información disponible en internet. ¿Cuáles son los principales cambios que propone respecto a la actual web 2.0?

Actividades finales

7.23. Tema de debate: discute la validez de la definición de la web 2.0 que se hace en la web de blogs multitemática Microsiervos (www.microsiervos.com): "Tú haces todo el trabajo. Ellos se quedan la pasta".

a) ¿Hasta qué punto se aprovechan de los usuarios las empresas en la web 2.0 para generar valor a través de sus contenidos y opiniones?

b) ¿Cuál es la frontera entre la inteligencia colectiva que propone la web 2.0 y la cultura de "todo gratis"?

Figura 7.42. Definición de web 2.0 en dos frases. *Fuente:* http://www.microsiervos.com/archivo/humor/definicion-web-20-dos-frases.html.

Enlaces web

Wikipedia	www.wikipedia.org
Google AdWords	www.google.es/AdWords
Apple Inc.	www.apple.com
Microsiervos	www.microsiervos.com
Feedly	feedly.com
Trendinalia	www.trendinalia.com
Xataka	www.xataka.com
Facebook	www.facebook.com
YouTube	www.youtube.com
Twitter	twitter.com
LinkedIn	www.linkedin.com
Instagram	instagram.com
Panda Security	www.pandasecurity.com

Bibliografía

Aubry, C. (2012): *Cree su propio sitio web: del diseño a la realización*. Cornellá de Llobregat: Ediciones ENI.

Awad, E. M. (2007): *Comercio electrónico. Manual fundamental*. Madrid: Ediciones Anaya Multimedia.

Carrillo Marqueta, J. y Sebastián Morillas, A. (2010): *Marketing Hero. Las herramientas comerciales de los videojuegos*. Madrid: ESIC Editorial.

Carrió Sala, M. (2013): *Gestión de la reputación corporativa: convierte lo que piensan y dicen de ti en tu mejor activo*. 1.ª Edición. Barcelona: Libros de Cabecera.

Cordón García, J. A. (2012): *Las nuevas fuentes de información: información y búsqueda documental en el contexto de la web 2.0*. 2.ª Edición. Madrid: Ediciones Pirámide.

Esteban Talaya, A. (2008): *Principios de marketing*. 3.ª Edición. Madrid: ESIC Editorial.

Gabriel i Eroles, J. L. (2010): *Internet marketing 2.0*. Barcelona: Reverté.

Gómez Suárez, M. (1998): "Comercio electrónico: estrategias de marketing en internet". *Revista Distribución y Consumo*, n.º 41, pp. 16-29.

González López, O. R. (2002): *Comercio electrónico. Guía práctica para usuarios*. 1.ª Edición. Madrid: Ediciones Anaya Multimedia.

Kotler, P.; Cámara, D.; Grande, I. y Cruz, I. (2000): *Dirección de marketing*. Edición del Milenio. Madrid: Pearson Educación – Prentice Hall.

Kotler, P. y Armstrong, G. (2004): *Marketing*. 10.ª Edición. Madrid: Pearson Educación – Prentice Hall.

Krug, S. (2012): *No me hagas pensar: una aproximación a la usabilidad en la web*. Madrid: Prentice Hall.

Liberos, E. *et al.* (2011): *El libro del comercio electrónico*. 2.ª Edición. Madrid: ESIC Editorial.

Liberos, E. *et al.* (2013): *El libro del marketing interactivo y la publicidad digital*. Madrid: ESIC Editorial.

Lopata, A. (2012): *Recomiéndame: saber venderse en la red*. Madrid: Ediciones Anaya Multimedia.

Luján Mora, S. (2015): *HTML & CSS: curso práctico*. Tarragona: Ediciones Altaria.

MacDonald, M. (2015): *Creación y diseño web: Edición 2016*. Madrid: Ediciones Anaya Multimedia.

Maqueira, J. M. y Bruque, S. (2009): *Marketing 2.0: el nuevo marketing en la web de las redes sociales*. Madrid: Ediciones Ra-Ma.

Martínez Valverde, J. F. (1) (2015): *Investigación comercial*. Madrid: Ediciones Paraninfo.

Martínez Valverde, J. F. (2) (2015): *Marketing en la actividad comercial*. Madrid: Ediciones Paraninfo.

Media Active (2014): *Aprender HTML5, CSS3 y Javascript con 100 ejercicios prácticos*. 1.ª Edición. Barcelona: Marcombo, Alfaomega.

Moro Vallina, M. y Rodés Bach, A. (2014): *Marketing digital*. Madrid: Ediciones Paraninfo.

Puentes Calvo, J. F. (2008): *Principios de seguridad en el comercio electrónico*. Madrid: Ediciones Ra-Ma.

Reinares, P. J. y Ponzoa, J. M. (2004): *Marketing relacional*. Madrid: Pearson Educación – Prentice Hall.

Toffler, A. (1980): *La tercera ola*. 2.ª Edición. Esplugues de Llobregat: Plaza & Janés.

Veà, A. (2013): *Cómo creamos Internet*. 1.ª Edición. Barcelona: Ediciones Península.

Weinschenk, S. M. (2011): *Diseño inteligente: 100 cosas sobre la gente que todo diseñador necesita saber*. Madrid: Ediciones Anaya Multimedia.

Webgrafía

KompoZer (2016): *KompoZer - Easy web authoring*. http://www.kompozer.net.

Maciá, F. (2009): *Web 2.0 y comercio electrónico: la nueva ventaja competitiva*. http://www.humanlevel.com/articulos/marketingonline-articulos/web-2-0-y-comercio-electronico-la-nueva-ventaja-competitiva.html.

Mozilla Developer Network (2016, 23-07-2015): *Tecnología web para desarrolladores: HTML*. https://developer.mozilla.org/es/docs/Web/HTML.

Qdqmedia (2015, 07-01-2015): *7 reglas básicas para un buen diseño de tu web*. http://www.activainternet.es/7-reglas-basicas-buen-diseno-web.

Webstudio (2015, 02-07-2015): *Top 10 peores sitios web del mundo – Edición 2015 – Diseño de páginas web en El Salvador, Diseño Gráfico y Redes Sociales*. http://webstudio316.com/top-10-peores-sitios-web-del-mundo-edicion-2015.